STEPHEN MİTFORD GOODSON

# MERKEZ BANKALARININ TARİHİ VE İNSANLIĞIN KÖLELEŞTİRİLMESİ

OMNIA VERITAS®

STEPHEN MITFORD GOODSON
(1948 – 4 Ağustos 2018)

Stephen Mitford Goodson, Güney Afrikalı bir bankacı, yazar ve politikacıydı. Güney Afrika Merkez Bankası yönetim kurulunda görev yaptı (2003-2012) ve Gelir Vergisi ve Tefeciliğin Kaldırılması Partisi'nin liderliğini yürüttü. Merkez bankacılığı sistemine, tefeciliğe ve uluslararası finans sistemine yönelik sert eleştirileriyle tanınan Goodson, *A History of Central Banking and the Enslavement of Mankind* (Merkez Bankacılığı Tarihi ve İnsanlığın Köleleştirilmesi) adlı kitap da dahil olmak üzere birçok kitabın yazarıdır. Revizyonist ve tartışmalı tezleri nedeniyle antisemitizmle suçlanmıştır.

*A History of Central Banking*
*and the enslavement of mankind*

*Merkez Bankalarının Tarihi*
*ve İnsanlığın Köleleştirilmesi.*

İngilizceden çevrilmiş ve yayınlanmış
**OMNİA VERİTAS LTD**

OMNIA VERITAS.
**www.omnia-veritas.com**

STEPHEN MİTFORD GOODSON

# MERKEZ BANKALARININ TARİHİ VE İNSANLIĞIN KÖLELEŞTİRİLMESİ

OMNIA VERITAS®

STEPHEN MITFORD GOODSON
(1948 – 4 Ağustos 2018)

Stephen Mitford Goodson, Güney Afrikalı bir bankacı, yazar ve politikacıydı. Güney Afrika Merkez Bankası yönetim kurulunda görev yaptı (2003-2012) ve Gelir Vergisi ve Tefeciliğin Kaldırılması Partisi'nin liderliğini yürüttü. Merkez bankacılığı sistemine, tefeciliğe ve uluslararası finans sistemine yönelik sert eleştirileriyle tanınan Goodson, *A History of Central Banking and the Enslavement of Mankind* (Merkez Bankacılığı Tarihi ve İnsanlığın Köleleştirilmesi) adlı kitap da dahil olmak üzere birçok kitabın yazarıdır. Revizyonist ve tartışmalı tezleri nedeniyle antisemitizmle suçlanmıştır.

*A History of Central Banking*
*and the enslavement of mankind*

*Merkez Bankalarının Tarihi*
*ve İnsanlığın Köleleştirilmesi.*

İngilizceden çevrilmiş ve yayınlanmış
**OMNİA VERİTAS LTD**

OMNIA VERITAS®
**www.omnia-veritas.com**

Bu kitap,
doğal dünya düzeninin ışığı ve umudu.

*Ve sizler, Amerikan tarihini*
*ve son 2000 yıllık Batı tarihini*
*bir veya iki sorunu incelemedikçe;*
*yani Yahudiler ve tefecilik.*
*Ya biri ya da İKİSİ. Ben ikisi derim.*

Ezra Pound

# ÖNSÖZ

Bu kitabın içeriği tartışmalı nitelikte olup, şiddetli tepkilere yol açabilir; bu nedenle, kitapta ifade edilen tüm görüşleri onaylamıyorum.

Merkez bankaları ve para sisteminin tarihi gibi görünüşte bu kadar kuru bir konu nasıl bu kadar tepkilere yol açabilir? Neden bazılarının bu eseri, Stephen Goodson'ın kabul edilebilir tarihsel tartışma çerçevesinin dışına çıktığını iddia ederek, heresinin tüm damgalarını taşıyan bir eser olarak yerden yere vuracağını merak edebiliriz.

Goodson, yıllarca üzerinde çalıştığı ve Güney Afrika Merkez Bankası'nın icracı olmayan direktörü olarak etkilerini bizzat yaşadığı bir konuyu sunmak için gerekli referanslara ve deneyime sahiptir.

Goodson'ın bulgularını doğrulayacak yeterliliğe sahip değilim, ancak bankacılık gücü ve bunun yarattığı para sistemi konusunda değindiği noktanın, bir ülke içinde ve tüm ülkeler arasında servetin insanlık dışı dağılımındaki farklılıkların temel bir bileşeni olduğunun farkındayım.

İşte bu nedenle, yıllardır hem partim hem de ben, Güney Afrika'nın Merkez Bankası'nı ve para sistemini yeniden düzenlemesi gerektiğini savunuyoruz; bu, ülkemizi adaletsiz küresel standartların dışında bırakmak anlamına gelse bile.

Ekonomi ve bankacılık üzerine yazılmış kitaplar genellikle anlaşılması zor olarak kabul edilir. Bu kitapların okuyucuları çoğunlukla akademi ve iş dünyasından kişilerdir. Bu kitap ise dikkate değer bir istisnadır.

Bu eser, sadece üç bin yılı aşkın bir süredir devam eden ekonomi tarihine geniş bir bakış sunmakla kalmıyor, aynı zamand insanlığın medeniyetinin başlangıcından beri tefecilik sorununun insanlığı nasıl kademeli olarak köleliğe sürüklediğine dair içgörüler de sunuyor.

Bazıları, kendi Güney Afrika Merkez Bankası da dahil olmak üzere dünyanın dört bir yanındaki Merkez Bankalarının kamu yararına hizmet etmediğini, yalnızca özel bankacılık kurumlarının çıkarları için hareket ettiğini fark edince şok olacaklardır. Bu durum sadece egemenliğimizi zayıflatmakla kalmaz, aynı zamanda borçsuz, kamu tarafından basılan ve dolayısıyla egemen halkın mal ve hizmet alışverişinde kullanabileceği bir para birimine sahip olma imkânımızı da elimizden alır.

Bunun yerine, ülkemizde, pek çok başka ülkede olduğu gibi, özel bankacılık sektörü tarafından borç yoluyla üretilen özel paraya başvuruyoruz. Banknotlardan devlet banknotlarına geçmek, halkımızın insanca, refah içinde ve sürdürülebilir bir yaşama erişmesini sağlayacaktır. Ancak böylesine basit bir reform, şimdiye kadar gerçekleştirilen diğer tüm reformlardan veya toplumsal değişimlerden daha zor olan gerçek bir devrim anlamına gelir.

Güney Afrika, dış görünüşte 1994'te özgürlüğe kavuşmuş gibi görünse de, içsel olarak, azınlıkta bulunan siyahi ve beyaz girişimciler dışında, nüfusun çoğunluğu bundan hiçbir fayda veya refah elde edemedi; dahası, esas olarak kusurlu para sistemimiz nedeniyle, gizli potansiyeline ulaşamadı. Gerçek özgürlüğe ulaşmak istiyorsak, mücadele yıllarında siyasi reformlar için harcanan aynı gayret ve yoğunlukla bir para reformu gerçekleştirilmesi zorunludur. Ancak bu, paranın nasıl yaratıldığı, kime ait olduğu ve hangi çıkarların hizmetinde olduğu gibi karmaşık sorunların anlaşılmasını gerektirir.

Bu kitapta Goodson, farklı devletlerin özel bankacılık sisteminden vazgeçme yönündeki birçok başarılı girişimi ele almakla kalmıyor, aynı zamanda ekonomik büyümenin yokluğu, yüksek işsizlik oranı ve kamu hizmetlerinin gerilemesi gibi birçok sosyal sorunumuza cevap veren bir proje de sunuyor.

Kesinlikle tartışmalı olsa da, bu kitap düşünmeye sevk eden

bir kitap ve Güney Afrikalılar tarafından siyasi eyleme ilham kaynağı olarak okunmalıdır.

27 Nisan 1961 tarihinde Amerikan Basın Birliği'nde yaptığı konuşmada Başkan John F. Kennedy şöyle demiştir: "Tartışma ve eleştiri olmadan hiçbir yönetim ve hiçbir ülke başarılı olamaz – ve hiçbir cumhuriyet ayakta kalamaz. Bu nedenle Atina'lı yasa koyucu Solon, bir vatandaşın tartışmalardan uzak durmasını suç saymıştır."

Prens Mangosuthu Buthelezi Milletvekili.
Inkatha Özgürlük Partisi Başkanı,
Güney Afrika Cumhuriyeti.

26 Haziran 2013

# GİRİŞ

Tarih, bilim ve beşeri bilimlerden daha önemli olan, tüm eğitim sistemlerinin en hayati konusudur. Tarih, her halkın varlığını sürdürmesi için gerekli olan kültürü, gelenekleri, inançları, ahlak anlayışını ve *varlık nedenini* bünyesinde barındırır. Tarih, genellikle yabancılar tarafından dayatılan tahrifatlar ve eksikliklerle tehlikeye atılırsa, medeniyet çürür ve sonunda çöker; bunu, 1945'ten bu yana Batı medeniyetinin yavaş yavaş parçalanmasında görebiliriz. George Orwell, *1984* adlı eserinde benzer bir düşünceyi şu sözlerle ifade etmiştir: "Bir halkı yok etmenin en etkili yolu, onun tarihe ilişkin kendi anlayışını inkar etmek ve silmektir."

Winston Churchill bir keresinde, tarihte ne kadar geriye gidilirse, olayların o kadar net ve açık hale geldiğini belirtmişti. Yazar, bu tekniği kullanarak, okuyucunun modern tarihteki olaylara ilişkin analiz ve yorumlarına dair besleyebileceği tüm şüphelerin giderilmesini, hatta tamamen ortadan kaldırılmasını ummaktadır.

Herhangi bir ulusun/devletin/toplumun/topluluğun işlerini yürütürken bağımsızlığının tam egemenliğini koruması için, mal ve hizmet alışverişinde kullandığı araçların mutlak kontrolü, halkı temsil eden organlarda bulunmalı ve asla özel şahıslara veya çıkar gruplarına devredilmemelidir.

Bilinen tarih boyunca, devletin para arzını kontrol ettiği dönemler her zaman refah, barış, kültürel zenginleşme, tam istihdam ve sıfır enflasyon dönemleriyle eş anlamlı olmuştur. Buna karşılık, özel bankacılar para yaratma kontrolünü ele geçirdiklerinde, kaçınılmaz sonuçlar yoksulluk ve refahın, işsizliğin, endemik enflasyonun ve bu sömürücü para sistemini kontrol eden küçük bir klikin eline servet ve siyasi gücün devredilmesinin giderek artan devasa bir süreci olu 'dur. Geçmişte, bu merkez bankacıları dürüst bir para sisteminin yeniden kurulmasını isteyen ulusların muhalefetiyle karşı karşıya kaldıklarında, bu asalak bankacılar, sürekli olarak çok eleştirilen "düşmanlarını" yenmek için bir "vatansever" savaş başlatmışlardır. Bu, en az 300 yıldır tüm savaşların ortak noktasıdır.

Bu kitap, en eski zamanlardan beri özel bankacıların, ister değerli metal paralar, ister banknotlar, çekler veya elektronik para olsun, para sistemini nasıl suistimal ettiklerini ve sıfırdan faizli bir borç yaratarak kendilerine üstün bir güç atfettiklerini özetlemektedir. Kitap ayrıca, tefeciliğin yükünden arınmış bir ortamda gelişen toplumlar ve medeniyetler üzerine hem eski hem de modern bir inceleme sunmaktadır.

Çözüm basit ve açıktır. Özgürlüğümüzü geri kazanmak ve özel bankacılar tarafından dayatılan kölelikten bağımsızlığımızı korumak istiyorsak, onların kısmi rezerv bankacılık sistemini ve merkez bankaları tarafından oluşturulan ağı ortadan kaldırmalıyız; aksi takdirde kendimizi yok edeceğiz ve unutulmaya mahkum olacağız.

Stephen Mitford Goodson

Haziran 2013.

# BÖLÜM I

## TEFECİLİK ROMA İMPARATORLUĞUNU NASIL YIKMIŞTIR

*Para, doğası gereği verimsiz bir şey olduğundan, onu kendi kendine çoğaltmak bir saçmalıktır ve para'nın asıl rolünü, yani takas için hizmet etmeyi değil, çoğalmayı amaçlamayı çarpıtmaktır... Kendilerine bankacı diyen insanlardan nefret etmeliyiz, çünkü onlar hiçbir şey yapmadan zengin oluyorlar.*

- Aristoteles, *Politika*

Roma dönemi (MÖ 753 – MÖ 565) para sistemleri, mal ve hizmetlerin takasında üç farklı metalin ölçü birimlerinin kullanıldığı üç ayrı döneme ayrılabilir. Roma bölgesinde modern insan (*Homo sapiens sapiens*) yerleşiminin 14.000 yıl öncesine dayandığına dair kanıtlar bulunsa da (Neandertallerin ise 140.000 yıldır bu bölgede yaşadığı bilinmektedir), Roma, bir şehir olarak geleneksel olarak M.Ö. 753'te Romulus ve Remus tarafından Palatin Dağı'nın çevresinde, Latium olarak da bilinen bölgede kurulmuş olarak bilinir. Efsaneye göre, Romulus (kardeşi Remus'u öldüren) şehrin ilk hükümdarı olur, ancak daha sonra tahtını Sabinlerin lideri Titus Tatius ile paylaşır.

MÖ 600 civarında, Latium Etrüsklerin kontrolü altına girdi. Bu egemenlik, son kral Tarquinus Superbus'un MÖ 509'da sürgün edilip Roma Cumhuriyeti'nin kurulmasına kadar sürdü. Aryan kökenli bir halk olan Etrüskler, o dönemin en gelişmiş medeniyetlerinden birini yarattılar ve Roma'da yollar, tapınaklar ve çok sayıda kamu binası inşa ettiler.

Roma'da kullanılan ilk takas aracı sığırlardı. Bu gerçek bir para birimi değil, bir takas sistemiydi. Birçok ilkel halk, takas aracı olarak sığırları kullanıyordu. Herkül ve Augias'ın ahırları efsanesine göre, orada yetiştirilen 1000'den fazla sığır, Kral Augias'ın hazinesini temsil ediyordu.

## BAKIR ÇAĞI (-753 -267 M.Ö.)

Zamanla Romalılar, sığırların yerine düzensiz şekilli bakır veya bronz blokları kullanmaya başladılar. Bu bloklara *aes rude* (ham metal) deniyordu ve her işlemde tartılmaları gerekiyordu.

Ticaretin artmasıyla Roma, antik dünyanın en müreffeh şehirlerinden biri haline geldi. Bu refah, paraya dönüştürülmemiş bakır ve daha sonra bronz üzerine kuruluydu; bu metallerin değeri, sabit bir birim sistemine göre ağırlık olarak ölçülüyordu. Bunlar, devletin tam garantisiyle Roma Hazinesi tarafından 1,6 kg ağırlığında külçeler halinde basılıyordu ve hükümet tarafından inek, kartal, fil veya diğer resimlerle damgalanmış oldukları için *aes signatum* (damgalı metal) olarak adlandırılıyordu. Bazen istiridye kabuğu şeklinde de üretilirdi. MÖ 289'da bu külçeler, *aes grave* (ağır metal) olarak adlandırılan disk şeklindeki bronz sikkelerle değiştirildi. Bunlar ulusal para birimini temsil ediyordu, devlet tarafından dolaşıma sokuluyordu ve her biri, nadir olsun ya da olmasın, sadece kayıtlı olduğu sembolün değerine sahipti. »[1] Bu para birimi, metal içeriğinden ziyade yasaya dayanıyordu (her ne kadar bu içerik standartlaştırılmış olsa da ve sikkeler, günümüzün çoğu sikkesinin aksine, kendi içlerinde bir içsel değere sahip olsalar da). Bu, fiat paranın başarılı bir şekilde kullanıldığı ilkel bir örnek olarak değerlendirilebilir.

Fiduciary para birimi, örneğin Avusturyalı iktisatçı Ludwig Von Mises'in takipçileri gibi bazı düşünce akımları tarafından şiddetle eleştirilse de ([2] ), hükümet tarafından basıldığı ve özel bankacılar tarafından basılmadığı ve sahteciliğe karşı

[1] David Astle, *The Babylonian Woe*, Omnia Veritas Ltd, 2015. Bu sistem, Spartalılar tarafından para sistemlerinin temeli olarak kullanılan *pelonorlar* ya da demir külçeleriyle birçok benzerlik göstermektedir.

[2] Ludwig Von Mises (1881-1973), Avusturya Ekonomi Okulu'nun önderlerinden biri ve altın standardının ateşli bir savunucusudur.

korunduğu sürece herhangi bir sorun teşkil etmez. Buna karşılık, fiat olmayan para biriminin şu dezavantajı vardır: altın ve gümüş fiyatlarını belirleyenler, yani özel bankacılar, ulusun ekonomisini kontrol edebilirler.

MÖ 241-235 yıllarına ait *Aes Grave* Roma bronz sikkeleri

MÖ 300 yılına kadar Romalıların özel ve kamu servetinde eşi benzeri görülmemiş bir artış yaşandı. Bu, toprak kazanımlarıyla ölçülebilir. MÖ 338'de İkinci Latin Savaşı'nın sona ermesi ve Etrüsklerin yenilgisinden sonra, Roma Cumhuriyeti yüzölçümünü 5.525 $km^2$'den 26.805 $km^2$'ye yani İtalyan yarımadasının %20'sine çıkardı. Bu toprak genişlemesiyle birlikte nüfus yaklaşık 750.000'den bir milyona çıktı ve 150.000 kişi Roma'da yaşıyordu.

Senato ile halk arasında *Senatus Populusque Romanus* (SPQR, Roma Senatosu ve Halkı) adıyla bilinen bir ortaklık kuruldu. Siyasi liderler, tutumlulukları ve dürüstlükleriyle tanınıyorlardı. Nüfus ve ticaretin artmasına paralel olarak para birimi sıkı bir şekilde denetleniyordu, bu sayede enflasyon yaşanmıyordu.

Bir özgür insanın, bir borç ve faiz karşılığında hizmetlerini teminat olarak sunduğu ve geri ödememe durumunda borcun emekle ödenmesi gereken, borca dayalı kölelik olan *nexum*,

MÖ 326'da pleb ayaklanmasının ardından *lex Poetilia*[3] ile kaldırıldı.

## GÜMÜŞ ÇAĞI
## (-267 -27 M.Ö.)

Geleneksel para sistemi, MÖ 267'de patrisyen seçkinlerin gümüş para basma ayrıcalığını elde etmesiyle ortadan kalktı. Bu değişiklik, Juno Moneta Tapınağı'na (para teriminin kökeni buradan gelir) giden bir patrisyenin, bir çuval dolusu gümüş *denarii'yi*, sadece yeni bir değerle basarak orijinal değerinin beş katına dönüştürmesiyle sembolize edildi. Böylece kendi hesabına çok önemli bir fark elde etti.

İlk Roma gümüş parası *drachme* olarak biliniyordu ve Yunan yarımadasının güneyinde kullanılan bir paradan esinlenerek yapılmıştı. Daha sonra daha küçük ve daha hafif bir versiyon olan *denarius* ile değiştirildi. Ayrıca, *quinarius* adı verilen yarım *denarius* ve *sestertius* adı verilen çeyrek birim de vardı. Bu sistem daha sonra, *denarius'tan* biraz daha hafif olan ve muhtemelen Roma ile Yunan komşuları arasındaki ticareti kolaylaştırmak için yaratılan *victoriatus* ile yer değiştirdi.

İtalya Yarımadası'nda gümüş rezervi çok azdı ve bu nedenle Roma ordusu, gümüş rezervine sahip diğer toprakları fethetmek için büyümek zorunda kaldı. Cumhuriyete gıda konusunda önemli ölçüde özerklik sağlayan Romalı köylüler, orduda büyük sayılarda askere alındı. Tarım üretimi, özellikle mısır üretimi azaldı ve köylülerin çiftlikleri, köleler tarafından işletilen geniş araziler olan *latifundialarla* değiştirildi. Buğday da Kuzey Afrika'dan ithal edilmek zorunda kalındı.

[3] *Lex Poetilia'nın* yürürlüğe girmesinden önce tefeciliğin halk üzerindeki zararlı etkilerine dair acımasız bir eleştiri için bkz. Tite Live, *The History of Rome*, Kitap II, İngilizce çeviri, William Heinemann Ltd, Londra, 1919.

Roma Cumhuriyeti'nin gümüş parası *denarius*, üzerinde (solda) tanrıça Juno Moneta ve (sağda) zafer kazanan bir boksör resmedilmiştir.

Roma ile İtalik müttefikleri arasında vatandaşlık ve özgürlük haklarının verilmesine ilişkin anlaşmalardaki gerginlikler, Marsik Savaşı'nı (MÖ 90–89) tetikledi. Özgürlüklerin tanınmaması, Roma toplumunun parçalanmasına ve işçi sınıfına mensup vatandaşların yabancılaşmasına yol açtı; bu vatandaşlar sığır gibi muamele görüyorlardı ve bu nedenle devlete karşı hiçbir sorumlulukları ve yükümlülükleri yoktu. İkinci Pön Savaşı'na (MÖ 218-201) kadar, bu kesimin orduda hizmet etmesine izin verilmiyordu. Burada, paraya dayalı hale gelmiş bir toplumun klasik örneğiyle karşı karşıyayız. Cumhuriyet zayıflamış ve despotizm artmıştı. Korsanlık, kıyılarda yapılan baskınlar, villaların yağmalanması ve yolcuların kaçırılmasıyla birlikte büyük bir sorun haline gelmişti. Şiddet yaygınlaşmış, Roma'da gangsterler ve teröristler faaliyet gösteriyordu, çünkü kanun ve düzeni sağlayacak bir polis gücü kalmamıştı. Bunlar, paranın en yüksek ahlak haline geldiği bir toplumun kaçınılmaz sonuçlarıdır.

Elit kesim içinde siyasi entrikalar da kaçınılmazdı. Ekonomik yoksulluk, giderek artan sayıda Kuzey Afrika kökenli köle olan yoksullar arasında hoşnutsuzluğa yol açarak toplumsal ayaklanmalara neden oluyordu. Bu kargaşalar, MÖ 73'ten MÖ 71'e kadar Spartacus'un önderlik ettiği isyanla doruğa ulaştı. (Birinci ve ikinci isyanlar MÖ 135 ve MÖ 132'de ve MÖ

104'ten MÖ 100'e kadar gerçekleşti.)

## YIKIMDA YAHUDİLERİN ROLÜ

MÖ 161'de Roma'ya gelen ilk bilinen Yahudiler Yehuda ve Makkabe idi. Bu Romalı Yahudiler zanaatkar, tüccar ve seyyar satıcı olarak çalışıyorlardı. Ayrıca para ödünç verme işiyle de uğraşıyorlardı. Kendilerine ayrılmış mahallelerde ayrı bir topluluk halinde yaşıyorlardı. Kendi kanunlarına göre kendilerini yönetiyorlardı ve askerlik hizmetinden muaftılar.

MÖ 139'da, Roma vatandaşı olmayanlar, din propagandası yaptıkları gerekçesiyle Praetor Hispanus tarafından sınır dışı edildiler, ancak çok geçmeden geri döndüler. M.S. 19 yılında bir *senatus consultum* aracılığıyla İmparator Tiberius, çeşitli skandallara karışmış 4.000 Yahudiyi sınır dışı etti, ancak bu sınır dışı etme işlemleri düzgün bir şekilde yürütülmedi ve özellikle tefecilik faaliyetleri yoluyla devam eden varlıkları, Roma İmparatorluğu'nun çöküşünde önemli bir rol oynayacaktı.

M.S. 35 yılında İmparator Hadrianus tarafından Yahudilerin Roma'dan sürülmesi, Paris'teki Arsenal kütüphanesindeki 15 yüzyıl el yazmasında tasvir edildiği şekliyle.

## JÜL SEZAR

Julius Caesar (-100 -44 M.Ö.) 12 Temmuz -100 M.Ö.'de aristokrat bir ailede doğdu. Uzun boylu ve beyaz tenli olan Sezar, kısa bir süre avukatlık yaptıktan sonra, MÖ 59 ile 52 yılları arasında Galya'yı (Fransa) fetheden parlak bir askeri komutan oldu. MÖ 48'de Farsala'da Büyük Pompey'i mağlup ettikten sonra Sezar, Roma Cumhuriyeti'nin tartışmasız lideri oldu. MÖ 45 Eylül'de İtalya'ya döndüğünde Sezar, tefeciler ve tekelciler tarafından evlerinden ve topraklarından kovulmuş evsizlerle dolu sokaklar ve şehirler buldu. Her gün 300.000 kişiye kamu ambarından yemek verilmesi gerekiyordu. Tefecilik, tüm felaket sonuçlarıyla birlikte, altın çağını yaşıyordu.[4]

[4] "Tüm dünyayı egemenliği altında tutan imparatorluk demokrasisinde, ünlü soyadlarına sahip senatörlerden en mütevazı çiftçiye, Jül Sezar'dan Roma'nın dar sokaklarındaki en mütevazı dükkan sahibine kadar herkes, küçük bir tefeci grubunun insafına kalmıştı. " G. Ferrero, *Greatness and Decline of the Roman Empire,* Cilt vi, William Heinemann Ltd, Londra, 1908, s. 223'ten alıntı.

Forum Romanum, MÖ 54'te Julius Sezar tarafından yaptırılmış ve MÖ 46'da ona adanmıştı. Burası, Sezar'ın MÖ 15 Mart 44'te trajik sonunu bulduğu Antik Roma'nın merkeziydi.

Çoğu Yahudi olan başlıca tefeciler[5], yıllık %48'e varan faiz oranları uyguluyorlardı. Filozof Seneca (-4 M.Ö. – 65 M.S.)'nın *De Superstitione adlı eserinde* belirttiği gibi: "Bu suçlu ulusun gelenekleri o kadar güç kazandı ki, artık her yerde kabul görüyor. Feth edilenler, fatihlerin kanunlarını belirliyor."

O dönemde iki ana siyasi parti vardı: soylular, Senato ve az sayıdaki ayrıcalıklı kesim etrafında toplanan *Optimates* ile sıradan vatandaşları temsil eden *Populares*. Sezar hemen Populares'in başına geçti.

Sezar, tefeciliğin zararlarını tam olarak anlıyordu ve buna karşı koymanın yolunu biliyordu. "O, paranın ulusal bir araç olduğu, ulusal bir amaç için yasayla yaratıldığı ve hiçbir insan

[5] Cicero, Marcus Tullius: "Sessiz olun! Sessiz olun! Beni dinlemesi için yargıçlardan başka kimseyi istemiyorum. Yahudiler bana zaten yeterince baş belası oldular, pek çok insana çektirdikleri gibi. Onların işine daha fazla su taşımaya niyetim yok. » Alıntı: W. Grimstad, *Antizion*, Noontide Press, Torrance, Kaliforniya, 1985, 29. Cicero, Yahudilerin (o zaman da, şimdi olduğu gibi) Kudüs'te bulunan uluslararası karargahlarına aktardıkları altın yüklerine müdahale eden Romalı bir memur olan Flaccus'un davasında savunma avukatıydı. Cicero'nun kendisi de sıradan biri değildi ve onun gibi birinin "yumuşak konuşmak" zorunda kalması, son derece tehlikeli bir etki alanının varlığını göstermektedir. Bu durumda, asıl zulüm yapanların kimler olduğu sorusu akla gelebilir.

topluluğunun, spekülatörlerin faiz oranlarını artırması veya bu tür kriz dönemlerinden sonra mülkleri ucuza satın alabilmesi için paniğe yol açmak amacıyla parayı dolaşımdan çekmesine izin verilmemesi gerektiği şeklindeki derin gerçeği anlıyordu."[6]

O, şu sosyal reformları hayata geçirdi:

1) Gayrimenkul kredilerinin geri ödemesi, iç savaş öncesinde bilinen en düşük değer üzerinden yapıldı. (MÖ 49-45)
2) Kira ödemeleriyle ilgili birçok af çıkarıldı.
3) Çok sayıda yoksul vatandaş ve gaziye arazi tahsis edildi.
4) 80.000 yoksul aileye ücretsiz konut sağlandı.
5) Askerlerin maaşı 123'ten 225 *denarii*'ye yükseltildi.
6) Mısır vergisi düzenlendi.
7) Eyalet toplulukları özgürleştirildi.
8) Takvimle ilgili karışıklık, takvimin süresinin MÖ 44 yılının[1]Ocak tarihinden itibaren 365[1] /4 gün olarak belirlenmesiyle çözüldü.

Para reformları şunlardı:

1) Devletin borcu derhal %25 oranında azaltıldı.
2) Para basımının kontrolü patrisyenlerden (tefeciler) devlete devredildi.
3) kaynak olarak düşük değerli sikkeler basıldı.
4) Faizlerin aylık %1'i geçemeyeceği kararlaştırıldı.
5) Diğer faizler üzerinden faiz tahsil edilemeyeceği ve toplam faizlerin hiçbir zaman başlangıçta ödünç verilen sermaye tutarını aşamayacağı kararlaştırıldı.

[6] T. E. Watson, *Sketches from Roman History*, The Barnes Review, Washington, DC, 2011 (ilk kez 1908'de yayınlandı), s. 84-85.

(*in duplum* kuralı)

6) Borçları ödemek için kölelik uygulaması kaldırıldı.

7) Aristokratlar, sermayelerini biriktirmek yerine kullanmak zorunda kaldılar.

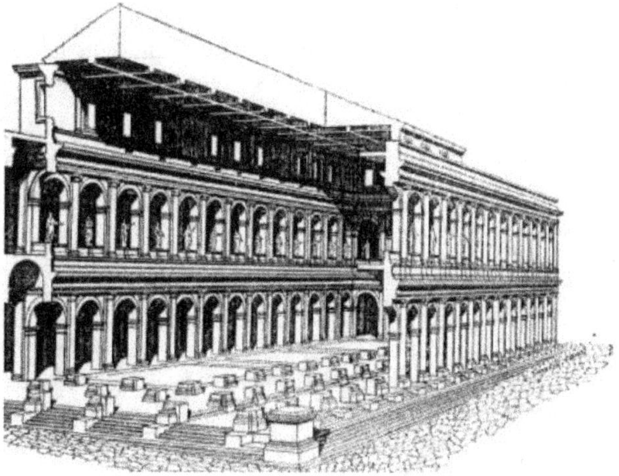

Basilica Julia, MÖ 46'da Jül Sezar'a adanmış, Forum'un içindeki Roma adliye sarayıydı.

Bu önlemler, "geçim kaynakları" ciddi şekilde kısıtlanan aristokratları ve plütokratları öfkelendirdi. Böylece, halkın kahramanı Sezar'ı öldürmek için komplo kurdular. MÖ 44 yılının 15 Mart'ındaki o ölümcül sabah, tam yetkiyle göreve gelmesinden sadece dört yıl sonra, her zamanki gibi etrafını saran askeri muhafızlarını geri göndermiş olarak, silahsız bir şekilde Senato binasına girdi. 60 komplocu tarafından kuşatılan Sezar, 23 kez bıçaklanarak öldürüldü.

## ALTIN ÇAĞ (MÖ 27 - MS 476)

MÖ 27 yılında, Sezar'ın ölümünden (ve tanrı ilan edilmesinden) kısa bir süre sonra Romalılar altın standardını benimsedi; bu karar, imparatorluğun mali istikrarını etkileyecek ve doğrudan çöküşüne yol açacaktı. Daha önce, Roma Cumhuriyeti döneminde, altın sikkeler yalnızca İkinci

Pön Savaşı veya Sulla seferi gibi zorunlu durumlarda basılırdı. Galler, Transilvanya ve İspanya gibi ücra yerler dışında Avrupa'da çok az altın madeni vardı. Bu nedenle, tedarikin çoğu ancak doğudan sağlanabilirdi. Bu da, imparatorluğun sınırlarında sürekli çatışmalara karışan büyük ve masraflı bir ordu gerektiriyordu.

Altın para birimine *aureus* deniyordu. Gümüş *denarius* da dolaşımda idi, ayrıca çeşitli bakır sikkeler de vardı: *sestertius*, *dupondius* ve *as*.

Altının veya ticari paranın kıtlığı, değişim araçlarının dolaşımındaki eksiklik nedeniyle sık sık deflasyon dönemlerine yol açıyordu. MÖ 13'te altın *denariusun* ağırlığının 122 grenden 72 grene düşürülmesine karar verildi. Bu durum M.S. 310 yılına kadar norm olarak kaldı. Ancak metaller, lüks malların ödemesi, dini bağışlar ve tefecilik borçlarının geri ödemesi için doğuya akmaya devam ediyordu. Ayrıca, yoğun kullanımdan kaynaklanan aşınma, 100 yıllık bir süre içinde dolaşımdaki tüm metal sikkelerin üçte birinin kaybolmasına neden oldu.

Altın bir meta olarak kabul edildiğinden, değerinin düşmesine müsamaha gösterilmezdi. İmparator Konstantin (M.S. 275 – 337), sahtecilik suçuna ölüm cezası, sahtecilikle suçlanan maden işletmecilerine ise yakılarak idam cezası verilmesini bizzat kararlaştırdı. Sahte altın besantı (*solidus)* kabul etmeyen para bozucular derhal kırbaçlanıyor, köle ilan ediliyor ve sürgüne gönderiliyordu. Bu önlemler, 70 grain ağırlığındaki besant için etkili oldu; bu, 1025 yılında hala dolaşımda olan ve 68 grain ağırlığındaki besanttan biraz daha ağırdı.

313 yılında Milano Fermanı ile Hristiyanlık hoş görülmeye başlandı; ardından 380 yılından itibaren İmparator Theodosius I (M.S. 347 – 395) tarafından resmi din olarak kabul edildi. Bu tarihten itibaren para politikası, *pontifex maximus'un* dini otoritesi altına alındı. İmparatorluk döneminin bir özelliği, sosyal adaletsizlik ve aşırı vergilendirme altında orta sınıfın ezilmesiydi. Romalı iş adamı bir tüccar değil, eyaletleri yağmalayan biriydi, çünkü vatan zayıf bir sanayi tabanına sahipti ve gerekli imalat ürünlerini üretemiyordu. Toplumun

paraya dayalı hale gelmesi devam ettikçe, zenginler halkı sömürürken, plebler bir tür köle haline geldi. Jüri sisteminin kaldırılması, Roma toplumunda sıradan insana duyulan saygı ve verilen önemin azalmasının bir belirtisiydi.

İmparator Alexander Severus tarafından basılmış altın sikke, M.S. 222-235.

## KİLİSENİN ROLÜ ÇÖKÜŞ VE YIKIMDA

İmparator Konstantin tarafından çıkarılan ve tüm gelirin 1/10'unun Hıristiyan kilisesine ödenmesi gerektiğini belirten vergi, imparatorluğun yıkımını hızlandırdı. Sonunda Kilise, tüm toprakların ve toplam servetin üçte biri ile yarısı arasında bir paya sahip oldu. Bu servet yoğunlaşması, metal paranın kıtlaşmasına neden oldu. Para mevcuttu, ancak mal ve hizmetlerin dağıtımı veya dolaşımı için kullanılmıyordu. Onun gelirini topluluk içindeki yatırımlar ya da hastaneler, okullar ve kütüphaneler gibi hayır işleri yoluyla yeniden dolaşıma sokmak yerine, devasa altın depoları, Konstantinopolis'in ve Roma'daki Vatikan'ın kalın surlarının (30,5 metre) ardında yoğunlaşmıştı.

Beşinci ve altıncı yüzyılların sonlarında, Roma İmparatorluğu, enflasyon ve deflasyon dönemlerinin birbirini izlediği parazitik bir yapıya dönüşmüştü. Ekonomik çöküşü, siyasi çöküşünden önce geldi. Artık endüstriyel üretim yoktu, gıdanın neredeyse tamamı ithal ediliyordu ve tefecilik eşi görülmemiş bir ölçekte uygulanıyordu. Kilise'nin elinde olmayan imparatorluğun serveti, 2000 Romalı aile tarafından kontrol ediliyordu. Nüfusun geri kalanı yoksulluk içinde yaşıyordu.

## SONUÇLAR

Gotikler ve Vandalların tekrarlanan istilalarının ardından 476 yılında imparatorluğun batı yarısının çöküşü, bir Karanlık Çağ'a yol açtı. Bunu, birkaç yüzyıl süren bir deflasyon krizi izledi. 1876 tarihli Birleşik Devletler Gümüş Komisyonu'na göre, Roma İmparatorluğu'nun en güçlü olduğu dönemde metal paranın değeri 1,8 milyar dolardı, ancak Karanlık Çağ'ın sonunda bu rakam 200 milyon dolara düşmüştü. Tarım üretimi, sadece geçimlik düzeyine indirgenmişti. Ticaret artık yapılmadığı için gemiler ortadan kayboldu. Ticaret durgunlaşmıştı. Sanat ve bilim kayboldu ve inşaat çimentosu üretimi de ortadan kalktı.

Roma İmparatorluğu'nun çöküşünün başlıca nedenleri, servetin tek elde toplanması[7], endüstriyel üretim için maden havzalarının bulunmaması ve ulusun genetik bozulmasına yol açan beyaz olmayan kölelerin kitlesel ithalatıydı. 4.yüzyıl boyunca, Romalı kadınların doğurganlığının azalması nedeniyle, kölelerin sayısı vatandaşların sayısından beş kat daha fazlaydı. En önemli ekonomik neden, uygun fiyatlı bir takas para biriminin bulunmaması ve paranın bir meta olarak görülmesi gibi yanlış bir algıydı.

Dolayısıyla, ekonomik açıdan Roma'nın çöküşünden çıkarılacak ders, dürüst olmayan bir ekonomik sistemin kaçınılmaz olarak çözülme güçlerine katkıda bulunacağıdır. Hiçbir toplum, adaletsiz bir ekonomik sistemden sağ çıkamaz.

[7] "Eski Mısır hükümeti çöktüğünde, nüfusun yüzde 4'ü tüm servete sahipti. Babil uygarlığı yıkıldığında, nüfusun yüzde 3'ü tüm servete sahipti. Eski Pers İmparatorluğu yıkıldığında, nüfusun yüzde 2'si tüm servete sahipti. Antik Yunanistan harabeye döndüğünde, nüfusun yüzde 0,5'i tüm servete sahipti. Roma İmparatorluğu çöktüğünde, iki bin kişi medeni dünyanın tüm servetine sahipti. Ardından Karanlık Çağ geldi ve dünya, servetler artık o kadar yoğunlaşmadığında bu dönemden çıktı. Bugün nüfusun yüzde birinden azı, Amerika Birleşik Devletleri'ndeki servetin yüzde 90'ını kontrol ediyor." - R. Maguire tarafından alıntılanmıştır, "Money Made Mysterious", *American Mercury* dergisi, New York, 1958, 98. (*American Mercury*, 1924 yılında H. L. Mencken tarafından kuruldu.

Bir toplumun işleyebilmesi ve refah içinde yaşayabilmesi için, değişim araçlarının, halkın daimi temsilcisi olarak devletin yasal otoritesi tarafından borçsuz ve faizsiz olarak çıkarılması kesinlikle temel bir gerekliliktir.

# BÖLÜM II

## İNGİLTERE MERKEZ BANKASININ GİZLİ KÖKENLERİ

*... tüm büyük olaylar çarpıtılmış, önemli nedenlerin çoğu gizlenmiştir... Eğer İngiltere'nin tarihi bir gün, bu konuda bilgi ve cesarete sahip biri tarafından yazılırsa, dünya şaşkına dönecektir.*

– Benjamin Disraeli,
Büyük Britanya
Büyük Britanya.

### ESKİ İNGİLTERE

Kral Offa, kuzeyde Trent ve Mersey nehirleri, güneyde Thames vadisi, batıda Galler, doğuda East Anglia ve Essex ile sınırlanan Mercia Krallığı'nı ([8] ) M.S. 757'den 791'e kadar yönetti. Bu krallık, Anglosakson Heptarşisi'nin yedi özerk krallığından biriydi.

Offa, hem sağduyulu ve yetenekli bir idareci hem de cömert bir hükümdardı. İngiltere'de ilk para sistemini kurdu. Altının kıtlığı nedeniyle, para basmak ve serveti depolamak için gümüşü kullandı. Standart para birimi, 240 peniye bölünen gümüş pounddu. Penny'lerin üzerine bir yıldız (Eski İngilizce'de *stearra*) basılırdı; "sterling" terimi de buradan türemiştir. 787 yılında Kral Offa, tefeciliği, yani ödünç verilen paradan faiz almayı yasaklayan bir yasa çıkardı; bu kavram, pagan dönemine kadar uzanıyordu. Tefeciliğe karşı yasalar, tefecilerin mallarına el konulmasını emreden Kral Alfred (865-899) tarafından daha da sıkılaştırıldı; 1050 yılında ise Edward the Confessor (1042-1066), sadece mallarına el konulmasını değil, aynı zamand, tefecilerin yasadışı ilan edilmesini ve

[8] Mierce'nin Latince yazımı.

ömür boyu sürgüne gönderilmesini de emretti.

## YAHUDİLERİN İLK GÖÇÜ VE SÜRGÜNÜ

Yahudiler, 14 Ekim'de Hastings'te Fatih William'ın Kral Harold II'ye karşı kazandığı zaferin arifesinde, 1066 yılında İngiltere'ye geldi. Bu Yahudiler, Fatih William'ın gayri meşru olarak "William the Bastard" adıyla doğduğu, Normandiya kayalıklarından 120 kilometre uzaklıktaki Rouen'den gelmişti. Tarihsel kayıtlar, bu Yahudilerin İngiltere'ye askeri bir işgal fikrini desteklediklerini belirtmese de, en azından bu işgali finanse etmişlerdi. Bu destekleri karşılığında, kraliyet koruması altında tefecilik yapma izni verilerek cömertçe ödüllendirildiler.[9]

İngiliz halkı için sonuçlar felaketti. Soyluların ipotek ettirdiği araziler için yıllık %33, işçilerin ticari malları veya gayrimenkulleri için ise yıllık %300 faiz uygulayarak, iki nesil içinde tüm İngiliz topraklarının dörtte biri Yahudi tefecilerin eline geçti. 1186'daki ölümünde, Aaron de Lincoln İngiltere'nin en zengin adamı ilan edildi ve servetinin Kral II. Henry'ninkini aştığı tahmin edildi.[10] Öte yandan, Yahudi göçmenler loncaların ahlakını baltalamaya çalışıyor ve tek bir çatı altında çok çeşitli mallar satarak İngiliz tüccarları çileden çıkarıyorlardı. Ayrıca, gümüş sikkeleri kesip külçe haline getirerek, sikkelerin üzerine kalay kaplamak için de önemli bir rol oynuyorlardı.

Ünlü iktisatçı Dr. William Cunningham, "on birinci yüzyıldan beri İngiltere'deki Yahudilerin faaliyetlerini, yeryüzündeki tüm zenginliği emen ve böylece tüm ekonomik gelişmeyi engelleyen bir süngere" benzetir. Ayrıca, o kadar eski bir dönemde bile hükümetin, Yahudileri dürüst ticarete yöneltmek ve böylece diğer halkla asimile olmalarını sağlamak için elinden gelen her şeyi yaptığı, ancak tüm bunların hiçbir

[9] S. M. Goodson, In praise of Medevial England, *Spearhead,* Temmuz 2005.
[10] R. Chazan, *The Jews of Medieval Western Christendom 1000-1500,* Cambridge University Press, New York, 2006, s. 159.

olumlu sonuç vermediği de dikkat çekicidir.[11]

13.yüzyılın başlarında, birçok soylular tefecilik ve vergiler nedeniyle topraklarını kaybetme tehlikesiyle karşı karşıyaydı. 1207'de Hıristiyan halktan 60.000 sterlinlik devasa bir vergi tahsil edildi. Yahudiler de vergi ödüyordu, ancak indirimli bir oranda ve büyük ölçüde düşük gösterilen servet ve gelirler üzerinden.[12] Yahudi tefecilerden ve kral ile onun temsilcilerinden borç alan soylular, ipoteklerini Hazine Kayıtları'na kaydettirmek zorundaydı. Bir soylu mali sıkıntıya düştüğü anda, kral tefecinin borcunu satın alır ve toprağı kendisi için ele geçirirdi. Kral John (1199-1216), bu sahtekar ve ahlaksız politikayı uygularken "tamamen sorumsuz" davranıyordu ve üstelik "sefahat düşkünü, beceriksiz ve Yahudilerinin tam kontrolü altındaydı."[13]

**İngiltere Kralı John**, 1215 yılında Runnymede'de
1215 yılında Runnymede'de.

1215 yılında soylular isyan çıkardı ve Kral John'u 15 Haziran 1215'te Büyük Şart'ı (Magna Carta) imzalamaya zorladı. Bu belge, çeşitli anayasal ve yasal hakların tesisiyle ilgili 61 madde içeriyordu, ancak asıl amacı Yahudi tefecilerin uyguladığı baskıyı ortadan kaldırmak, tefeciliği ve Yahudilerin ayrıcalıklı konumunu ortadan kaldırmaktı. 19

[11] W. Cunningham, *The Growth of English Industry and Commerce during the Early and Middle Ages*, Cambridge University Press, 3.baskı, 1896, s. 201.
[12] Büyük Şart'ın Kökeni, *The Occidental Observer*, 19 Mayıs 2013.
[13] Aynı eser.

Ekim 1216'da Kral John öldü ve yerine dokuz yaşındaki oğlu III. Henry geçti; sonuncusu 1219'dan 1272'ye kadar hüküm sürdü. Onun saltanatı babasınınkinden daha olumlu bir ortamda geçti ve Yahudilerle ilgili 19 madde ertesi yıl yürürlükten kaldırıldı. Ancak, varisi I. Edward(1272-1307) kısa sürede Yahudilerin İngiliz toplumunda bir yeri olmadığını[14] ve önlem almazsa tahtını kaybetme tehlikesiyle karşı karşıya kalacağını fark etti. 1233 ve 1275 yıllarında Yahudilerle ilgili kanunlar yürürlüğe girdi ve her türlü tefecilik yasaklandı. Bu Yahudilerin çoğu artık "geçimlerini sağlayamadıkları" için, 18 Temmuz 1290'da Kral Edward tarafından 16.511 kişiden oluşan tüm Yahudi nüfusu İngiltere'yi sonsuza dek terk etmeye zorlayan bir kararname çıkarıldı.[15] Bu, Avrupa tarihi boyunca gerçekleşen yüzden fazla sürgünden biriydi. Bu haber ülke genelinde büyük bir sevinçle karşılandı. Modern etnik temizlik uygulamalarının aksine, Yahudiler, mallarının değerinin$^{1/15}$'i ve nakit varlıklarının$^{1/10}$'u tutarında bir vergi ödedikten sonra, tüm eşyalarını yanlarına alarak gitmelerine izin verildi. 1 Kasım

[14] Ergenlik çağındaki Hıristiyan erkek çocukların ritüel olarak öldürülmesi, Yahudilerin sürgüne gönderilmesine neden olan kritik eşik oldu. Yahudi Paskalyası sırasında bir erkek çocuk yakalanır ve kanı akıtılarak öldürülürdü. Kanı daha sonra mayasız hamura karıştırılır, pişirilir ve daha sonra haham kurabiyeleri olarak tüketilirdi. Bilinen ilk vaka 1144'te meydana geldi ve en ünlüsü 1255'te Lincoln'da Little St Hugh'un vakasıydı. Kral III. Henry, yargıçlar tarafından adli tıp muayenesi de içeren bir adli soruşturma yürütülmesini bizzat emretti. Kurbanın işkence gördüğü, çarmıha gerildiği, kanı akıtılarak öldürüldüğü ve bir kuyuya atıldığı bu korkunç cinayete karıştıkları gerekçesiyle 91 Yahudi tutuklandı. Duruşmanın ayrıntıları, Surrey, TW9 4DU, Richmond, Kew'deki Ulusal Arşivler'de bulunan III. Henry ile ilgili Close Rolls of the Realm ve Patent Rolls'ta kayıtlıdır. Geoffrey Chaucer, *Canterbury Hikâyeleri'nin* bir parçası olan Rahibe'nin Hikâyesi'nde Küçük Hugh'un cinayetini anan bir şiir yazdı. Grimm Kardeşler, 1492'de Avusturya'nın Rinn kentinde üç yaşındaki Andreas (Anderl) Oxner'in ritüel cinayeti hakkında *"Der Judenstein "* (Yahudilerin Taşı) adlı eseri yazdılar. Bu eser, 1492 yılında Avusturya'nın Rinn kentinde üç yaşındaki Andreas (Anderl) Oxner'in ritüel cinayetini konu almaktadır. *In My Irrelevant Defence: Meditations Inside Gaol and Out on Jewish Ritual Murder* (The I.F.L. Printing and Publishing Co., Londra, 1938) adlı kitabın s. 57'de Arnold Leese, bu ritüel cinayetlerin 20·yüzyılda da hâlâ işlendiğini açıklamaktadır. Şubat 2007'de, eski Roma Baş Hahamı Elio Toaff'ın oğlu İsrailli Profesör Ariel Toaff, *Pasque di sangue: Ebrei d'Europa e omicidi rituali* (*Kanlı Paskalya: Avrupa Yahudileri ve Ritüel Cinayetleri*) adlı kitabını yazdı ve bu kitapta ortaçağ İtalya'sında ritüel cinayetlerin sıklığını doğruladı. Çalışmalarının bir analizi için bkz. *The Bloody Passovers of Dr Toaff*, Israel Shamir www.israelshamir.net/English/Eng11.htm

[15] D. Astle, *The Tallies, A Tangled Tale and The Beginning and the Ending*, kendi yayınladı, Toronto, 1997, s. 40 & 43. Astle, bu Yahudilerin bir kısmının İsviçre'ye yerleşerek Uri, Schwyz ve Ob'un üç orijinal kantonunu kurduğunu – ve bir yıl sonra da Nidwalden'i kurduğunu açıklamaktadır.

1290'dan (All Saints' Day) sonra krallıkta kalan her Yahudi, idam edilme riskiyle karşı karşıya kalıyordu.

## ŞANLI ORTA ÇAĞ

Tefecilerin yasaklanması ve tefeciliğin kaldırılmasıyla birlikte,[16] vergiler makul bir düzeye geri döndü ve kamu borcu ortadan kalktı; zira hükümet harcamaları için faizsiz "sayma çubuğu"[17] kullanılıyordu. Sarazenler ve muhtemelen Çinliler tarafından da bilinen bu eski finansal araç, "çubuk" anlamına gelen Latince "*tallia*" teriminden türemiştir. Sayma çubuğu, fındık, söğüt veya porsuk ağacından yapılırdı, çünkü bu ağaçlar kolayca bölünebilirdi. Genellikle sekiz inç (20,3 cm) uzunluğunda (işaret parmağı ile başparmak arasındaki mesafe) ve yarım inç (1,3 cm) genişliğindeydiler, ancak sekiz fit (2,44 m) uzunluğa kadar ulaşabilirlerdi. Değerler, ahşapta yapılan kesiklerin boyutuyla belirtilirdi. 1.000 sterlin, bir avuç genişliğinde bir kesikle, 100 sterlin küçük parmak genişliğinde bir kesikle, 1 sterlin şişmiş bir arpa tanesi genişliğinde bir kesikle işaretlenirdi; şilinler daha da küçük kesiklerle, peniler ise çentiklerle belirtilirdi. Alıcı, çubuğun düz kenarlarına kaydedilirdi. Çubuk üzerindeki tüm detaylar belirtildikten sonra, çubuk alt kısmına çok yakın bir yerden kesilirdi; böylece bir parçada, üzerine delik açılabilecek bir düğüm veya işaret kalırdı. Bu parça, karşı çubuk veya makbuz olarak biliniyordu ve Échiquier'de (Hesap Odası) bir çubuk üzerinde saklanıyordu. Düz şerit (kütük kısmı hariç) alıcıya verilir. Hiçbir tahta parçası birbirinin aynısı olmadığından, bir sayma çubuğunu taklit etmek imkansızdı. Bu ödeme araçları ilk olarak Kral II. Henry (1100-1135) döneminde kullanılmaya başlandı ve 1783 yılına kadar dolaşımda kaldı.[18] Bununla

[16] 1364'te III. Edward, Londra Şehri'ne bir *Ordinatio contro Usurarios* çıkarmaya izin verdi ve 1390'da başka bir yasa daha yürürlüğe girdi.

[17] D. Astle, a.g.e., s. 12-17.

[18] En büyük bir ironiyle, 16 Ekim 1834'te, Avam Kamarası'nı ısıtmak için kırılmış sayım çubukları yığınları kullanıldı. Ortaya çıkan yangın o kadar şiddetliydi ki, kontrol edilemez hale geldi ve Westminster Hall ile St Stephen's Cloister (Aziz Stephen Manastırı) hariç tüm kompleksi yerle bir etti. Avam Kamarası'nın yeniden inşası sırasında, girişin zemin mozaiği devasa bir Davut Yıldızı şeklinde tasarlandı (muhtemelen Rothschild'in etkisiyle).

birlikte, çubuklar 1290-1485 döneminde devletin ana finansman araçları olarak zirveye ulaştı. Çubuklar sadece devlet memurlarının maaşlarını ödemek için değil, aynı zamanda Londra surlarının inşası, kamu binaları ve limanlar gibi ana altyapı projelerini finanse etmek için de kullanılıyordu. Dolaşımdaki batonların tam miktarı bilinmemektedir, ancak 1694 gibi geç bir tarihte bile 17 milyon sterlin değerinde baton hala dolaşımdaydı. Bu muazzam bir meblağdı, çünkü kralın yıllık bütçesi nadiren 2,5 milyon sterlini aşıyordu ve bir çiftçi günde bir peni kazanıyordu.

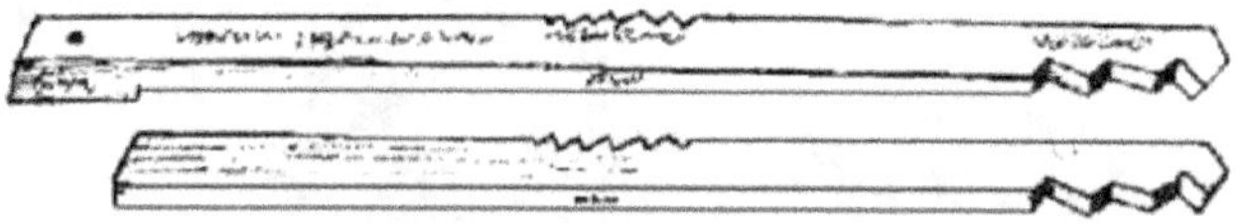

15.yüzyılın ortaçağ muhasebe çubukları

Makul bir vergi oranı,[19] kamu borcu ve ödenecek faiz bulunmaması sayesinde İngiltere, benzersiz bir büyüme ve refah dönemi yaşadı. Ortalama bir köylü yılda sadece 14 hafta çalışır ve 160 ila 180 gün tatil yapardı. O dönemin yazarlarından Lord Leverhulme'a göre,[20] : "15.yüzyıldaki erkekler çok iyi maaş alıyorlardı", aslında o kadar iyi maaş alıyorlardı ki, maaşlarının sağladığı satın alma gücü ve yaşam standartları ancak 19.yüzyılda aşılabilirdi. Bir çiftçi, ailesinin refahını ve tüm ihtiyaçlarını karşılayabilirdi. Köylüler yünlü giysilerle iyi giyinmişlerdi ve bol miktarda et ve ekmeğe sahiptiler.

[19] G. M. Trevelyan, *English Social History, A Survey of Six Centuries Chaucer to Queen Victoria* (Longmans Green and Co., Londra, 1948) adlı kitabında, İngiltere'nin "insanların vergiden muzdarip olmadığı bir ülke" olduğunu s. 63, ve "vergileri ödemeyi inatla reddetmek o dönemin İngilizlerinin bir özelliğiydi," s. 107.

[20] R. K. Hoskins, *War Cycles – Peace Cycles*, The Virginian Publishing Company, Lynchburg, Virginia, 1985, s. 54.

Köylüler yılda sadece 14 hafta çalışmak zorunda oldukları için, birçoğu boş zamanlarını İngiltere'nin muhteşem katedrallerini inşa etmeye adadı. York Katedrali 1472'de tamamlandı ve dünyadaki en geniş vitray alanına sahiptir.

İngiliz-Alman filozof Houston Stewart Chamberlain, *Foundations of the XIX^th^Century* adlı eserinde bu yaşam koşullarını doğrulamaktadır:

> «On üçüncü yüzyılda, Cermen ırkları yeni dünyalarını kurmaya başladıklarında, tüm Avrupa'daki köylüler özgür insanlardı ve bugünkünden çok daha güvenli bir yaşam sürüyorlardı; *copyhold*[21] kuralı geçerliydi; bu nedenle, örneğin bugün toprak sahiplerinin yararına feodalizmin hüküm sürdüğü İngiltere, on beşinci yüzyılda bile tamamen binlerce çiftçinin elinde olan bir ülkeydi; bu çiftçiler sadece topraklarının yasal sahipleri olmakla kalmıyor, aynı zamanda otlaklar ve ormanlar üzerinde de eşdeğer haklara sahipti."[22]

Boş zamanlarında birçok zanaatkar, İngiltere'nin en görkemli katedrallerinden bazılarını inşa etmek için gönüllü olarak

[21] *Copyhold*, serflik sisteminden kaynaklanan, İngiltere'ye özgü bir tür feodal toprak hakkıydı.

[22] H. S. Chamberlain, *The Foundations of the Nineteenth Century*, The Bodley Head, Londra, 1912, Cilt II, s. 354-355.

yeteneklerini sergiledi; bu da, boş zaman olmadan kültürün gelişmesinin imkansız olduğu şeklindeki Batı medeniyetinin temel ilkelerinden birini pekiştirir. İngiliz tarihçi George Macauley Trevelyan, bu başarıları şu şekilde tanımlar:

> "Kilise mimarisinin sürekli gelişen geleneği görkemli bir şekilde devam ediyordu ve İngiltere'yi ne eski ne de modern çağda eşi benzeri görülmemiş muhteşem yapılarla dolduruyordu... Yeni kiliselerde ışık artık sızmakla kalmıyor, vitray pencerelerden içeriye dolup taşıyordu; bu vitrayların yapım sırrı, bugün bu mimarinin büyüsünden daha da fazla kaybolmuş durumda."[23]

Kral VIII. Henry (1509-1547) 1509'da tefecilikle ilgili yasaları esnetmiş olsa da, bu yasalar daha sonra oğlu Kral VI. Edward (1547-1553) tarafından 1552 tarihli bir yasa ile yürürlükten kaldırıldı; bu yasanın önsözünde şöyle belirtiliyordu "Tefecilik, Tanrı'nın sözüne göre, en iğrenç ve nefret edilesi bir ahlaksızlık olarak tamamen yasaktır..."

## ALTIN ÇAĞIN SONU

15 yüzyılda **Merrie England** (Mutlu İngiltere) – 1 Mayıs'ı direğin etrafında dans ederek kutluyorlar.

[23] G. M. Trevelyan, a.g.e., s. 51.

17.yüzyıl boyunca bu altın çağ trajik bir sonla karşılaştı. 1492'de Kastilyalı I. Isabella ve Aragonlu II. Ferdinand tarafından, tekrar tekrar tefecilik ve haksız ticari uygulamalarda bulundukları için İspanya'dan sürgün edilen çok sayıda Yahudi[24], Hollanda'ya sığınmıştı. O dönemde Hollandalılar önemli bir deniz gücü olsalar da, Amsterdam'da yerleşik Yahudi tefeciler, para ödünç verme imparatorluklarının faaliyetlerini genişletme umutlarının çok daha parlak olduğu İngiltere'ye dönmek istiyorlardı.

Kraliçe I.Elizabeth'in (1558-1603) hükümdarlığı döneminde, ikiyüzlü bir Hıristiyanlık biçimine dönmüş az sayıda İspanyol Marrano Yahudisi Londra'ya yerleşti. Birçoğu kuyumculuk mesleğini icra ediyordu; altın mevduatlarını saklamayı kabul edip, daha sonra saklanan altın miktarının on katı tutarında hamiline senet, yani faizli krediler ihraç ediyorlardı. Bu makbuzlar, 'daki sahte kısmi rezerv bankacılık sisteminin atasıydı ve başlangıçta Krallığa veya Hazineye yıllık %8 faizle ödünç veriliyordu, ancak Samuel Pepys'e göre,[25] tarihçi ve Deniz Kuvvetleri Sekreteri, faiz oranları yıllık %20'ye ve hatta %30'a kadar çıkıyordu.[26] Tüccarların ödediği faiz oranları, yasal oran yıllık %6 olmasına rağmen, genellikle yıllık %33'ü aşıyordu.[27] İşçiler ve yoksullar, yıllık %60, %70, hatta %80 faiz ödemek zorunda kalarak bu fahiş faiz oranlarının yükünü omuzluyorlardı.[28] *A Short Account of the Bank of England* (İngiltere Merkez Bankası Hakkında Kısa Bir Özet) başlıklı broşürün yazarı Michael Godfrey'e göre, kuyumcuların iflasları ve kuyumcuların katiplerinin ortadan kaybolması nedeniyle iki ila üç milyon sterlin kaybedildi.[29]

---

[24] Alhambra Fermanı, aynı zamanda Sürgün Fermanı olarak da bilinir.

[25] A. M. Andreades, *History of the Bank of England*, P. S. King & Son Ltd, Londra, 1935, s. 35. Pepys bu fahiş faiz oranlarını "en korkunç utanç" olarak tanımlamaktadır.

[26] Aynı eser, s. 24. Yazar, Isaac Disraeli'nin *Usurers of the Seventeenth Century* adlı eserinden de yararlanmıştır.
www.gutenberg.org/ebooks/16350?msg=welcome_stranger

[27] Aynı eser, s. 24.

[28] Aynı eser, s. 47.

[29] Aynı eser, s. 24-25.

## CROMWELL VE İNGİLİZ İÇ SAVAŞI

1534 yılında, Üstünlük Yasası ile Anglikan Kilisesi, Kral VIII. Henry tarafından İngiltere'nin resmi dini olarak ilan edildi. 16 ve 17 yüzyıllar boyunca, John Wycliffe ve Jean Calvin'in öğretilerine dayanan püriten inançlar[30] giderek daha fazla taraftar kazandı. Püritenler, İncil'i Tanrı'nın gerçek kanunu olarak görüyorlardı ve İncil'i okumaya, dua etmeye ve vaaz vermeye, ayrıca kutsal ayinlerin ritüellerinin basitleştirilmesine önem veriyorlardı.

Anglikan Kilisesi'nin üstünlüğünü korumak isteyen Stuart hanedanından Kral I. Charles (1625-1649), halk arasında büyük bir yayılma gösteren Püritenlerle şiddetli bir çatışmanın içine girdi. 1628'de Charles'ın güvenilir dostu ve danışmanı Buckingham Dükü'nün öldürülmesinden sonra, Charles giderek daha fazla yalnız kaldı.

Artan dini bölünme, Yahudi komplocular için yararlanılacak mükemmel bir fırsat sunuyordu. Başbakan Benjamin Disraeli'nin babası İsrail Disraeli'nin *The Life and Reign of Charles I* adlı eserinde yazdığı gibi: "Ulus, bir tarafta 'Şabatçılar', diğer tarafta Şabat ihlalcileri olarak kurnazca bölündü.[31]

1640 yılında, gizli Yahudi cemaatinin liderlerinden biri olan, "Büyük Yahudi" olarak da bilinen tüccar ve casus Fernandez Carvajal, yaklaşık 10.000 üyeden oluşan silahlı bir milis gücü kurdu; bu milis, Londra halkını sindirmek ve kargaşa çıkarmak için kullanıldı. Ayrıca çok sayıda broşür ve el ilanı dağıtıldı.[32]

Bunun üzerine Kraliyetçiler (Anglikanlar) ile Yuvarlak Kafalılar (Püritenler) arasında iç savaş çıktı; bu savaş 1642'den 1648'e kadar sürdü. Yuvarlak Kafalılar, "son model orduları" ile zafer kazandılar ve tahminlere göre nüfusun

---

[30] A. H. M. Ramsay, *The Nameless War*, Britons Publishing Co., Londra, 1952, s. 11, yakın zamanda Omnia Veritas Ltd. tarafından yeniden basılmıştır. Calvin, adının Cohen'in bir varyantı olan Cauin olarak yazıldığı Fransa'dan gelmişti. 1936 Şubat tarihli *La Gazette Catholique*'de anlatılan, Paris'teki bir B'nai B'rith toplantısında, onun Yahudi kökenli olduğu duyuruldu.

[31] A.g.e., s. 11.

[32] Aynı eser, s. 12-13.

%3,8'ini oluşturan 190.000 kişiyi öldürdüler. Yuvarlak Kafalıların lideri, "son model ordusu" sadece girişimci ve profesyonel kışkırtıcı Fernandez Carvajal tarafından donatılıp eğitilmekle kalmayıp, aynı zamanda Amsterdamlı Yahudi tefeciler tarafından finanse edilen Oliver Cromwell (1599-1658) idi. Hollandalı Yahudilerin lideri Manasseh Ben Israel ([33] ), Cromwell'e yalvaran mektuplar göndererek, kendisine cömertçe sağladığı mali yardımların karşılığında Yahudilerin İngiltere'ye dönmesine izin vermesini istedi.[34]

1650 tarihli, **Oliver Cromwell**'i
'i İngiltere'nin hükümdarı olarak tasvir eden bir broşür.

## KRAL I· CHARLES'IN ÖLDÜRÜLMESİ

Cromwell'in sergilediği ihanet, Almanya'daki Mulheim Sinagogu ile yaptığı yazışmalarda ortaya çıkmaktadır.

16 Haziran 1647'de,

[33] Aynı eser, s. 13.
[34] A. M. Andreades, a.g.e., s. 30.

Olivier Cromwell'den Ebenezer Pratt'a

"Mali destek karşılığında, Yahudilerin İngiltere'ye yeniden kabul edilmesine izin vereceğim: ancak Charles hayatta olduğu sürece bu imkansızdır. Charles, şu anda suçlama gerekçeleri bulunmayan bir yargılama olmadan idam edilemez. Bu nedenle Charles'ın suikasta kurban gitmesini öneriyorum, ancak suikastçıyı temin etme konusunda herhangi bir düzenlemeyle ilgilenmek istemiyorum; ancak kaçışında ona yardım etmeye hazırım."

İşte bu mektuba verilen cevap:

12 Temmuz 1647,

Ebenezer Pratt'tan Oliver Cromwell'e

"Charles tahttan indirilip Yahudiler yeniden kabul edildiğinde mali yardım sağlayacaktır. Suikast çok tehlikelidir. Charles'ın kaçmasına izin vermeliyiz: yakalanması, yargılanmasını ve idamını mümkün kılacaktır. Desteğimiz önemli olacaktır, ancak yargılama başlamadan önce şartlarını tartışmaya gerek yoktur."[35]

Kral Charles, Northamptonshire'daki Holmby House'da tutsak tutuluyordu. 4 Haziran 1647'de 500 devrimci onu kaçırdı, ardından Wight Adası'na kaçmasına izin verdi; burada daha sonra tutuklandı. 5 Aralık 1648'de Avam Kamarası, "kralın kabul ettiği tavizlerin tatmin edici olduğunu ve bir anlaşmaya yol açabileceğini" kararlaştırdı.[36]

---

[35] A. H. M. Ramsay, a.g.e., s. 14-15. 3 Eylül 1921 tarihli *Plain English*'te yayınlanan bir mektuba göre: "Siyon Bilgeleri, sanıldığından çok daha uzun süredir var. Amsterdam'daki dostum Bay L. D. Van Valckert, bana yakın zamanda Mulheim Sinagogu'nda bulunan iki alıntı içeren bir mektup gönderdi. Bu alıntıların bulunduğu cilt, Napolyon Savaşları sırasında kaybolmuş ve kısa bir süre önce Bay Van Valckert'in eline geçmiştir. Alıntılar Almanca yazılmıştır ve Mulheim Sinagogu yetkilileri tarafından alınan mektuplardan alıntılar içermektedir."

[36] Aynı eser, s. 16.

Kral I· Charles'ın idamı·döneme ait bir gravürde

Cromwell, Albay Pryde'ın yardımıyla Avam Kamarası'nda bir tasfiye başlattı; sonunda geriye sadece 50 üyeden oluşan bir "kalıntı" parlamento kaldı ve bu üyeler, kralın yargılanmasını pasif bir şekilde oyladılar. Hiçbir İngiliz hukukçu, krala karşı bir iddianame hazırlamak istemedi. İddianame nihayetinde Hollandalı bir Yahudi olan Isaac Dorislaus tarafından hazırlandı. Kral, üyelerinin üçte ikisi orduya mensup Niveleurs[37] olan Yüksek Adalet Mahkemesi'nde düzenlenen hileli davaya katılmaya zorlandı. Charles savunma yapmayı reddetti, ancak suçlu bulunarak 29 Ocak 1649'da idam edildi. Konvoy darağacına yaklaşırken kalabalığın büyük bir kısmı "God Save the King!" ("Tanrı Kralı Korusun!") diye bağırıyordu. İdamın ardından halk arasında büyük bir keder yayıldı.

## İKİNCİ YAHUDİ GÖÇÜ

7-18 Aralık 1655 tarihleri arasında, kendisini (Lord Koruyucu) olarak adlandıran Cromwell, Yahudilerin yeni bir büyük ölçekli göçüne onay almak amacıyla Londra'nın Whitehall semtinde bir konferans düzenledi. Konferans Cromwell'in yandaşlarıyla dolu olmasına rağmen, çoğunluğu rahipler,

[37] Jakobenler ve Bolşeviklerin öncüleri olan ajitatörler ve broşür yazarlarından oluşan gayri resmi bir ittifak.

hukukçular ve tüccarlardan oluşan delegeler arasında ezici bir çoğunlukla, Yahudilerin İngiltere'ye geri dönmelerine izin verilmemesi gerektiği konusunda fikir birliği sağlandı.[38] Ekim 1656'da, Devlet Konseyi alt komitesinin bu Yahudilerin "Devlet ve Hıristiyan dinine karşı ciddi bir tehdit oluşturdukları" yönündeki itirazlarına rağmen, ilk Yahudilerin İngiltere'ye gizlice ve serbestçe giriş yapmalarına izin verildi. [39] "İstisnasız tüm tüccarlar Yahudilerin yeniden kabul edilmesine karşı çıktı. Göçmenlerin ülkeye zarar vereceğini ve onların kabul edilmesinin İngilizlerin zararına yabancıları zenginleştireceğini belirttiler."[40]

Cromwell 3 Eylül 1658'de öldü ve yerine dokuz ay hüküm süren oğlu Richard geçti. [I.] Charles'ın oğlu II. Charles (1660-1685), suikasta kurban giden babasının tahtına yeniden oturdu. Her ne kadar (banknot şeklinde) para basan son İngiliz hükümdarı olsa da, iki ölümcül siyasi hata yaptı. [1]Ağustos 1663'te, "Ticaretin Teşviki Yasası" adını taşıyan yasayı yürürlüğe koydu; bu yasa, "her türlü kısıtlama ve düzenlemeden muaf olarak, tüm altın ve gümüş sikkelerin ve külçelerin yurt dışına ihraç edilmesini" izin veriyordu. [41] Yasa tasarısı üzerindeki tartışma sırasında, Anglesey Kontu, "krallığın barışı için, kendi para birimimiz ve altın rezervlerimizden bir banka (birikim organı) oluşturabilecek, hoşnutsuz ve kışkırtıcı bir avuç süper zenginlerin insafına kalmasının tehlikeli olduğunu" öngörülü bir şekilde belirtti, ve kralın bunları engelleme gücü (artık) kalmadığında bizi nakit sıkıntısına düşürmek."[42]

[38] H. S. A. Henriques, Yahudiler ve İngiliz Hukuku IV, *The Jewish Quarterly Review*, Cilt 14, No. 4, Temmuz 1902, s. 653-697.
[39] A. H. M. Ramsay, a.g.e., s. 16-17.
[40] A. M. Hyamson, *A History of the Jews in England*, Methuen, 1928, A. N. Field tarafından alıntılanmıştır, *All These Things*, Omni Publications, Hawthorne, Kaliforniya, 1936, s. 215.
[41] D. Astle, a.g.e., s. 44.
[42] A. Del Mar, *The History of Money in America from the Earliest Times to the Establishment of the Constitution*, Omni Publications, Hawthorne, Kaliforniya, 1966, (ilk kez 1899'da yayınlanmıştır), s. 66.

TO THE

Parliament, The Supream Court of

ENGLAND,

*And to the Right Honourable the Councell of State*, Menaſſeh Ben Iſrael, *prayes God to give Health, and all Happineſſe*:

IT is not one cauſe alone (moſt renowned Fathers) which uſeth to move thoſe, who deſire by their Meditations to benefit Mankind, and to make them come forth in publique, to dedicate their Books to great Men; for ſome, and thoſe the moſt, are incited by Covetouſneſſe, that they may get money by ſo doing, or ſome peece of Plate of gold, or Silver; ſometimes alſo that they may obtaine their Votes, and ſuffrages to get ſome place for themſelves, or their friends. But ſome are moved thereto by meere and pure friendſhip, that ſo they may publickly teſtifie that love and affection, which they bear them, whoſe names they prefixe to their Books; let the one, and the other, pleaſe themſelves, according as they delight in the reaſon of the Dedication, whether it be good or bad; for my part, I beſt like them, who do it upon this ground, that they may not commend themſelves, or theirs, but what is for publick good.

As for me (moſt renowned Fathers) in my dedicating

A 2 this

(3)

Menasseh ben Israel tarafından Yahudilerin İngiltere'ye yeniden kabul edilmesini desteklemek amacıyla yayınlanan broşür.

Üç yıl sonra, Para Basımını Teşvik Yasası sayesinde, özel şahısların, yani bankacıların ve kuyumcuların Kraliyet Darphanesi'nde krallığın sikkelerini basmasına ve böylece sadece kendi çıkarları için gelir olarak seigniorage hakkı (sikkelerin nominal değeri ile üretim maliyeti arasındaki fark olan ) gibi önemli bir ayrıcalığı elde etmesine izin verdi. Üstelik bu, dolaşımdaki para miktarını istedikleri gibi artırıp azaltmalarına ve böylece fiyatları istedikleri gibi yükseltip düşürmelerine olanak tanıdı; bu da halkın geri kalanı için büyük bir zarara yol açtı.

Kardeşi II. James'in (1685-1688) hükümdarlığı sadece üç yıl sürdü. O, esas olarak Hollanda'dan yayılan broşürlerin ve vicdansız propagandanın kurbanı oldu. Prens William of Orange tarafından başlatılan bir askeri sefer, sonunda onu tahttan indirdi. James'in ordusu sayıca üstün olmasına rağmen, ilk Marlborough Dükü John Churchill'in aniden onu terk etmesinden sonra saldırmaktan vazgeçti. *Jewish Encyclopedia'ya* göre, Churchill daha sonra ihanetinin karşılığı olarak Hollandalı Yahudi Salomon de Medina'dan yıllık 6.000 sterlinlik bir gelir aldı.[43] Bu büyük meblağ, "kan bedeli", Churchill'in Blenheim Sarayı'nın inşasına başlamasına olanak sağladı; saray, 1722'deki ölümünde tamamlandı.

William of Orange'ın askeri seferi, tıpkı 1066'daki diğer William the Conqueror'ın seferi gibi, Yahudi bankacılar tarafından finanse edildi. Destekleri karşılığında III. William (1689-1702), İngiltere'nin borç ve faizden muaf para basma kraliyet yetkisini, "İngiltere Merkez Bankası Valisi ve Şirketi" adıyla bilinen bir konsorsiyuma devretti. A. N. Field, *All these Things* adlı eserinde bu dönemin olaylarını şu şekilde özetler:

> "Cromwell'in Yahudilerin İngiltere'ye dönmesine izin vermesinden otuz üç yıl sonra, bir Hollanda prensi, bu finans merkezinden gelen bir Yahudi sürüsünün eşliğinde Amsterdam'dan karaya çıktı. Kayınbiraderini [II. James] krallıktan kovarak, İngiltere tahtına oturmayı lütufla kabul etti. Bu olayın doğal sonucu, altı yıl sonra İngiltere Merkez Bankası'nın kurulmasıyla Ulusal Borç'un başlatılması oldu; bu bankanın amacı, Krallığa para ödünç vermekti. Yahudiler gelmeden önce İngiltere kendi tarzında yaşıyordu. O andan itibaren tefeciler sahneye çıktı ve ulusun bugün içinde bulunduğu durum, Shakespeare'in, kehanet niteliğinde bir öngörüyle, ölmek üzere olan John of Gaunt'ın ağzından söylediği şu sözlerle daha iyi tarif edilemez:
>
> *Bu vatan, o kadar çok sevgili ruhun vatanı, bu sevgili, sevgili vatan, Dünyadaki ihtişamıyla sevilen,*

[43] A. H. M. Ramsay, a.g.e., s. 18.

*Şimdi kiraya verilmiş, bunu söylerken ölürüm,*
*Sefil bir feodal toprak ya da çiftlik gibi*
*Bu İngiltere, zafer dolu bir denize açılmış,*
*Kayalık kıyıları, nemli Neptün'ün kıskanç saldırısını*
*Nemli Neptün'ün kıskanç saldırısını geri püskürten,*
*şimdi utanç verici bir duruma düşmüştür*
*Mürekkep lekeleri ve çürümüş parşömenler adına!*
*Başkalarını köleleştirmeye alışkın olan bu İngiltere,*
*kendi köleliğini utanç verici bir şekilde tamamladı!*
- II. Richard, II. Perde, I. Sahne

« Yahudilerin İngiltere'ye ikinci yerleşiminin tarihi, ulusu borçla zincirleyen, parşömenlere yazılmış uzun bir yükümlülükler dizisinden ibarettir. Yahudilerin ulusun işlerinde yükselişinin her aşaması, borcun artması ve çoğalmasıyla işaretlenmiştir. »[44]

## İNGİLTERE MERKEZ BANKASI'NIN KURULMASI

Özel bir merkez bankası kurma ihtiyacı, emekli bir korsan olan William Paterson ([45] ) tarafından 1693 yılında *A Brief Account of the Intended Bank of England (Planlanan İngiltere Merkez Bankası Hakkında Kısa Bir Rapor*) başlıklı bir broşür yazarken gündeme getirildi.[46] Daha sonra, bu Banka'nın "sıfırdan yarattığı paradan faiz geliri elde ettiğini" övünerek anlatacaktı.[47] 21 Haziran 1694 Perşembe günü, 1.200.000 sterlinlik başlangıç sermayesine sahip olan Banka için bir hisse senedi abonelik listesi açıldı. Ertesi Pazartesi günü bu tutarın tamamı satılmıştı.

Bankanın bariz amacı, Kral William'a savaşı sürdürmesi için, özellikle de ülkesi henüz tefecilik sistemine girmeyen Fransa Kralı XIV. Louis ile arasındaki çatışmayı sürdürmesi için,

[44] A. N. Field, a.g.e., s. 218.
[45] A. M. Andreades, a.g.e., s. 60. O dönemde korsanlık mesleği onursuz bir meslek olarak görülmüyordu.
[46] Aynı eser, s. 66.
[47] W. G. Simpson, *Which Way Western Man?*, Yeoman Press, Cooperstown, New York, 1978, s. 621.

yıllık %8 faizle sınırsız miktarda para ödünç vermekti.[48] Böylece banka, Kraliyet tarafından ödenen faizleri, yıllık 100.000 sterlin tutarında alıyordu; ek 4.000 sterlin ise idari masrafları oluşturuyordu. Banka ayrıca, altınla teminatlandırılmamış 1.200.000 sterlinlik banknot basma hakkını da elde etti.

Tescili öncesinde, bankanın tüzüğü hukukçu Levinz tarafından dikkatle incelendi; böylece tüzüğün, ulusal paranın sıfırdan yaratılmasına izin verip faiz tahsil ederek İngiliz halkını sonsuza dek sömürmek olan gizli amacına tam olarak uygun olması sağlandı. Tüm bu sahte para, bileşik faizle birlikte geri ödenmeliydi. Levinz, Amsterdamlı bir Yahudi avukattı.[49]

Banka'nın kurulmasına karşı güçlü bir muhalefet vardı. Bu muhalefet esas olarak kuyumcular ve tefecilerden geliyordu; onlar, Banka'nın, kendilerinin çıkardıkları altın makbuzlarına dayalı kısmi rezervler şeklinde yaptıkları tefecilik faaliyetlerine son vereceğini anlamışlardı. Toprak sahipleri ve taşra soyluları, Banka'nın ülkenin para hacmini kontrol edeceği için faiz oranlarının artmasından korkuyorlardı. Banka'nın bazı tüccarları kayırarak onlara tercihli faiz oranları uygulayacağına dair iddialar ortaya atıldı. En büyük korku, "Banka'nın çok güçlü hale gelmesi ve böylece dünya ticaretinin temel taşı olması"ydı.[50] Ne yazık ki, tam da bu oldu, çünkü İngiltere Merkez Bankası, kendisinden sonra gelen tüm diğer merkez bankaları için bir model oluşturdu.

---

[48] F. J. Irsigler, *On the Seventh Day They Created Inflation*, Wynberg, Cape Town, Güney Afrika, 1980, s. 5.
[49] J. E. T. Rogers, *The First Nine Years of The Bank of England*, Clarendon Press, Oxford, 1887, s. 4.
[50] A. M. Andreades, a.g.e., s. 69.

**İngiltere Merkez Bankası**'nın kurulması, Parlamento'da oylanan ve "Majestelerine gemilerin ve teknelere ait tonaj üzerinden çeşitli tarifeler ve haklar sağlamak için bir yasa" olarak tanımlanan bir yasa ile resmileştirildi.

O dönemde Avam Kamarası, 243 Tory, 241 Whig ve siyasi bağlılığı bilinmeyen 28 üyeden oluşan toplam 514 üyeden oluşuyordu.[51] Üyelerin yaklaşık üçte ikisi taşralı soylulardan oluşuyordu ve bunların %20'sinin okuma yazma bilmediği biliniyordu. Yasa, 1694 yılının Temmuz ayında, yazın en sıcak döneminde, kırsal bölgelerin temsilcilerinin hasatla meşgul olduğu bir zamanda tartışıldı.[52] Kuruluş Şartı'nın onaylandığı 27 Temmuz 1694 Cuma günü, sadece 42 üye hazır bulunmuştu; bunlar, Tories'in karşı çıkması nedeniyle sadece Whig'lerdi ve hepsi yasanın lehine oy verdi. (Bu, o dönemde yeter sayının ne olduğu sorusunu gündeme getirir.)

Yasanın başlığında önerilen İngiltere Merkez Bankası'ndan hiç bahsedilmiyordu; banka, üçte ikisi anlaşılmaz bir dille – yani bu konuyu bilmeyenler için – anlatılmış, daha doğrusu gizlenmişti.

Yasanın giriş cümlesi şöyle başlıyor: "İngiltere, İskoçya,

---

51 Avam Kamarası Bilgi Bürosu, Londra.

52 Benzer bir yasa, özel hissedarların elinde bulunan Amerikan Merkez Bankası için 23 Aralık 1913 tarihinde, çoğunluğun Noel'i kutlamak için evlerine dönmüş olması nedeniyle sadece az sayıda üyenin hazır bulunduğu bir oturumda kabul edildi. H. S. Kenan, *The Federal Reserve Bank*, The Noontide Press, Los Angeles, 1966, s. 19-20.

Fransa ve İrlanda Kralı ve Kraliçesi, Tanrı'nın lütfuyla, inancın savunucuları, vb. Onları temsil eden herkesin hoş geldiniz dediği. " 242 kelimeden oluşan üçüncü cümle şöyle başlıyor: "Oysa Parlamento'da son zamanlarda kabul edilen ve Majestelerine GEMİLERİN VE GEMİ GÖVDELERİNİN TONAJINA göre çeşitli tarifeler ve vergiler ile bira, fermente içecekler ve diğer likörler üzerinden Majestelerine çeşitli tarifeler ve vergiler tahsis edilmesi ve söz konusu kanunda belirli ödüller ve avantajlar belirlenmesi amacıyla, bu kişiler Fransa ile savaşı sürdürmek için gönüllü olarak 150.000 sterlin tutarında bir meblağı ödeyeceklerdir, diğer hususların yanı sıra kabul edilmiştir... »[53]

İngiltere Merkez Bankası'nda temettü ödeme günü, ahşap baskı, 1800 civarı

Yasanın ilk üçte ikisinin büyük bir kısmı, gemiler, bira, fermente içecekler ve diğer likörler üzerinde karmaşık bir dizi yeni tarife, yükümlülük ve verginin uygulanması gerekliliğini ayrıntılı olarak ele almaktadır. Tüm bu vergilerin getirilmesinin asıl amacı, gelecekteki tüm devlet borçlarının

[53] D. Astle, a.g.e., s. 55.

faizlerinin ödenmesi için gerekli olmalarıydı. Kısa bir süre sonra, diğer vergiler de getirildi: emlak vergisi, kağıt vergisi, kişi başı vergi, tuz vergisi, damga vergisi ve pencere vergisi; bunlar, ocak veya şömine vergisinin yerini aldı. Yaratılan diğer vergiler arasında seyyar satıcı vergisi, at arabası vergisi, doğum, evlilik ve ölüm vergisi ve son olarak bekarlar vergisi vardı.[54] Ancak, en ağır vergi, %20 oranında endeksli gelir vergisiydi. Bu vergi sadece işletmelere değil, çiftçilere de uygulanıyordu.[55].

## SAVAŞ VE BORÇ KÖLELİĞİ SONSUZA DEK

Bundan sonra, ulusal borcu ve tefecilerin kârlarını aynı anda artırmak için gereksiz savaşların başlatıldığı bir toplum modeli ortaya çıkacaktı. Anlamlı bir şekilde, bu savaşların çoğu, Kuzey Amerika kolonilerinde ve Napolyon dönemindeki Fransa'da olduğu gibi, faizsiz bir bankacılık sistemi kurmuş ülkelere karşı ilan edildi. Bankacıların tefecilik sistemini şiddet yoluyla pekiştirme şeması, modern çağ boyunca geniş ölçüde uygulanmış ve Birinci Dünya Savaşı sırasında İmparatorluk Rusya'sının, ardından İkinci Dünya Savaşı sırasında Almanya, İtalya ve Japonya'nın, daha yakın zamanda ise 2011'de Libya'nın yenilgileriyle örneklenmiştir. Tüm bu ülkeler, kendi uluslarının servetini adil bir temelde yeniden dağıtan ve halklarına çağdaş rakiplerinden çok daha yüksek bir yaşam standardı sağlayan bir devlet bankacılık sistemine sahipti.

1696'da, kurulmasından sonraki iki yıl içinde, İngiltere Merkez Bankası, sadece %2'lik bir altın rezervi ile 1.750.000 sterlinlik banknot tedavüle sokmuştu; bu da 36.000 sterlinlik bir değere karşılık geliyordu.[56] [1]Mayıs 1707'de İskoçya ile İngiltere arasında bir birlik kuruldu; bu, büyük ölçüde 1709'da gerçekleşen Edinburgh'daki Kraliyet Darphanesi'nin

---

54 A. M. Andreades, a.g.e., s. 55.
55 J. E. T. Rogers, a.g.e., s. 106-107.
56 F. J. Irsigler, a.g.e., s. 5.

kontrolünü ele geçirme ihtiyacından kaynaklanıyordu.

1720'de, İspanya Veraset Savaşı'nın (1701-1714) sona ermesinden sonra, kamu borcu 30 milyon sterline ulaşmıştı; savaşın maliyeti ise tek başına 50 milyon sterlindi.[57] Kolonistlerin borçsuz olarak yarattıkları parayı İngiliz parasıyla değiştirmek zorunda kalmaları ve bunun sonucunda işgücünün %50'sinin işsiz kalmasıyla başlayan Amerikan Bağımsızlık Savaşı'ndan (1775-1783) sonra, ulusal borç 176 milyon sterline ulaştı.

1944 yılında *The Bank of England: A History 1694-1914 kitabını* yazan Sir John Harold Clapham'a göre, Solomon de Medina ve iki da Costa, Fonseca, Henriquez, Mendez, Nuñez, Rodriguez, Salvador ve Teixeira de Mattos, hepsi Sefarad Yahudileri olan bu kişiler, 1722 yılında bankanın hisselerinin çoğunluğunu satın almışlardı.

1786 yılında, Başbakan William Pitt Genç, yıllık 1 milyon sterlin faiz getirisi sağlayan ve bu geliri tamamen borcun ödenmesine ayıran bir itfa fonu aracılığıyla kamu borcunu ortadan kaldırmaya çalıştı.[58] Bu yöntem, Napolyon'a karşı savaşı finanse etmek için gerekli olan borçlanmalardaki muazzam artış nedeniyle kısa sürede terk edildi. 1797'de, artan faiz yükünü ödemek için kademeli bir gelir vergisi sistemi getirildi ve bu sistemin 1815'teki geliri yıllık 70 milyon sterline ulaştı.[59]

Fransa'ya karşı savaş 1792'den 1815'e kadar sürdü. Bu gereksiz kan dökülmesinin ana amacı, Napolyon tarafından kurulan borçsuz ve faizsiz finansal sistemi yok etmekti. (Bkz. Bölüm III) Bu dönemde İngiltere, 1812'den 1814'e kadar Amerika Birleşik Devletleri'ne karşı da bir savaş yürüttü. Bu savaş, tıpkı Fransa ile olan savaş gibi, ABD Kongresi'nin 1791'den 1811'e kadar Amerika'nın merkez bankası olan ve Rothschild tarafından kontrol edilen ABD Bankası'nın ([60] )

---

[57] A. M. Andreades, a.g.e., s. 119.
[58] W. D. Bowman, *The Story of the Bank of England*, Herbert Jenkins Ltd, Londra, 1937, s. 291.
[59] A. M. Andreades, a.g.e., s. 162.
[60] Bankanın hisselerinin %100'ü Rothschild ailesi ve ortakları tarafından tutuluyordu.

tüzüğünü yenilemeyi reddetmesinin ardından, bankacı Mayer Amschel Rothschild'in (gerçek adı Bauer) talebi üzerine İngiltere tarafından başlatıldı.[61] Nathan Rothschild, 1815'te şu sözleriyle ünlüdür: "Bana bir ulusun para birimini kontrol etme yetkisi verin, o zaman kanunları kimin yaptığı umurumda olmaz. Sistemi anlayan azınlık, ya kârlarından o kadar etkilenecek ya da onun iyiliklerine o kadar bağımlı olacak ki, bu sosyal sınıfın üyeleri tarafından hiçbir zaman muhalefet gelmeyecektir." İngiliz Başbakanı Spencer Perceval (1809-1812), bu tamamen gereksiz savaşı durdurmaya çalıştı, ancak 11 Mayıs 1812'de Avam Kamarası'nın lobisinde Rothschild tarafından görevlendirilmiş bir aşırılıkçı olan John Bellingham tarafından suikasta kurban gitti.[62]

1815'te kamu borcu 885 milyon sterline fırlamıştı. Bu tamamen gereksiz savaş, yaklaşık üç milyon askerin ve bir milyon sivilin hayatına mal oldu. Napolyon tarafından kurulan devlet bankasını yok etmek, İngiliz halkına 831 milyon sterline mal oldu[63], bunun 2,5 milyar sterlini 1914'te hâlâ ödenmemişti. 504 milyon sterlinlik anapara, bileşik faizin sihriyle zamanla beş katına çıkmıştı.

Tarım dünyasını temsil eden zeki bir milletvekili olan William Cobbet (1763-1835), o dönemde neler olup bittiğini fark etti ve şöyle yazdı:

> "İngiltere Merkez Bankası'nın kurulmasına ilişkin Parlamento Yasası'nı incelemeye başladım. Yatırımcılar ne yaptıklarını çok iyi biliyorlardı. Amaçları, tüm ülkeyi, toprakları, evleri, mülkleri ve emeği aşamalı olarak

---

[61] 1836'da Başkan Andrew Jackson, hükümetin tüm mevduatlarını çekerek İkinci Amerika Birleşik Devletleri Bankası'nı kapattı. Banka, 1816'da 20 yıllık bir imtiyazla kurulmuştu. Rothschild ailesi ve ortakları hisselerin %80'ine, Amerikan hükümeti ise geri kalanına sahipti.

[62] www.tomatobubble.com/fh1.html, NWO Forbidden History (1765-1816). 4 Ekim 1809'da Başbakan olarak atanmasının yanı sıra, Perceval 28 Mart 1807'den itibaren Hazine Bakanı olarak da görev yapmıştı. Böylece yüksek finansın inceliklerine son derece aşinaydı. Görev süresi boyunca Hazine Bakanı, kişisel bir arkadaşı ve Nathan Rothschild'in gizli muhbiri olan John Charles Herries'ti. Bkz. N. Ferguson, *The House of Rothschild, Money's Prophets 1798-1848,* Cilt 1, Penguin Books, Londra, 1999, s. 86. (Profesör Ferguson, ABD'nin Virginia eyaletindeki Chantilly'de düzenlenen Bilderberg konferansına katılan bir içeriden kişidir.)

[63] W. D. Bowman, a.g.e., s. 290.

ipotek altına almaktı. Planları, dünyanın daha önce hiç görmediği bir şey yarattı: bolluğun ortasında sefalet."[64]

1800 yılında, milletvekili Sir William Pultney, Banka'ya karşı "şiddetli saldırılar" yöneltmesinin ardından bir ulusal banka kurulmasını önerdi.[65] 1824 yılında, bir başka milletvekili olan David Ricardo, İngiltere Merkez Bankası'nı bir ulusal bankaya dönüştürmek için ayrıntılı bir plan sundu[66]. Bu iki girişim de başarısızlıkla sonuçlandı. İngiltere Merkez Bankası'nın işleri gizli kaldı ve ancak 139 yıl sonra, 1833'te, 1833 Yasası aracılığıyla faaliyetlerinin özet bir versiyonu parlamentoya sunuldu.[67]

1914'te Birinci Dünya Savaşı'nın başlangıcında, ulusal borç 650 milyon sterlin seviyesindeydi.[68] 31 Mart 1919'da bu rakam 7,434 milyar sterline fırlamıştı[69] ve bunun 3 milyar sterlini, 95 yıl sonra bile yıllık %3,5 faiz oranıyla ödenmeye devam ediyor. 1919'da tüm bütçe harcamalarının %40'ı faiz ödemelerine ayrılmıştı. İkinci Dünya Savaşı sırasında kamu borcu neredeyse %300 artarak 1939'daki 7,1 milyar sterlinden 1945'te 20,1 milyar sterline çıktı. Haziran 2014 itibarıyla bu rakam 1,3 trilyon sterline ulaşmıştır.[70] Ancak, kamu ve özel sektör emekli maaşları da dahil olmak üzere tüm yükümlülükleri de eklediğimizde, bu rakam 5 trilyon sterlini aşıyor.

---

[64] W. Cobbett, *The Political Register*, Cilt XVIII, No. 1, Londra, 14 Temmuz 1810.
[65] A.g.e., s. 207.
[66] W. D. Bowman, a.g.e., 228 ve A. M. Andreades, a.g.e., s. 417-427.
[67] A. M. Andreades, a.g.e., s. xii ve s. 261.
[68] İngiltere'nin 4 Ağustos 1914'te savaş ilan etmesinden birkaç gün sonra, borç ve faiz yükümlülüğü olmayan 300 milyon sterlinlik 10 ve 1 sterlinlik Bradbury banknotlarının basılmasıyla acil bir önlem alındı. Bunlar kısa süre sonra savaş tahvilleriyle değiştirildi. Nobel Ödülü sahibi Profesör Frederick Soddy, bu tahvillerin aldatıcı bir şekilde nasıl ihraç edildiğini şöyle açıkladı: "İngiltere Merkez Bankası, vergi mükelleflerinin yüzde 4 faiz ödemesi gereken Savaş Tahvillerini satın almak için gerekli parayı yüzde 3 faizle ödünç vermeyi teklif eden bir genelge yayınladı. Böylece vergi mükellefinin ödünç aldığı her sterlin için banka 15 peni, sahte aboneler ise 5 peni aldı. Banka hiçbir risk almadı, çünkü borç geri ödenene kadar yeni aboneliği kredinin teminatı olarak elinde tuttu. » F. Soddy, *Wealth, Virtual Wealth and Debt*, G. Allen & Unwin, Londra, 1933, s. 255.
[69] A. N. Field, a.g.e., s. 164-165
[70] www.nationaldebtclocks.com/unitedkingdom.htm

## KAMULAŞTIRMA

14 Şubat 1946'da İşçi Partisi hükümeti İngiltere Merkez Bankası'nı kamulaştırdı. Hissedarlar, 20 yıl sonra itfa edilecek 11.015.100 sterlin değerinde Hazine Bonosu aldılar. Bankayı kamu kontrolü altına alması beklenen bu kamulaştırma, kısmi rezerv sistemine sahip özel sektö 'i hiçbir şekilde değiştirmedi ve yalnızca propaganda amacıyla gerçekleştirildi; bu adım, İşçi Partisi'nin belirli finans ve sanayi sektörlerini kamulaştırma programının listesinde yer alıyordu.

6 Nisan 1974'te İngiltere Merkez Bankası, 1307478 numarasıyla kayıtlı, tamamen kendisine ait bir iştirak olan Bank of England Nominees Limited'i tescil ettirdi; bu şirketin 1 sterlinlik 100 hissesi özel hissedarlara aitti ve bunların %50'si satıldı. Bazıları, bankanın yönetim yapısındaki bu yeniden düzenlemenin, özel hissedarlar tarafından tersine ele geçirilmesini temsil ettiğinden şüphelenmektedir. İngiltere Merkez Bankası'nın faaliyetlerinin bazı yönlerinin Kraliyet Şartı'nın 27. maddesinin (9) fıkrası ayrıca 1976 Şirketler Kanunu ve 1989 Devlet Sırları Kanunu ile korunduğu ve dolayısıyla artık hiçbir türden kamu denetimine, hatta basit bir parlamento incelemesine bile tabi olmadığı göz önüne alındığında, bu varsayım tamamen haklı çıkabilir.

# BÖLÜM III

## BOURBONLAR, NAPOLYON VE FRANSA MERKEZ BANKASI

*Burada ortaya çıkan ölümcül gerçekler beni şu soruyu sormaya itti: Bu canavar, yani faiz, nasıl olur da henüz tüm insan ırkını yutmamış olabilir?*

– Napolyon Bonapart,
bir faiz tablosunu incelerken.

İngiltere Merkez Bankası 1694'te kurulduğunda, başlıca amaçlarından biri Fransa'ya karşı savaşın sürdürülmesi için gerekli fonları sağlamaktı. O dönemde Fransa, hem deniz gücü hem de toprak sahipliği açısından dünyanın bir numaralı gücüydü. Dört yıl önce, İngiltere'nin Eastbourne kenti yakınlarındaki Beachy Head Savaşı'nda, Fransız donanması on iki gemiyi batırarak İngiliz donanmasını ezici bir şekilde yenilgiye uğratmış, yirmi gemi ise İngiliz mürettebatı tarafından batırılmıştı.[71]

7 Haziran 1654'ten itibaren Fransa, en şöhretli hükümdarı Güneş Kralı XIV. Louis tarafından yönetiliyordu. Louis, bankacıların entrikalarından çok haberdardı. Maliye bakanı Nicolas Fouquet'nin, bugün para iktidarı olarak adlandırılan şeyin bir temsilcisi olduğunu keşfettiğinde ve "kamu fonlarını kötü yöneterek ve korkunç bir yolsuzlukla kendisine duyulan güveni ihlal ettiğine" dair reddedilemez kanıtlar elde ettiğinde, onu tutuklattı. Fouquet yargılandı, mahkum edildi ve geri kalan ömrü boyunca Pignerol'un ulaşılmaz kalesinde ev hapsine mahkum edildi. [72]

İspanya Veraset Savaşı (1702-1714), Haçlı Seferleri'nden bu

[71] 21 Ekim 1805'teki Trafalgar Savaşı'nda Fransızlar bir gemi kaybetti.
[72] W. G. Simpson, *Wich Way Western Man ?* Yeoman Press, Cooperstown, New York, 1978, 230.

yana yaşanan en büyük askeri çatışmaydı. Savaş, Louis'in torunu Philippe, Anjou Dükü'nü İspanya tahtına oturtma niyetini açıklamasının ardından patlak verdi. Bu girişim başarılı olsaydı, geniş bir Fransız-İspanyol imparatorluğu yaratacak ve böylece İngiltere Merkez Bankası ile onun vekili olan Büyük Britanya hükümeti için doğrudan bir tehdit oluşturacaktı. Sıfırdan para yaratma yeteneği sayesinde İngilizler, önemli bir donanma inşa etmeyi başardılar ve Fransa'nın düşmanlarını cömert rüşvetlerle satın alarak sadakatlerini kazandılar.

Louis, varisleri garip koşullarda ölmeye başlayana kadar dokuz yıl boyunca iktidarda kaldı. 13 Nisan 1711'de oğlu Louis, Büyük Dauphin, çocukken zaten bu hastalığa yakalanmış olmasına rağmen, sözde çiçek hastalığından öldü. 12 Şubat 1712'de torununun eşi, Burgonya Dükü'nün karısı, ateş nöbeti geçirerek öldü. Birkaç gün sonra, vücudunda kızarıklıklar oluşan kocası, 18 Şubat 1712'de bilinmeyen nedenlerden dolayı vefat etti. Birkaç hafta sonra, Kral'ın iki torunu kızıl hastalığına yakalandı. Beş yaşındaki Bretagne Dükü, 18 Mart 1712'de öldü. Üç yaşındaki kardeşi Anjou Dükü ise, Kral'ın onu uzaklaştırıp bir panzehirle tedavi edilmesini emretmesinin ardından mucizevi bir şekilde hayatta kaldı.

Bu trajedilerin ardından Kral, düşmanlıkları durdurup müzakerelere başlamaya ikna edildi. 1713 yılının Mart ve Nisan aylarında Utrecht'te bir antlaşma imzalandı; bu, Fransa'nın savaş öncesi sınırlarını büyük ölçüde korumasına olanak sağladı. O andan itibaren Fransız tahtının varisleri ölmeyi bıraktı, ancak bu, Louis'in diğer torunu ve gelecekteki Louis XV'in naibi olan Berry Dükü'nün alışılmadık bir at "kazası" sonucu ölmesini engelleyemedi.[73]

Kederden yıkılan Güneş Kralı, 1 Eylül 1715'te doğal nedenlerle vefat etti.

İngilizlerin büyük miktarlarda parayı kontrol etme yeteneği,

---

[73] N. Starikov, *Rouble Nationalization The Way to Russia's Freedom*, St. Petersburg, Piter, 2013, 57-58.

Fransızların dikkatinden kaçmamıştı; Fransızlar, savaşın finansal kredi yetersizliği nedeniyle kazanılmadığını anladılar. [1]Mayıs 1716'da İskoçyalı John Law, Banque Générale adlı özel bir banka açma izni aldı. Banka, İngiltere Merkez Bankası'nı örnek alıyordu ve banknot basma ve bunları altınla değiştirme yetkisine sahipti.[74]

XV. Louis'in naibi, Orléans Dükü II. Philippe, bankanın hükümete harcamalarını karşılama imkânı sağlayabileceğini fark etti ve 1718'de Fransa'nın ilk merkez bankası kuruldu; bu banka, Kraliyet Bankası olarak yeniden adlandırıldı.

Para yaratma yeteneğine dayanan İngiltere Merkez Bankası modelinin *benim*senmesi, kısa sürede Fransız ekonomisinin toparlanmasını ve yeniden canlanmasını sağladı. Ancak bu refah dönemi kısa sürdü. Ocak 1720'de Fransız hükümeti 100 milyon *sterlinlik* rekor bir borç aldı. Ertesi ay, bankanın banknotlarını altın sikkelerle değiştirmekte zorluk çektiğine dair bir söylenti yayıldı ve bunun ardından "korkunç bir panik" yaşandı.[75] Bu söylentinin kaynağı bilinmemektedir, ancak muhtemel şüpheli, tehlikeli rakibini ortadan kaldırmak isteyen İngiltere Merkez Bankası idi.[76]

Kraliyet Bankası'nı kurtarmak için çeşitli girişimlerde bulunuldu. 11 Mart 1720 tarihli bir kararnameyle[1]Mayıs'tan itibaren madeni para kullanımı yasaklandı. Bu önlem yaklaşan felaketi önleyemediğinde, 22 Mayıs 1720'de banknotların değerini %50 oranında düşüren bir kararname yayınlandı. 10 Ekim 1720 tarihli üçüncü bir kararnameyle,[1] Kasım tarihinden itibaren banknotların dolaşımdan çekileceği ve değerlerinin %50 oranında devalüe edilmiş devlet tahvilleriyle değiştirilebileceği ilan edildi. Kasım 1720'de Kraliyet Bankası iflasını ilan etti ve kurucusu, maliye genel denetçisi John Law, ertesi ay ülkeden kaçtı. İngiltere Merkez Bankası için Kraliyet Bankası'nın ortadan kalkması tam bir zaferdi.

---

[74] Bu olaylar, daha çok Mississippi Şirketi Olayı olarak bilinir.

[75] N. Starikov, a.g.e., 59.

[76] İngiltere Merkez Bankası'nın devrimci Fransa'nın assignat para birimini nasıl yok ettiğine dair bir açıklama için bkz. Bölüm IV.

Güneş Kralı **XIV. Louis**, bankacılara karşı her zaman güvensiz davranmıştı. Ordularını ve donanmasını finanse edememesi, onu İspanya Veraset Savaşı'nda (1702-1714) yenilgiye uğrattı.

## PARA REFORMCUSU NAPOLYON

1804'ten 1815'e kadar Fransa İmparatoru olan Napolyon, paranın gücünün her zaman gölgede kaldığını ve genellikle kendi amaçlarından habersiz olan aracılar aracılığıyla hareket ettiğini her zaman farkındaydı. Uluslararası finansın her yabancı düşmanın, her hükümdarın ve Jakobenler dahil her siyasi partinin arkasında pusuda beklediğini fark etti[77] ve bir gün şöyle dedi: "Veren el, alan elden üstündür. Finansçılar vatan sahibi değildir, vatanseverlikten ve ahlaktan yoksundurlar: tek amaçları kârdır."[78] Fransız ekonomisini nasıl yönetmek istediği konusunda çok net fikirleri vardı. Kendi sistemini, halkının yararı ve Tanrı'nın yüceliği için hükümetin kaynaklarını, maliyesini de dahil olmak üzere, kullanmaya yarayan bir sistem olarak tanımlıyordu. Onun sistemi, maddi değerler üzerinde manevi üstünlüğün, siyasi partiler üzerinde ulusun, kozmopolit açgözlülük üzerinde vatanseverliğin ve despotik terör üzerinde sadakatin korunmasını savunuyordu.[79]

---

[77] Jakobenler, başlangıçta merkezi bir cumhuriyet ilkesini savunan aşırı solcu bir devrimci siyasi hareketin üyeleriydi. Devrim sırasında, Terör Dönemi'ni başlattılar. Jakobenler Kulübü, Paris'teki Rue St Jacques'ta bulunuyordu.

[78] R. McNair Wilson, *Monarchy or Money Power*, Eyre & Spottiswoode, Londra, 1934, s. 92.

[79] Bu bakımdan Vichy Fransa'sının sloganı olan "*Çalışma, Aile, Vatan*" ile benzerlik gösterir.

**Napolyon**, 18 Kasım 1800'de Fransa Merkez Bankası'nı kurdu

Ekonominin temeli tarım olmalıydı: "çünkü tarım halkın ruhudur... Krallığın temelleridir."[80] Ardından, "halkın rahatını ve mutluluğunu sağlayan" sanayi geliyordu.[81] En son sırada ise, yalnızca tarım ve sanayinin fazlasından oluşan dış ticaret geliyordu. Ona göre: «dış ticaret, tarım ve ulusal sanayinin hizmetinde olmalı, bu ikisi asla dış ticarete tabi tutulmamalıdır.»[82] Napolyon'un nihai hedefi, sadece mali bağımsızlığı sağlamakla kalmayıp, ulusal ölçekte tüketilen malların üretiminde de kendi kendine yeterliliği sağlamaktı.

Napolyon, hiçbir koşulda devletin sivil veya askeri olsun, cari harcamalar için borçlanmasına izin vermedi. Borç konusunda şöyle demiştir:

> «Kredilerin nelere yol açabileceğini düşünmem, onların tehlikesini anlamam için yeterliydi. Bu yüzden onlarla hiçbir şekilde ilgilenmek istemedim ve her zaman krediye başvurmaya kararlı bir şekilde karşı çıktım. Bazıları, krediye başvurmadığımı, çünkü kredibilitem

[80] R. McNair Wilson, a.g.e., s. 97.
[81] A.g.e., s. 97.
[82] A.g.e., s. 97.

olmadığını ve bana borç verecek kimseyi bulamadığımı iddia ettiler. Eğer bu insanlar, borç alabileceğim kimseyi bulamadığımı düşünüyorsa, bu, insan doğası hakkında çok sınırlı bir bilgiye ve finansal yöntemler hakkında tam bir cehalete işaret eder. Bu, benim sistemimin bir parçası değildi."[83]

## FRANSIZ İMPARATORLUĞU DEVLET BANKASI

Napolyon, 9 Kasım 1799'da Birinci Konsül olarak iktidara geldiğinde attığı ilk adım, 18 Ocak 1800'de bir anonim şirket olarak Fransa Merkez Bankası'nı kurmak oldu; banka, aynı yılın 20 Şubatında faaliyete geçti. Bu banka, 1789'dan 1799'a kadar süren Fransız Devrimi'ne yol açan olaylarda derin bir rol oynamış olan, çoğunluğu Yahudi olan 15 özel bankanın yerini aldı.[84] Bu bankalar, Fransız krallığına verilen krediler için o kadar yüksek faiz oranları talep etmişlerdi ki, 1789'dan önce krallık, harcamalarının %50'sinden fazlasını bu faizlerin ödenmesine ayırıyordu.

Banka, her biri 1.000 frank değerinde 30.000 hisseye bölünmüş 30 milyon frank sermaye ile kuruldu ve bu hisselerin bir kısmı Napolyon, ailesi ve çevresindeki kişiler tarafından satın alındı.[85] Hissedarların temettüleri başlangıçta yıllık %6 ile sınırlıydı, ancak 1806'da bankanın kârının üçte ikisine yükseltildi; kalan üçte biri ise yedek akçeye ayrıldı. En büyük iki yüz hissedar, Banka Genel Yönetim Kurulu'nda görev yapan 15 yöneticiyi ve bankanın yönetimini denetleyen üç denetçi veya müfettişi seçiyordu.

Yönetim Kurulu ise, biri başkan olmak üzere üç üyeden oluşan bir Merkez Komitesi seçiyordu.[86] Napolyon, kendisini

---

[83] Aynı eser, s. 96.

[84] C. Quigley, *Tragedy and Hope, A History of the World in Our Time,* The Macmillan Company, New York, 1966, s. 515.

[85] www.banque-france.fr/en/banque-de-france/history/the-milestones/1800-creation-of-the-banque-de-france.html

[86] Tüm önde gelen ülkelerde bankacılık faaliyetlerinin tarihi; ABD, Rusya, Hollanda, İskandinav ülkeleri, Kanada, Çin ve Japonya'yı kapsayan; 13 yazar tarafından derlenen. *The Journal of Commerce and Commercial Bulletin'un* yayıncısı tarafından basılmıştır, New York, 1896, Cilt 3 (Fransa, İtalya, İspanya, Portekiz, Kanada).

Banka'nın başkanı olarak atadı ve "Banka sadece hissedarlara ait değildir, aynı zamanda Devlete de aittir, çünkü Devlet ona para basma ayrıcalığını vermiştir. "Bankanın devletin elinde yeterince, ancak fazla da olmamak kaydıyla olmasını diliyorum."[87]

14 Nisan 1803'te, parlamentoda oylanan bir yasa ile Napolyon, iki rakip banka olan *Caisse d'Escompte de Commerce* ve *Comptoir Commercial'ın* banknot basma hakkını kaldırdı. O dönemde şöyle belirtti:

> "Krediyi korumak için, Banque de France tarafından yaratılan yapay paranın tek bir kaynaktan çıkarılması gerektiğini söylememiş miydiniz? Bu fikri benimsiyorum. Tek bir banka, birden fazla bankaya göre hem hükümet hem de halk tarafından daha kolay denetlenebilir. Acil bir durumda, bu tür bir rekabetin hiçbir avantajı olduğunu düşünmüyorum."[88]

22 Nisan 1806'da, Merkez Komitesi'nin üç üyesini bir başkan ve iki yardımcısıyla değiştiren yeni bir yasa yürürlüğe girdi.[89] Bu atamalar Napolyon tarafından şahsen onaylandı. Yeni yasa, Banka'nın sermayesini 90 milyon franka çıkardı. Napolyon, bankacılara karşı o kadar güvensiz ve şüpheciydi ki, para politikasının sırlarının sızdırılmasını ve spekülatörler tarafından istismar edilmesini önlemek için Hazine'nin işlemlerini denetledi. Böylece, para ve kredinin yaratılmasını ve dağıtımını aynı anda kontrol eden kendi bankacısı oldu; bu durum, kıtadaki piyasa işlemlerinden fiilen dışlanan uluslararası bankacılar, özellikle de Rothschildlar için büyük bir üzüntü kaynağı oldu. Napolyon, frangı Avrupa'nın en istikrarlı para birimi haline getirdi. Fransa, Londra Şehri'ndeki tahvil piyasasından çekildikten sonra, bankacılar ve tefeciler kardeşliği üzerine bir depresyon sisi çöktü. Anlamlı bir şekilde, İngiliz basını Napolyon hakkında iftiralar yaymaya başladı. Napolyon, 25 Mart 1802'de İngiltere ile Fransa arasında imzalanan Amiens Antlaşması'nın şartlarına

87 Encyclopedia Britannica, 1964, Cilt 3, s. 132.
88 *The Journal of Commerce and Commercial Bulletin* editörü, a.g.e.
89 Aynı eser.

uymamakla suçlandı. Napolyon, "ticaret özgürlüğünü" artıracak ve günümüzde küreselleşme olarak bilinen olguyu mümkün kılacak bir ticaret anlaşmasını imzalamayı reddedince ilişkiler gerildi; bu da onu kıta politikasındaki otarşi ve izolasyonizmi azaltmaya zorladı.

İngiltere, uluslararası bankacılarının yönlendirmesiyle Avusturya, Prusya, Rusya, İspanya ve İsveç'i finanse etmeye başladı[90] ve hemen Fransa'ya savaş ilan etti.[91] 'daki koalisyon güçleri 600.000'den fazla askere sahipti. Napolyon bu sayının üçte birini bile toplayamıyordu ve bu nedenle askerlerini silahlandırmak ve beslemek için banka kredilerine başvurmak zorunda kalacaktı. 20 Aralık 1803'te, Louisiana'yı 3 milyon sterline Amerika Birleşik Devletleri'ne satarak savaş çığırtkanlarının bir adım önüne geçti. Bunu kısa bir barış ve refah dönemi izledi. Ancak 1806'da, Prusya'nın girişimiyle İngiltere, Rusya ve Prusya'dan oluşan yeni bir koalisyon savaşa doğru yola çıktı. 14 Ekim 1806'da Jena'da onları yenilgiye uğratmasına rağmen, Napolyon, Fransa'yı ve yeni ekonomik sistemini korumak için sonraki dokuz yıl boyunca bir dizi gereksiz savaşa girmek zorunda kaldı. İngilizlerin hem ithalatlarını ödeyemeyeceklerini hem de müttefiklerini finanse edemeyeceklerini bildiği için, İngiltere'nin dış ticaretini yok etmeyi amaçlayan Kıta Ablukası'nı ilan etti.

[90] *Encyclopedia Britannica*, 1964, Cilt 19, s. 573'e göre, Rothschildlar Napolyon Savaşları sırasında Avrupa'daki çeşitli hükümetler için 100 milyon sterlin "topladılar".
[91] Bu, altı farklı askeri koalisyondan ilkiydi.

**Tilsit Antlaşması** – Napolyon ve Çar I· Alexander Neman Nehri üzerindeki bir salda antlaşmayı imzaladılar.

7 Temmuz 1807'de Doğu Prusya'daki Niemen Nehri'nin ortasında bir sal üzerinde imzalanan Tilsit Antlaşması'nda, Napolyon ve Çar I· Alexander kendilerini kıta Avrupası'nın efendileri haline getiren bir ittifak kurdular. Alexander, Napolyon'un İngiltere'ye karşı uyguladığı Kıta Ablukası'na katılmayı ve diğer uluslarla, özellikle de Britanya İmparatorluğu ile bir anlaşmazlık durumunda karşılıklı destek sağlamayı kabul etti. O dönemde, Fransa ve Rusya, Avrupa'da tefecilik sisteminin boyunduruğu altında olmayan ve dolayısıyla Rothschild'lere borçlu olmayan tek iki ülkeydi. Böylece, bunlar Avrupa'daki tek iki özgür ve bağımsız ulustu. Ancak, birkaç yıl sonra Rusya ablukayı bozmaya başladı. Bu hareket, esasen hammadde üreten bir ülke olan Rusya'nın zayıf bir sanayi kapasitesine sahip olması ve imalat ürünlerinin ithalatında İngiltere'ye bağımlı kalması gerçeğine dayanıyordu. Alexander, Fransa'nın daha önce İngiltere'den ithal edilen malları kendisine sağlaması koşuluyla ablukayı sürdürmeye hazırdı. Fransa bu talepleri karşılayamıyordu, çünkü İngiltere denizlerde hakimiyet kurmuştu ve o dönemde Avrupa'da karayolu veya demiryolu altyapısı yoktu. Böylece, ablukayı sürdürmek için Napolyon, 24 Haziran 1812'de 500.000 kişilik bir orduyla Rusya'yı işgal etmeye karar verdi.

14 Eylül 1812'de Moskova'ya ulaşmasına rağmen, şehrin terk edildiğini fark etti ve ertesi kış geri çekilmesi bir felakete dönüştü; ordusundan sadece 110.000 asker hayatta kaldı. Ertesi yıl, 19 Ekim 1813'te Leipzig'in doğusunda "Milletler Savaşı"nda yenilgiye uğradı. 11 Nisan 1814'te Fontainebleau'da tahttan çekildi.

Korsika ile Toskana arasında yer alan Elba Adası'na sürgüne gönderildikten sonra, Napolyon 18 Haziran 1815'te bugünkü Belçika'daki Waterloo Savaşı'nda geri dönüş denemesi yaptı. Savaşan tüm taraflar, yani İngiltere, Prusya ve Fransa, Nathan Rothschild tarafından finanse edildi; Fransa, Rothschild'dan 10 milyon sterlinlik bir borç aldı.[92] Yenilgisinin ardından Napolyon, Güney Atlantik'teki İngiliz adası Saint Helena'ya sürgüne gönderildi ve 5 Mayıs 1821'de, 51 yaşında ve sağlığı yerinde bir adamken gizemli koşullar altında öldü. Napolyon'un kalıntılarının incelenmesi, onun kronik arsenik zehirlenmesinin ardından kesinlikle siyanür zehirlenmesinden öldüğünü ortaya çıkardı.[93] Böyle bir durumda, bunun Rothschild tarafından görevlendirilmiş bir suikastçının işi olduğundan hiç şüphe yoktur; bu da, faizsiz bir bankacılık sistemi öneren, kuran veya sürdüren tüm liderleri öldürme şeklindeki, son iki yüzyıl boyunca sürekli tekrarlanan bir

[92] Wellington Dükü'nün ordusunun nasıl finanse edildiğine dair bkz. N. Ferguson, *The House of Rothschild, Money's Prophets 1798-1848*, Cilt 1, Penguin Books, Londra, 1999, s. 95-99. 1936'da Eberhard Müller, *Rothschild Wins at Waterloo/Rothschild Waterloo'da Kazanır* başlıklı bir tiyatro oyunu yazdı; bu oyunda Rothschild şöyle açıklıyor: "Param her yerde ve param dost canlısıdır. Bu, dünyadaki en dostane güçtür; dolgun, top gibi yuvarlak ve gülümseyen."; "Vatanım Londra Borsasıdır"; ve "İngiltere'nin serveti benim ellerimde.", s. 23.

[93] www.napoleon-series.org/ins/weider/c_assassination_w.html Napolyon'un ölüm nedenleri, 18 Şubat 1998'de Londra'daki Sandhurst Askeri Akademisi'nde *The Assassination of Napoléon/Napolyon'un Suikasti* başlıklı bir konferans veren merhum Ben Weider tarafından titizlikle incelenmiştir. Weider, Kont Charles Tristan de Montholon'u olası zehirleyici olarak belirlemiştir. İmparatorla günlük temas halinde olan bu kişi, ahlaksız bir karakteri ve suçlu bir geçmişi ile Rothschild tarafından gizlice görevlendirilmiş bir suikastçının profiline tam olarak uymaktaydı. Rengsiz, kokusuz ve tadı olmayan bir madde olan arsenik, muhtemelen Napoléon'a Ümit Burnu'ndan gelen günlük şarap tüketiminde verilmişti. (Bkz. Güney Rus Beyaz Ordusu Başkomutanı Baron Pyotr Wrangel'in (1878-1928) ölümü; Stalin'in emriyle, Belçika'nın Brüksel kentinde Wrangel ailesiyle birlikte yaşayan uşakının kardeşi tarafından zehirlenmiştir).

alışkanlığı teyit eder.[94]

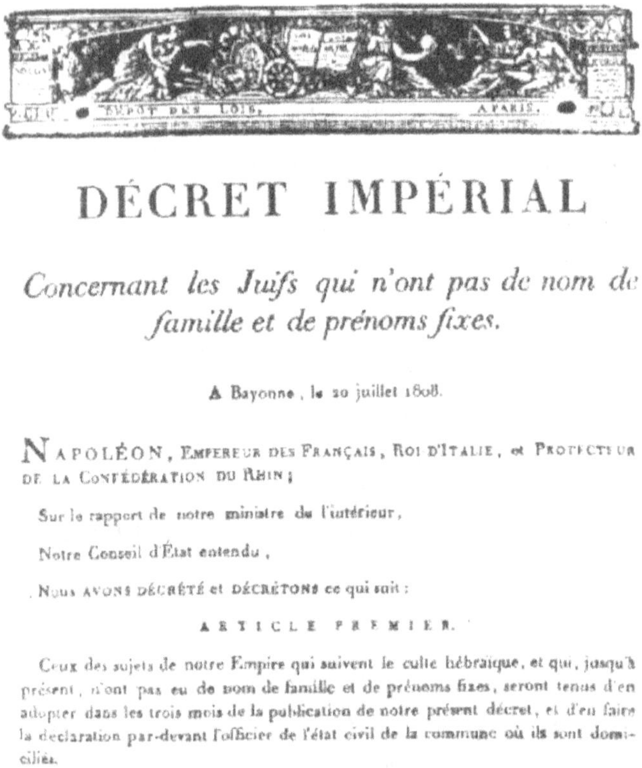

DÉPOT DES LOIS, A PARIS.

# DÉCRET IMPÉRIAL

*Concernant les Juifs qui n'ont pas de nom de famille et de prénoms fixes.*

A Bayonne, le 20 juillet 1808.

NAPOLÉON, EMPEREUR DES FRANÇAIS, ROI D'ITALIE, et PROTECTEUR DE LA CONFÉDÉRATION DU RHIN;

Sur le rapport de notre ministre de l'intérieur,

Notre Conseil d'État entendu,

Nous AVONS DÉCRÉTÉ et DÉCRÉTONS ce qui suit:

ARTICLE PREMIER.

Ceux des sujets de notre Empire qui suivent le culte hébraïque, et qui, jusqu'à présent, n'ont pas eu de nom de famille et de prénoms fixes, seront tenus d'en adopter dans les trois mois de la publication de notre présent décret, et d'en faire la déclaration par-devant l'officier de l'état civil de la commune où ils sont domiciliés.

Yahudilerin Fransız toplumuna entegrasyonunu kolaylaştırmak amacıyla Napolyon, 1808'de tüm Yahudilere soyadları benimsemelerini ve bu isimleri tüm belgelerde kullanmalarını emreden bir kararname çıkardı. Napolyon, 1808'de küçük kardeşi Jérôme'a yazdığı bir mektupta şöyle diyor: "Yahudileri ıslah etmeye başladım, ancak krallığıma daha fazlasını çekmeye niyetim yok... Yahudilerin, tüm dünyadaki toplumların medeniyetine ve kamu düzenine zarar veren çok sayıda faaliyette bulunma eğilimini azaltmak, hatta ortadan kaldırmak gerekiyor. Kötülüğü önleyerek durdurmak gerekir; bunu başarmak için Yahudileri değiştirmek şarttır... Gençlerinin bir kısmı ordumuza katıldığında, Yahudi çıkarlarını ve duygularını beslemeyi bırakacaklar; çıkarları ve

---

[94] Suikasta kurban giden Amerikan başkanlarının çoğu, para reformlarıyla ilgileniyordu. Bunlar Abraham Lincoln, James Garfield, William McKinley, Warren G. Harding ve John F. Kennedy başkanlarıdır. Başkan Richard M. Nixon, görevdeyken Federal Rezerv'in reformuna büyük ilgi göstermişti ve bu, onun düşüşüne katkıda bulunan bir faktör olabilir.

endişeleri Fransız olacak."

## BAŞARILAR FRANSIZ DEVLET BANKASININ

Napolyon, Napolyon Kanunu'nun (*Fransız Medeni Kanunu*) ayrılmaz bir parçası olarak, 21 Mart 1804'te yeni bir ticaret kanunu çıkardı. Vergilerde önemli bir indirim içeren bu ekonomik reformlar, Fransız ekonomisinin hızla canlanmasını sağladı ve ticaretin artmasına ve pamuk ve pancar şekeri gibi yeni endüstrilerin gelişmesine yol açtı; tüm bunlar, yabancı mallara karşı gümrük engelleri ve çok düşük faizli kredilerle desteklendi ve eşlik edildi. Altyapı, sadece Fransa'da değil, tüm Batı Avrupa'da büyük ölçekte iyileştirildi; 32.186 km imparatorluk yolu ve 19.312 km bölgesel yol inşa edildi, yaklaşık 1.609 km kanal, köprüler, Cherbourg ve Dunkerque gibi limanların tarama ve genişletilmesi, içme suyu bağlantısı, Louvre Galerisi gibi kamu binalarının inşaatı – tüm bunlar, Fransa Merkez Bankası tarafından çıkarılan faizsiz parayla finanse edildi.

Napolyon ayrıca ulusal sanayiye veri ve bilgi sağlayan bir Sanayi Konseyi kurdu; ardından Fransızların eğitimini yönetmekle görevli İmparatorluk Üniversitesi, mühendislik, bilim ve tekniklerin öğrenildiği meslek okulları veya *liseler*, meslek okulları ise ebe eğitimi, obstetrik ve veterinerlik öğretimine adanmıştı.

Napolyon daha sonra Saint Helena adasında İrlandalı doktoru Barry O'Meara'ya bu başarıları anlatacak ve bunların kendisinden sonra kalacak anıtlar olduğunu söyleyecektir. « Koalisyon güçleri, üstlendiğim büyük kamu işlerinin, Alpler'de açtırdığım yolların[95] ya da birleştirdiğim denizlerin hakkını benden asla alamayacaklar. Ayaklarını nereye basarlarsa bassınlar, benim ayak izlerime rastlayacaklar. Oluşturduğum ve gelecek nesillere kalacak olan kanunlar

[95] Simplon Geçidi. Napolyon'un bu geçidi inşa ettirmesinin başlıca nedenlerinden biri, topçularının İtalya'ya taşınmasını kolaylaştırmaktı.

kitabını silemezler."[96]

Sonuç olarak, Napolyon'un Saint Helena'da 18 ay boyunca eski kâhyası ve günlük yoldaşı olan Kont de Las Cases'e saydığı bazı başarıları ele alabiliriz:[97]

> "Fransa'ya ve Avrupa'ya asla unutulmayacak yeni fikirler aşıladım... Fransa'nın mali durumu dünyadaki en iyi durumdadır. Bunu kime borçludur? Devrilmiş olmasaydım, ticaret ve sanayi alanında tam bir dönüşüm gerçekleştirirdim. Fransızların çabaları olağanüstüydü. Refah ve ilerleme her yerde mevcuttu. Her yerden yeni fikirler ortaya çıkıyordu, bunlar yayınlanıyor ve yayılıyordu, çünkü ben halkın arasına bilimi sokmak için çaba sarf ettim... Bana zaman tanınmış olsaydı, yakında Fransa'da hiçbir zanaatkar kalmazdı; hepsi sanatçı olurdu."[98]

[96] I. Tarbell, *A Short Life of Napoleon*, S. S. Mcclure Limited, New York, 1895, Bölüm VI: Devlet Başkanı ve Yasa Yapıcı Olarak Napolyon – Maliye – Sanayi – Kamu İşleri. http://history-world.org/Napoléon7.htm

[97] Kont Emmanuel Augustin Dieudonné Joseph Las Cases (1766-1842). Napolyon'un anılarını, düşüncelerini ve özlemlerini kaydetti; bunlar daha sonra *Le Mémorial de Sainte-Hélène (Sainte-Hélène Anıları)* adlı kitapta yayınlandı.

[98] R. McNair Wilson, a.g.e., s. 98-99. Yazar, 1697'de Hollanda'nın Zaandam kentinde Büyük Petro'nun kısa bir süre yaşadığı evi ziyaret etmiştir. Napolyon da 13 Ekim 1811'de bu evi ziyaret etmiş ve iç duvarlardan birine şık bir şekilde imzasını atmıştır: Napoléon Bonaparte Imperator.

# BÖLÜM IV

## BİR ASIRLIK MÜCADELE (1815-1918): ROTHSCHİLDLAR VE HALKLAR

*Dünyanın dengesi kimin elinde?*
*Kraliyetçi mi, liberal mi?*
*İspanya'nın gömleksiz vatanseverlerini kim uyandırıyor?*
*(Eski Avrupa gazetelerinde bu kadar çok konuşulan vatanseverler.)*
*Eski ve yeni dünyalara acıyı mı yoksa*
*kim zevk yağdırıyor? Kim siyaseti daha akıcı hale getiriyor?*
*Bonaparte'ın cüretkarlığına kim karşı koyabilir? –*
*Yahudi Rothschild ve onun Hıristiyan meslektaşı Baring.*

- Lord Byron, *Don Juan*,
*On İkinci Şarkı*

## AMERİKA BİRLEŞİK DEVLETLERİ'NDEKİ MERKEZ BANKALARI

Bu bölümde gösterileceği gibi, Amerika Birleşik Devletleri'nin merkez bankalarıyla ilgili tüm deneyimleri felaketle sonuçlandı.

Sömürge döneminde, Amerikan kolonileri kendi kağıt paralarını basıyordu. Bunu yapan ilk koloni 1691'de Massachusetts oldu. Pennsylvania, New York eyaleti, Delaware ve Maryland da kısa süre sonra onlara katıldı. Paralarına "koloni senedi" (colonial script) veya "kambiyo senedi" diyorlardı. Bu sistem onları İngiliz bankalarının kontrolünden kurtarmış ve enflasyonsuz ve çok az vergili bir ortamda mali işlerini yönetmelerine olanak sağlamıştı. Tüm kolonilerde ekonomik büyüme gelişti ve bunun sonucunda büyük bir refah ortaya çıktı; bu, tefeciliğe dayalı özel bir bankacılık sistemi altında mümkün olamazdı.

1763 yılında, Amerikalı devlet adamı Benjamin Franklin (1706-1790) Londra'yı ziyaret etti ve burada sefil mahalleler ve yaygın yoksulluğu görünce şok oldu. İngiliz parlamentosu Franklin'den Amerikan kolonilerinin refahının kaynağını açıklaması istediğinde, o şöyle cevap verdi:

> "Çok basit. Kolonilerde kendi paramızı basıyoruz. Buna kolonyal senet denir. Üreticilerle tüketiciler arasındaki ticareti kolaylaştırmak için ticaret ve sanayinin ihtiyaçları oranında basıyoruz. Bu şekilde, kendi paramızı kendimiz yaratarak satın alma gücünü kontrol ediyoruz ve kimseye faiz ödemek zorunda kalmıyoruz."

Ertesi yıl, 1794'te, İngiltere Merkez Bankası, kolonilerin kendi paralarını basma hakkını ciddi şekilde kısıtlayan ve kamu ve özel borçların ödenmesinde yasal statüsünü fiilen yasaklayan Para Yasası'nı[99] yürürlüğe koydu. Bunun yerine, banka kolonileri faizli hazine bonoları basmaya ve bunları İngiliz parası karşılığında İngiltere Merkez Bankası'na satmaya zorladı. Sonrasında, paranın sadece yarısı geri verildi. Bu yasa, kolonilerin ekonomisinin çökmesine neden oldu ve bir yıl içinde nüfusun yarısından fazlası işsiz kaldı ve yoksulluğa sürüklendi. İngiliz parlamentosu tarafından kabul edilen 1765 tarihli Damga Vergisi Yasası (Stamp Act) bardağı taşıran son damla oldu, ancak kolonyal paranın kaldırılması Amerikan Devrimi'nin asıl nedeniydi.

10 Mayıs 1775'te ilk kez toplanan İkinci Kıta Kongresi'ne verilen ilk görevlerden biri, esas olarak savaş harcamalarını finanse etmek amacıyla kendi para birimini basmaktı. Bu para biriminin var olduğu süre boyunca toplam 241.552.788 dolar basıldı. İngiltere Merkez Bankası bu duruma hemen tepki gösterdi. Yüzlerce işçi işe alındı ve kısa sürede milyonlarca dolarlık sahte banknot baskı makinelerinden çıkıp New York'a gönderildi. Kıta Doları, basılmaya başladığı ilk iki yıl boyunca satın alma gücünü büyük ölçüde korudu, ancak İngiliz sahte banknotları dolaşıma girmeye başlayınca değeri çöktü ve 1780'de bir doların değeri sadece 2,5 sente düştü.

[99] 4 Geo. IIIc. s. 34.

On beş yıl sonra, 1790'da, İngiltere Merkez Bankası benzer bir operasyon düzenledi ve devrimci Fransa'nın para birimi olan *assignatları* basmak için İngiltere'nin orta ve güneyindeki 17 fabrikada 400 işçi çalıştırdı. Kilise mülklerine endeksli olan *assignatlar*, başlangıçta etkili ve pratik bir değişim aracı olarak başarıyla dolaşımda kaldı. Kamu borcunun önemli bir kısmı geri ödendi. Ancak 1792'de sahte banknotların piyasaya yoğun bir şekilde sürülmesi, kısa sürede *assignatların* değerinin çökmesine neden oldu ve ardından kısa süreli bir hiperenflasyon dönemi yaşandı. 14 Nisan 1803'te Napolyon Bonapart, 1808'de yasal ödeme aracı haline gelen hükümet tarafından basılan frangı resmen kullanıma sundu.

1795 yılında Philadelphia'da kurulan **Birleşik Devletler Birinci Bankası**. Bankanın ana hissedarı **Mayer Amschel Rothschild** (1744-1812) idi.

Daha 1781'de, 11 Nisan 1783'te bağımsızlık savaşının sona ermesinden önce, Maliye Bakanı Robert Morris (1734-1806), Kuzey- 'daki Amerika Bankası'nın kurulmasıyla yeni devleti köleliğe mahkûm eden bir yasa çıkardı. Bu banka faaliyetlerine 4 Ocak 1782'de başladı. Fransa ve Hollanda'dan alınan krediler karşılığında elde edilen kambiyo senetleri karşılığında önemli miktarda altın ve gümüş mevduat çekti, bu da daha sonra güçlü rezervlerine dayanarak kağıt para basmasına olanak sağladı. 1791 ile 1796 yılları arasında enflasyon %72'ye ulaştı. 1795'te Pennsylvania Eyaleti, "endişe verici yabancı etki ve sahte kredi" gerekçesiyle bankanın yetki alanından çekildi.[100]

25 Şubat 1791'de, Kuzey Amerika Bankası'nın yerini, Birleşik Devletler'in İlk Bankası (First Bank) olarak tanıtılan ikinci bir merkez bankası aldı. Bu banka, Hazine Bakanı Alexander Hamilton'ın entrikalarıyla dayatıldı. Hamilton'ın eylemleri, İngiltere Merkez Bankası yöneticileriyle el ele çalıştığını gösteriyordu, z[101] 'ı bu sonuncusunu örnek alarak şekillendirdi. Yeni banka 10 milyon dolarlık bir sermayeye sahipti; bunun %20'si ABD hükümetine aitti, geri kalanı ise özel yatırımcılar arasında paylaştırılmıştı. Banka, gelecekteki başkanlar John Adams, James Madison ve Thomas Jefferson'dan (o zamanlar Dışişleri Bakanı) şiddetli bir muhalefetle karşılaştı. Jefferson daha sonra şöyle diyecekti:

> "Bu Merkez Bankası, Anayasamızın tüm ilkelerine ve yapısına aykırı olan ölümcül bir kurumdur... Bankacılık kurumlarının, tehditkar ordulardan daha tehlikeli olduğunu düşünüyorum. Bunlar, hükümete meydan okuyan bir para aristokrasisi yaratmıştır. Para basma yetkisi bankalardan alınmalı ve hak sahibi olan halka iade edilmelidir. Eğer Amerikan halkı, bankaların para basımını kontrol etmesine izin verirse, önce enflasyon, sonra da deflasyon yoluyla, bankalar ve etraflarında gelişen şirketler, halkı tüm mülkiyetinden mahrum bırakacak, ta ki çocukları, babalarının fethettiği kıtada evsiz kalana kadar."[102]

Ertesi yıl, banka "1792 Panik"i olarak bilinen ilk çöküşü düzenledi. Piyasayı kolay krediyle doldurup ardından aniden çoğunun geri ödenmesini talep ederek, banka tüm ekonomiyi genel bir durgunluğa sürükledi. Bu, toplumsal sefaleti tetikledi ve borsa çöktü.

---

[100] T. H. Goddard, *History of Banking Institutions of Europe and the United States*, H. C. Sleight, 1831, s. 48-50.

[101] Hamilton, 11 Ocak 1755 veya 1757'de, Fransız Huguenot bir anne olan Rachel Faucett Levine'den, Karayipler'deki Nevis Adası'nda, Mont Sion'un eteklerinde dünyaya geldi. Hamilton'un gerçek adı bu olmayabilir. Yazar, adayı ve Hamilton Müzesi'ni ziyaret etmiştir.

[102] Binbaşı John Cartwright'a mektup, 5 Haziran 1824.

1795'in sonunda banka, sermayesinin %60'ı olan 6 milyon dolarlık kredi vermişti. Banka, hükümetin mali istikrarından endişe duyduğunu iddia ederek, kredilerinin kısmi geri ödemesini talep etti. Hükümet gerekli fonlara sahip değildi ve bu nedenle 1796 ile 1802 yılları arasında bankadaki hisselerini satmak zorunda kaldı. Bu hile sayesinde banka tamamen özel kontrol altına geçti ve hisselerin %75'i yabancılar tarafından elinde tutuldu.

1811'de bankanın yetki süresi yenilenmeliydi. Banka, kârını gizliyor, gizli bir şekilde faaliyet gösteriyor ve anayasaya aykırıydı. Banka, esas olarak güneyin tarımsal gelişimi pahasına kuzeyin mali çıkarlarına hizmet etmek üzere tasarlanmıştı; Demokrat-Cumhuriyetçiler (Jeffersoncular) ise bankayı kaldırmak istiyordu.

[103]Eski başkan Thomas Jefferson, yasanın yenilenmesine "şiddetle karşı çıkan"[104] kişilerden biriydi. Yasama organını özellikle endişelendiren şey, bankanın artık %100 yabancı yatırımcıların elinde olmasıydı. Basın, bu merkez bankasını kuran yasayı "büyük bir dolandırıcılık", "akbaba", "engerek" ve "kobra" olarak nitelendiriyordu.[105] Üstelik, Kongre'nin ağırlık ve ölçüleri düzenleme ve madeni para basma anayasal hakkına sahip olduğunu savunuyorlardı. Yasa, 65'e karşı 64 oyla çok az bir çoğunlukla reddedildi; bu, pek çok lehteki oyun satın alınmış olma ihtimalinin yüksek olması nedeniyle büyük bir başarıydı. Sonunda, 3 Mart 1811'de banka kapılarını kapattı.[106]

First Bank of the United States'ın ana hissedarı Mayer Amschel Rothschild (gerçek adı Bauer), bankanın tüzüğünün yenilenmesi konusunda derin anlaşmazlıklar olduğunu öğrendiğinde öfkelendi ve şöyle dedi: "Ya tüzüğün yenilenmesi talebi kabul edilecek, ya da Amerika Birleşik Devletleri en felaket dolu bir savaşın içine çekilecek. [107]

---

[103] Amerika Birleşik Devletleri Anayasası, Madde I, Bölüm 8, Fıkra 5.

[104] R. E. Search, *Lincoln Money Martyred,* Omni Publications, Palmdale, Kaliforniya, 1989, (ilk kez 1935'te yayınlandı), s. 38.

[105] Aynı eser, s. 38-39.

[106] http://eh.net/encyclopedia/the-first-bank-of-the-united-states/

[107] www.armchairgeneral.com/forums/showthread.hp%3Ft%3DA109776

Ayrıca şöyle dedi: "Bu küstah Amerikalılara bir ders vereceğim ve onları kolonyal döneme geri döndüreceğim." Rothschild, özel merkez bankasını geri almak için İngiltere Başbakanı Spencer Perceval'ı etkilemeye çalışarak ABD'ye savaş ilan etmesini sağlamaya çalıştı.

1807'de Perceval, Hazine Bakanı olarak kabineye katıldı. O dönemde İngiltere, Fransa ile savaş halindeydi ve Perceval'in başlıca görevlerinden biri, savaş masraflarını karşılamak için fon toplamaktı. Vergileri artırmak yerine Perceval, başlangıçta Barings Bank'tan, daha sonra ise esas olarak Rothschild'lerden çok sayıda borç aldı. Perceval'ın sekreteri, beş yıl önce bu göreve atanan John Charles Herries'ti. Herries[108], Nathan Rothschild'in yakın dostuydu ve 1858'deki ölümüne kadar, Hazine Baş Bakanı, Ordu Genel Komiseri ve ardından Maliye Bakanı olarak İngiliz hükümetinde üstlendiği çeşitli görevlerde Rothschild'in davasına sadakatle hizmet etti.

[109]Bu arada, Rothschild'in *provokatörleri* Kuzey Amerika'da hoşnutsuzluk yayıyordu. Amerikalıları kışkırtmak için İngilizler, İngiltere'ye karşı ticari abluka uygulayan Fransa ile Amerika arasındaki ticarete müdahale etmeye başladı. Kraliyet Donanması'nın denizci sıkıntısı çekmesi nedeniyle, Amerikalı denizcileri zorla askere almaya başladılar. Ayrıca, öncülerin batıya doğru yayılmasını yavaşlatmak ve sınırlamak amacıyla Kızılderili kabilelerine, özellikle de Chaouanons kabilesinin şefi Tecumseh'e silah sağladılar. Amerikalılar ise Kanada'nın bir kısmını ele geçirme arzusunu ortaya koyuyorlardı.

Aynı zamanda Perceval, Nathan Rothschild'in ABD'ye savaş ilan etmesi yönündeki artan baskısıyla karşı karşıya kalmıştı. O ise bunu reddetti. İngiliz ordusu, İspanya ve Portekiz'de (İspanya Bağımsızlık Savaşı 1808-1814) Napolyon'un güçleriyle boğuşurken zaten çıkmaz bir duruma saplanmıştı; bu nedenle, Rothschild'in Amerika'daki azalan bankacılık çıkarlarını korumak için sırf Rothschild'in Amerika'daki azalan banka çıkarlarını korumak için.

[108] N. Ferguson, *The House of Rothschild, Money's Prophets 1798-1848,* Cilt 1, Penguin Books, Londra, 1999, s. 86.
[109] Çev. notu: metinde Fransızca olarak geçmektedir.

Spencer Perceval'ın katili John Bellingham, 1769 civarında Huntingdonshire'daki St Neots'ta doğdu. 1800'den 1802'ye kadar Arkhangelsk'te ithalat-ihracat acentesi olarak çalıştı. 1804'te Rusya'ya geri döndü ve o yılın Kasım ayında, 4.890 ruble tutarındaki bir borcunu ödemediği gerekçesiyle haksız yere suçlandı ve bu da dört yıl hapis cezasına çarptırılmasına yol açtı. Serbest bırakıldıktan sonra Bellingham, Liverpool'daki Duke Street'e yerleşti. Tazminat almak için hükümete dilekçeler gönderdi, ancak başarısız oldu.

Bu acı ve mağdur adam, her ikisi de tarafsız ülkelerin Fransa ile ticaret yapmasını yasaklayan kararnamenin kaldırılmasından yana olan iki tüccar, Amerikalı Thomas Wilson ve Amerikalı Yahudi Elisha Peck ([110] ) ile bir araya geldi. Bu kararname, Napolyon'un 1806'da uygulamaya koyduğu Kıta Ablukası'na yanıt olarak Perceval tarafından alınmıştı ve İngiltere ile İrlanda arasındaki ticari alışverişi yasaklıyordu. Kararnamenin süresiz hale getirilmesi, o talihsiz akşam parlamentoda tartışılacaktı. Böylece, çıkarların kesiştiği bir durum, dengesiz ve kin dolu bir adam, iki açgözlü tüccar ve perde arkasında ipleri elinde tutan kuklacı Rothschild'i görüyoruz.

11 Mayıs 1812 saat 17:15'te, Perceval Avam Kamarası'nın giriş salonuna girerken, Bellingham öne çıktı ve onu yakın mesafeden kalbinden vurdu. Perceval yere yığıldı ve "Bir cinayet... Tanrım!" diye mırıldandı.[111] Ardından birkaç dakika içinde öldü. Dört gün sonra, Bellingham Old Bailey'de (Yüksek Ceza Mahkemesi) yargılandı. Duruşma üç gün sürdü. Delilik savunması reddedildi. Duruşmanın bu kadar kısa sürmesi, muhtemelen herhangi bir istenmeyen ifşanın önlenmesi gerekliliğinden kaynaklanıyordu. Bu tür siyasi suikastlarda her zamanki gibi, "tek başına hareket eden suikastçı" teorisi ne pahasına olursa olsun korunmalıydı. 18 Mayıs 1812'de Bellingham asıldı.

[110] http://guardian.com/books/2012/may/11/why-spencer-perceval-androlinklater-review (Rothschildlar: Bir Ailenin Yükselişi).

[111] M. Gillen, *Assassination of the Prime Minister: the shocking death of Spencer Perceval*, Sidgwick & Jackson, Londra, 1972, s. 185.

İngiliz Başbakanı **Spencer Perceval**'ın Rothschild'in suikastçısı John Bellingham tarafından öldürülmesi.

Perceval'ın öldürülmesinden birkaç hafta sonra, ülkelerin Fransa ile ticaret yapmasını yasaklayan kararname iptal edildi.

ABD Temsilciler Meclisi'nde, mason olan Henry Clay, "Savaş Şahinleri" olarak bilinen bir grup genç Demokrat-Cumhuriyetçiyi yönetti. Savaş ilanı oylaması, 11812'de 79'a karşı 49 oyla kabul edildi; 39 federalist ise yasayı desteklemeyi reddetti. Senato'da ise oylama 19'a karşı 13 lehte sonuçlandı. Oybirliği sağlanamadığı için, eleştirmenler bu muhalefete sık sık "Bay Madison'ın Savaşı" olarak atıfta bulunuyordu.

İngiltere'de Perceval'in halefi Lord Liverpool, savaşın coşkulu bir destekçisiydi. Ancak, 10 Nisan 1816'da İkinci ABD Merkez Bankası'nı kurma amacını gerçekleştiren Nathan Rothschild dışında, savaşan taraflardan hiçbiri hedeflerine ulaşamadı. İki yıldan fazla bir süre sonra, 24 Ağustos 1814'te çatışmalar sona erdiğinde, 24.000'den fazla kayıp vardı. Savaş, ABD için mali açıdan çok maliyetli oldu. O dönemki nüfusun sadece sekiz milyon olduğu göz önüne alındığında, 105 milyon dolarlık devasa bir savaş borcu ortaya çıkmıştı. Sonuç olarak, ulusal borç %182 oranında artarak 1812'deki 45 milyon dolardan 1815'te 127 milyon dolara çıktı. Barış, 24 Aralık 1814'te Belçika'nın Gent kentinde imzalandı.

İkinci Birleşik Devletler Bankası, 35 milyon dolarlık

genişletilmiş bir sermayeye sahipti. Banka, bileşik faiz oranlarıyla fiat para ödünç vermek üzere derhal çok sayıda şube açtı. 1822'de Başkan James Monroe, Nicholas Biddle'ı bankanın başkanlığına atadı.

Biddle, 1804 yılında Fransa'daki ABD bakanlık temsilcisi John Armstrong'un sekreteri olarak Paris'e yaptığı bir resmi ziyaret sırasında Rothschild ailesiyle ilk kez temasa geçmişti. Banka başkanı olarak, bankanın en büyük yatırımcısı olan James de Rothschild'in sağ kolu olarak görev yaptı.[112]

"Halkın Başkanı" **Andrew Jackson**, bir suikast girişiminden kurtulduktan sonra, Rothschild'ların sahibi olduğu İkinci ABD Merkez Bankası'nın tüzüğünün yenilenmesine izin verecek bir yasayı veto etti.

[112] Patrick Carmack, Bill Still, *The Money Masters: How International Bankers Gained Control of America* (Video, 1998), metin burada: http://users.cyberone.com.au/myers/money-masters.html

1819-1821 yıllarında yapay olarak yaratılan ekonomik durgunluk, bankacılar için çok karlı oldu çünkü malları çok ucuza satın almayı başardılar; bu da Demokratların lideri Andrew Jackson'ı, bu suistimallere son vermenin tek yolunun merkez bankasını kapatmak olduğuna ikna etti. 1832'deki yeniden seçilme kampanyası sırasında, "canavar yok olmalı"[113] dedi ve ana sloganı "ANDREW JACKSON'A OY VERİN – BANKA YOK" idi. Şöyle dedi: "Eğer Kongre Anayasa uyarınca kağıt para basma hakkına sahipse, bunu kendisi kullanmalı ve bu hayati yetkiyi bireylere veya şirketlere devretmemelidir."[114] Ayrıca şöyle dedi: "Keşke Amerikan halkı bankacılık ve para sistemimizin ne kadar adaletsiz olduğunu anlasaydı, yarın sabaha kadar bir devrim olurdu."

30 Ocak 1835'te Rothschild'ın ajanı Richard Lawrence tarafından gerçekleştirilen suikast girişimine rağmen; 1836'da İkinci ABD Merkez Bankası'nın 20 yıllık imtiyaz süresinin yenilenmesi gerektiğinde, Jackson hükümetin tüm mevduatlarını çekerek bankayı iflasa sürükledi. Ulusal borcu hızla tamamen geri ödedi ve Hazine'de 50 milyon dolarlık bir fazla bıraktı. Merkez bankası, kağıt para ve tahsil edilebilir nakit paraya dayalı bağımsız bir hazine sistemi ile değiştirildi.

John Tyler'ın görev süresi boyunca (1841-1845), eski Temsilciler Meclisi Başkanı Henry Clay'in desteğiyle Kongre tarafından Birleşik Devletler Bankası'nın tüzüğünü yenilemek için iki girişimde bulunuldu. Kentucky Locası'nın Büyük Üstadı olan Clay,[115] Rothschild'lerin etkisi altındaki bir başka tanınmış ajandı. Tyler bu iki tasarıya veto etti ve ardından yüzlerce tehdit mektubu ve ölüm tehdidi ile boğuldu.[116]

Sonraki 77 yıl boyunca, Amerika Birleşik Devletleri hiçbir merkez bankasına ihtiyaç duymadan gelişti. Ticaret araçları,

---

[113] R. V. Remini, *Andrew Jackson*, Twyne Publishers Inc., New York, 1966, s. 158.
[114] R. E. Search, a.g.e., s. 43.
[115] Masonluk üzerine bir inceleme için bkz. J. Robison: *Proof of a Conspiracy against all the Religions and Governments of Europe, carried on in the Secret Meetings of Freemasons, Illuminati, and Reading Societies, collected from Good Authorities*, Western Islands, Belmont, Massachusetts, 1967, (ilk basım 1798), s. 304.
[116] O. P. Chitwood, *John Tyler Champion of the Old South*, Russell & Russell, 1964, (ilk kez 1939'da yayınlandı), s. 249-251.

esas olarak Hazine tarafından borç ve faiz olmaksızın basılan banknotlara, yani 1862 yılında Başkan Abraham Lincoln tarafından İç Savaş sırasında askeri harcamalarını finanse etmek amacıyla ilk kez kullanılan "greenback" dolarlarına[117] ve altın ve gümüş sikkelere dayanıyordu.[118] (1873 yılına kadar, altın ve gümüş tüm ABD darphanelerinde (US mint) ücretsiz olarak sikke şeklinde basılabilirdi.) Özel bankacıların ABD hükümetine yıllık %24 ile %36 arasında değişen faiz oranlarıyla borç verme tekliflerini reddeden[119] Lincoln, arkadaşı Albay Dick Taylor'ın[120] tavsiyesi üzerine, Amerikan halkına baskı ve dağıtım masrafları dışında hiçbir maliyet yüklemeden 347 milyon dolarlık para bastırdı. Lincoln'ün Lionel Rothschild ve amcası James'e duyduğu güvensizlik, 15 Nisan 1865 gecesi, Rothschild'in Rothberg adındaki yerel temsilcisinin talebi üzerine John Wilkes Booth[121] (gerçek adı Botha) tarafından suikasta uğramasına neden oldu.

Amerikan İç Savaşı (1861-1865), ABD hükümetine 5 milyar dolarlık bir borç bıraktı. Enflasyon nedeniyle bu tahvillerin değeri 2,5 milyar dolara düşmüştü. Bu tahvillerin büyük bir kısmı, Rothschild'in temsilcisi Auguste Belmont[122] tarafından, nominal değerleri kadar altın karşılığında satılma umuduyla satın alındı. 1868 başkanlık seçimleri sırasında, Demokrat Parti adayı George H. Pendleton, yalnızca kağıt para ile ödeme yapmayı taahhüt etti. 1860 yılında Demokratik Ulusal Komite'nin başına geçen Belmont'un inisiyatifiyle, kısa süre sonra Horatio Seymour onun yerini aldı. Seymour nakit ödeme sözü verdi. Ancak, Kongre kağıt parayı destekleyen bir karar aldığında, Belmont taraf değiştirmeye ve daha sonra Cumhuriyetçi aday General Ulysses S. Grant'ı desteklemeye

[117] Konfederasyon hükümeti, "graybacks" adı verilen, borçsuz ve faizsiz kendi para birimini basıyordu. Ancak, Birlik hükümeti tarafından büyük miktarda sahte para basıldığı için bu para birimi pek başarılı olamadı.

[118] *R. E. Search, a.g.e., s. 67.*

[119] *Appleton Cyclopedia*, 1861, s. 286.

[120] 16 Aralık 1864 tarihinde yazdığı bir mektupta Lincoln, Albay Taylor'a bu harika fikri için teşekkür etti. Ek'e bakınız.

[121] R. E. Search, a.g.e., s. 114-131. Booth, "İbranice" konuşmasıyla ve sinagog ayinlerine sık sık katılmasıyla tanınıyordu.

[122] Almanya'nın Alzey kentinde Schönberg olarak doğdu. Ayrıca bkz. N. Ferguson, *The House of Rothschild, Money's Prophets 1798-1848*, Cilt 1, Penguin Books, Londra, 1999, s. 370-375.

mecbur kaldı; ayrıca *New York World*'deki hisselerini kullanarak Seymour'u karalamaya ve seçim şansını baltalamaya çalıştı. Grant başkanlığı kazandı ve 1869'da görevine başladığında, 5 milyar dolarlık hazine bonolarının nominal değerinin altınla geri ödenmesini düzenleyen Kamu Kredisi Yasası'nı derhal yürürlüğe koydu. Bu, Rothschild ve ortaklarının %100 kar elde etmesini sağladı.

Gümüş para birimi kaldırıldı ve 1873 tarihli Coinage Act yasası ile altın para birimi ile değiştirildi. 17 Ocak 1873'te bu yasa Senato tarafından kabul edildi. Frederick A. Luckenbach'ın 9 Mayıs 1892 tarihli yeminli ifadesine göre, Londra'da Ernest Seyd'den, Amerikan gümüş paranın tedavülden kaldırılmasının İngiltere Merkez Bankası yöneticileri tarafından açıkça emredildiğini ve bu yöneticilerin ayrıca finansal konularla ilgilenen yeterli sayıda ABD Kongre üyesini rüşvet vermek için 100.000 sterlin (500.000 $) harcamışlardı.[123] Bu alçakça eylem, "1873 Suçu" olarak bilinir.

Halkın gümüş para biriminden zorla vazgeçilmesi, 1871'de hükümetin açıklanamayan bir şekilde *taler* gümüş sikkelerini basmayı durdurmasıyla Alman İmparatorluğu'nda da organize edildi. Bunun, altın standardını daha da sağlamlaştırmak için Rothschildlar tarafından koordine edilen senkronize bir plan olduğu şüphe götürmez.[124]

Altın standardı, Amerikan ekonomisinde büyük tahribata yol açtı ve özel bankacıların kredileri reddetmelerine ve para

---

[123] Aynı eser, s. 66-68. Bu olay daha sonra W. H. Harvey'in bir romanında anlatılmıştır, Coin Publishing Company, 1894. "Komplonun özü, Yahudi olan Londra bankacılarının para manipülasyonu yoluyla Amerika Birleşik Devletleri'ni yok etmeye karar vermiş olmalarında yatmaktadır. *A Tale of Two Nations'da* hikaye, merkezinde B. Rothe'un bulunduğu bir melodram şeklinde sunulur; bu ismin anlamı, Rothschild'ların kötülükleri hakkında pek çok şey duymuş bir nesil için kaybolmamıştır. Kişisel çıkarları için Rothe, Amerika'nın finansal olarak güçlenmesini engellemek için metal paranın tedavülden kaldırılmasını sağlaması gerektiğine karar verir. » R. Gollam, *The Commonwealth Bank of Australia: Origins and Early History*, Australian National University Press, Canberra, 1968, s. 45-46.

[124] Bkz.: *Official Proceedings of the Democratic National Convention*, 7, 8, 9, 10 ve 11 Temmuz 1896 tarihlerinde Illinois, Chicago'da düzenlenen, (Logansport, Indiana, 1896), s. 226-234; burada eski Kongre üyesi William Jennings Bryan, ünlü *Altın Haç* konuşmasını yapmıştır: « … Altın standardı taleplerine şu cevabı vereceğiz: İşçi sınıfının alnına bu dikenli tacı takamazsınız. İnsanlığı bir altın haçta çarmıha geremezsiniz. »

arzını istedikleri gibi kısıtlamalarına olanak tanıdı. Bunun sonucunda 1873, 1884, 1890-91, 1893-94, 1897, ardından 1903 ve 1907 yıllarında bir dizi panik ve bankalara yönelik olağan dışı hücumlar yaşandı.[125] Bu yapay olarak yaratılan banka panikleri, Başkan James Abram Garfield'ı o kadar öfkelendirdi ki, 4 Mart 1881'de göreve başladıktan kısa bir süre sonra, aynı yılın Haziran ayı ortasında bir açıklama yaparak sorunu çözme niyetinde olduğunu açıkladı:

> "Bir ülkenin para arzını kontrol eden kişi, tüm sanayi ve ticaretin mutlak efendisidir... Ve tüm sistemin, bir şekilde, tepedeki azınlık bir grup güçlü insan tarafından çok kolay bir şekilde kontrol edildiğini fark ettiğinizde, enflasyon ve depresyon dönemlerinin nereden geldiğini söylemeye gerek kalmaz."[126]

Başkan **James Abram Garfield** (sağda), 2 Temmuz 1881'de Washington Merkez İstasyonu'nda "yalnız suikastçı" Charles J. Guiteau tarafından vuruldu. Ortada Dışişleri Bakanı James Blaine bulunuyor.

İki hafta sonra Garfield, daha sonra diplomatik bir göreve terfi edilmemesine duyduğu kızgınlığı gerekçe göstererek eylemini haklı çıkaran "yalnız suikastçı" Charles J. Guiteau tarafından

---

[125] C. A. Lindbergh, *The Economic Pinch (Lindbergh on the Federal Reserve)*, The Noontide Press, Costa Mesa, Kaliforniya, 1989, (ilk basım 1923), s. 93-94.
[126] E. H. Brown, *The Web of Debt, The Shocking Truth About Our Money System and How We Can Break Free*, Third Millenium Press, Baton Rouge, Louisiana, 2008, s. 96.

vuruldu. Garfield hemen ölmedi, ancak büyük olasılıkla kasıtlı olarak kendisine uygun olmayan tıbbi bakım uygulandığı için 19 Eylül 1881'de ölene kadar acı çekerek can verdi. Duruşması sırasında, Guiteau'nun "Avrupa'daki önemli şahsiyetlerin kendisine bu görevi verdiğini ve yakalanması halinde onu koruyacaklarına söz verdiklerini" haykırmasıyla Rothschild'in gizli eli ortaya çıktı.[127]

1907 paniği en kötü sonuçları doğurdu. 1907'nin başlarında, Kuhn, Loeb & Co.'nun CEO'su Jacob Schiff şu uyarıda bulundu: "Kredileri yeterince denetleyen bir Merkez Bankası olmazsa, bu ülke tarihin gördüğü en şiddetli para paniğini yaşayacak." "[128] Aynı yılın Ekim ayında, Rothschild'ların bir başka kuklası olan J. P. Morgan, rakibi Knickerbocker Bank and Trust Co.'nun iflas ettiği yönünde bir söylenti yayarak paniği kışkırttı. Bunun ardından gelen çöküşte, Knickerbocker Bank and Trust Co.'nun hisseleri New York Borsası'nda değerinin %50'sini kaybetti. Bu kasıtlı paniğin sonuçları, ertesi yıl sanayi üretiminin %11 düşmesi, ithalatın %26 artması ve işsizlik oranının %3'ten %8'e çıkması oldu. Bu sürekli büyüme ve durgunluk, enflasyon ve deflasyon dönemleri, tüm bu sorunları bir kez ve sonsuza kadar çözeceği iddia edilen bir merkez bankasının kurulması için gerekçe ve motivasyon sağladı.

## AMERİKA BİRLEŞİK DEVLETLERİ MERKEZ BANKASI'NIN KURULMASI

Halkı aldatmak için iki "alternatif" sunuldu. Bunlardan biri, Senatör Nelson Aldrich'in (Nelson Aldrich Rockefeller'ın dedesi) başkanlığındaki Ulusal Para Komisyonu tarafından savunulan ve Aldrich Planı olarak bilinen plandı. Diğer çözüm, New York Ticaret Odası Özel Para Komitesi tarafından benimsenmişti ve Rothschild'ların çıkarları adına hareket eden Alman-Yahudi bankacı Paul Warburg'un liderliğindeydi; bu plan, Baron Alfred Rothschild'ın şahsında

[127] http://en.wikipedia.org/wiki/James_A._Garfield
[128] New York Ticaret Odası'nda yapılan konuşma.

temsil ediliyordu. Bu plan, Wall Street Planı olarak biliniyordu. Rezervlerin dağıtımı dışında, her iki plan da her açıdan aynıydı ve tek amacı bir merkez bankası kurmaktı.

22 Kasım 1910'da, aralarında Hazine Müsteşar Yardımcısı A. Piatt, New York National City Bank Başkanı Frank Vanderlip, JP Morgan and Co.'nun baş ortağı Henry P. Davidson, First National Bank of New York Başkanı Charles D. Norton'un da bulunduğu komplocu bankacılar, New York Bankers Trust başkan yardımcısı Benjamin Strong ve Kuhn, Loeb & Co. ortağı Paul Moritz Warburg, New Jersey'deki Hoboken tren istasyonundan, tüm perdeleri indirilmiş Aldrich'in Pullman vagonuyla gizlice New York'tan ayrıldılar ve Georgia'daki Jekyll Adası'na doğru yola çıktılar.[129] Amerikan halkının kaderi, önümüzdeki on gün boyunca JP Morgan'ın sahibi olduğu Jekyll Adası'ndaki çok seçkin Av Kulübü'nde, kendilerine "İsimler Kulübü" adını veren bu suç amaçlı finansçı grubu tarafından belirlenecekti. Nitekim, çalışanlara kimliklerini ifşa etmemek için sadece isimler kullanılıyordu.[130]

[129] H. S. Kenan, *The Federal Reserve Bank,* The Noontide Press, Los Angeles, 1968, s. 92-99.
[130] Aynı eser, s. 104.

Temsilciler Meclisi'nde, Amerikan-İsveçli **Charles Auguste Lindbergh**, bankacılık ve para yasasını "tarihin en büyük yasama suçu" olarak nitelendirerek eleştirdi.

Amerika Birleşik Devletleri Federal Rezerv Bankası'nın kurulmasına ilişkin yasa, Kongre üyesi Charles Auguste Lindbergh tarafından şiddetle karşı çıktı ve şunları söyledi:

> "Bu yasa, dünyadaki en devasa tekeli kurmaktadır; bu tekel, Kongre bu yasa ile yasakladığı şeyi açıkça yaratmamış olsaydı, Sherman Antitröst Yasası'nın ortadan kaldıracağı türden bir tekeldir. Başkan bu yasayı imzaladığında, Pujo soruşturmasıyla varlığı kanıtlanan para iktidarının görünmez hükümeti yasallaşmış olacaktır. Kongre'nin en büyük suçu, para sistemindedir. Bu yeni bankacılık ve para yasası, tüm zamanların en

büyük yasama suçudur."[131]

Yasa, Senato'da da, "en şiddetli muhaliflerinden" biri olan Senatör Robert M. La Follette aracılığıyla şiddetli bir itirazla karşılandı.[132] Yine de yasa, Senato üyelerinin, "ahlak, etik ve ilkelerden yoksun"[133], pek de tavsiye edilmeyecek bir başkan olan Woodrow Wilson tarafından, yasa oylanana kadar oturumu sürdürmeleri ve Noel tatillerine çıkmamaları konusunda tehdit edildikten sonra, 23 Aralık 1913'te kabul edildi. Yasa lehinde oy kullanan senatörlerin sayısı 43 ile azınlıkta kalırken, 25 senatör aleyhte oy kullandı, 27 senatör çekimser kaldı ve 5 üye ise oylamaya katılmadı. Yasanın savunucuları, ABD dolarının istikrarlı bir para birimi haline geleceğini ve resesyon döngülerinin geçmişte kalacağını vaat ettiler.

Bu bağlamda, 1914 yılında ABD Merkez Bankası'nın kurulmasından bu yana, ABD doları satın alma gücünün %97'sini kaybetti ve ülke 19 resesyon, 1930'ların Büyük Buhranı ve 2008'de başlayan ve resmi medyanın yaydığı propagandaya rağmen bir buhranın tüm belirtilerini gösteren mevcut büyük krizi yaşadı. 1910'dan bu yana, ulusal borç 2,65 milyar dolardan 2014'te 17,5 trilyon dolara çıkarken, karşılığı olmayan yükümlülükler 240 trilyon doları aştı.[134]

Halkın bankacılarının bankacısı olarak işlev görmek yerine, ABD Merkez Bankası, tamamen özel bankacıların yararına olacak şekilde bir özel banka gibi faaliyet göstermiştir. 100 yıllık varlığı boyunca hesaplarının hiçbir zaman kamu denetimine tabi tutulmamış olması şaşırtıcı değildir.[135]

---

[131] *The Senate*, Cilt 51, Kasım 1912.

[132] E. M. Josephson, *The « Federal » Reserve Conspiracy & Rockefellers*, Chedney Press, New York, 1968, s. 52.

[133] Aynı eser, s. 43. Başkan Wilson, Yahudiler tarafından şantaja maruz kaldı. Bkz. M. C. Piper, *The Making of Woodrow Wilson – An American Hero ? The Barnes Review*, Washington D.C., Cilt VI, No. 2, Mart/Nisan 2000, s. 6-12.

[134] http://www.thecommonsenseshow.com/2014/08/05/the-statistics-do-not-liewelfare-is-the-best-paying-entry-level-job-in-35-states/

[135] 25 Temmuz 2012'de, Kongre Üyesi Ron Paul (Teksas Cumhuriyetçisi) tarafından bir kamu denetimi önerisi sunuldu ve 327'ye karşı 98 oyla kabul edildi. O sırada şu şekilde belirtti: "Bence onların [Federal Rezerv'in] trilyonlarca doları yönetebilmeleri ve kimsenin onlara en ufak bir soru bile soramayacağını bilmeleri, bir ahlaki tehlike

Aşağıdaki liste, bankanın başlıca hissedarlarını ortaya koymaktadır:[136]

Londra ve Paris'teki Rothschild Bankaları
Paris'teki Lazard Kardeşler Bankası
İtalya'daki İsrail Moïse Sieff Bankası
Hamburg ve Amsterdam'daki Warburg Bankaları
Shearson American Express Bankası
New York'taki Goldman Sachs Bankası
JP Morgan Chase Bankası[137]

Senatör **Robert Marion** "Fighting Bob" **La Folette**, Bankacılık ve Para Yasası'nın kabul edilmesini ve bununla birlikte Amerikan halkının köleleştirilmesini önlemek için elinden gelen her şeyi yapan kişi.

oluşturuyor. Bu önerge, bu tehlikeyi ortadan kaldırmayı amaçlıyor." *USA Today*, siyaset bölümü.

[136] Rothschild Hanesi şu anda %58 hisseye sahip çoğunluk hissedarıdır. Bkz. E. Mullins, *Federal Rezervin Sırları*, Kaynaklara Dönüş.

[137] 20 Haziran 1992'de JP Morgan, Manufacturers Hanover Trust'ı ve Federal Rezerv'deki hisselerini satın aldı.

## RUS İMPARATORLUĞU DEVLET BANKASI

Moskova, Nelinnaya 12 numarada bulunan Rus İmparatorluğu **Devlet Bankası**. Bu bina bugün Rusya Federasyonu Merkez Bankası'na ev sahipliği yapmaktadır.

Bu arada, Atlantik'in diğer tarafında, Devlet Bankası adında farklı bir finansal sistem benimsenmişti. Eylül 1814'ten Haziran 1815'e kadar, Fransız Devrim Savaşları, Napolyon Savaşları ve Kutsal Roma İmparatorluğu'nun dağılmasıyla ortaya çıkan sorunları çözmek amacıyla Viyana Kongresi düzenlendi. Perde arkasında Nathan Mayer Rothschild, merkez bankaları etrafında yoğunlaşan yeni bir dünya düzeninin kurulmasını önerdi. Rusya hariç tüm büyük güçler, Rothschild bankalarına borçluydu. Çar I. Alexander (1801-1825), Rothschild'lerin şeytani planına boyun eğmeyi reddetti ve planı bozdu. Bunun yerine, Avusturya, Prusya ve Rusya arasında Kutsal İttifak'ı kurdu; bu ittifak, 26 Eylül 1815'te Avusturya İmparatoru I. François, Prusya Kralı III. Friedrich Wilhelm ve Çar Alexander tarafından imzalandı. Ayrıca Rothschild'in kendisine sunduğu Rusya'da bir merkez bankası kurma teklifini de reddetti. Tarih, bu gölge bankacıya güvenip güvenmediğini ya da sadece merkez bankası sisteminin tehlikelerinin farkında olup olmadığını belirtmez, ancak bu talebi akıllıca geri çevirdi. Ancak bu ihtiyatlı davranış, Rothschildların intikamcı ve amansız öfkesini uyandırdı.

General Major Kont Cherep-Spiridovich'e göre[138], bu öfke son beş Çar'ın suikastına yol açtı ve 102 yıl sonra Talmudik intikamlarını muhteşem bir şekilde gerçekleştirdiler.

12 Haziran 1860'da, ticari gelirleri canlandırmak ve para sistemini güçlendirmek amacıyla Rus İmparatorluğu Devlet Bankası[139] kuruldu. 1894 yılına kadar, bu banka sadece Maliye Bakanlığı'nın doğrudan kontrolü altındaki bir yardımcı kurumdu. O yıl, bankacılar bankası haline getirildi ve hükümetin ekonomi politikasının bir aracı oldu. Ülkenin madeni paralarını ve banknotlarını basıyor, para arzını düzenliyor ve ticari bankalar ağı aracılığıyla sanayiye ve ticarete düşük faizli krediler sağlıyordu. Dünyanın en büyük altın rezervlerine sahip olan bankanın rezervleri, 1906 yılı hariç, basılan banknotların değerini %100'ün üzerinde aşıyordu. 1914 yılında, Avrupa'nın en etkili kredi kurumlarından biri haline gelmişti.[140] Beklendiği gibi, Rusya dünyadaki en düşük ulusal borca sahip ülkeydi. Aşağıdaki tablo, her ülkenin kişi başına düşen borcunun ruble cinsinden tutarını göstermektedir.

| Fransa | İngiltere | Almanya | Rusya |
|---|---|---|---|
| 288,0 | 169,8 | 135,6 | 58,7 |

1914 yılında, %83'ü faiz ve %2'den azı yabancıların elinde bulunan ulusal borcun itfası, Rus devlet demiryollarının kârlarıyla finanse edildi. 'de 1916'da ana hatların toplam uzunluğu 100.817 verst veya kilometreydi. 1910'da Rus ticari tonajı 11.130.000'e ulaşarak, 10.750.000 olan İngiliz ticari tonajını aştı.

[138] Maj.-Gen. Comte A. Cherep-Spiridovich, *The Secret World Government or « The Hidden Hand »*, The Anti-Bolshevist Publishing Association, New York, 1926, s. 41. Bu çarların hiçbiri yetişkinlik çağına ulaşamadı. Ortalama yaşam süreleri 53 yıldı. Ayrıca bkz. S. Goodson, Çarların Cinayeti: Rothschild Bağlantısı, *The Barnes Review*, Washington D.C., Cilt XX, No. 5, Eylül/Ekim 2014, s. 38-40.

[139] A. Del Mar, *Para ve Medeniyet: Karanlık Çağlardan Beri Çeşitli Devletlerin Para Yasaları ve Sistemlerinin Tarihi ve Medeniyet Üzerindeki Etkileri*, Omnia Publications, Hawthorne, Kaliforniya, 1975 (ilk kez 1886'da yayınlandı), s. 313.

[140] Rus İmparatorluğu Devlet Bankası, Rusya Federasyonu Merkez Bankası, Neglinnaya Caddesi 12, Moskova 107016.

1861'de Çar II. Alexander (1855-1881)[141] o dönemde nüfusun %30'unu etkileyen serfliği kaldırdı. 1914'te, çoğunluğu soylulardan oluşan Rus toprak sahiplerinin elinde çok az toprak kalmıştı. Ekilebilir arazilerin %80'i, çok cüzi bir bedel karşılığında devredilen köylülerin elindeydi. Bu araziler, köy belediyesi olan *mir* tarafından yönetiliyordu. Ancak, 1906'da Stolypine tarafından çıkarılan yasa[142] ile köylüler, ilgili miras haklarıyla birlikte mülkiyet tapuları alabilmeye başladılar. 1913'te iki milyon aile bu fırsatı değerlendirerek, daha sonra "Stolypine Çiftlikleri" olarak bilinen arazileri satın aldı. Arazi komitesi tarafından bu köylü mülk sahiplerine yaklaşık 7.689.027 hektar arazi tahsis edildi.[143] O dönemde "dünyanın en sosyal fayda sağlayan arazi edinim kurumu" olarak tanımlanan Devlet Köylü Bankası,[144] aslında yönetim masraflarından ibaret olan düşük faizli krediler veriyordu. 1901 ile 1912 yılları arasında bu krediler 222 milyon ruble'den 1,168 milyar ruble'ye çıktı. Tarımsal üretim o kadar hızla arttı ki, aşağıdaki tabloda da görüldüğü gibi, 1913 yılında Rusya dünyanın tahıl ambarı haline gelmişti.

| | Dünya Üretimi | Rusya Üretimi | % |
|---|---|---|---|
| Arpa | 1.771,4 | 750,04 | 42,3 |
| Yulaf | 3.324,6 | 1.087,00 | 30,3 |
| Çavdar | 2.378,0 | 1.593,00 | 67,0 |
| Buğday | 4.971,4 | 1.554,80 | 31,2 |

Rusya'nın tahıl üretimi, Arjantin, Kanada ve ABD'nin toplam

[141] 13 Mart 1881'de Çar II. Alexander, St. Petersburg'da Yahudi bir terör örgütü olan *Narodnaya Volya'nın* (Halkın İradesi) üyeleri tarafından suikasta kurban gitti.

[142] Piotr Arkadyevich Stolypine (1862-1911), 1906'dan 1911'e kadar Rusya Başbakanı olarak görev yaptı. 18 Eylül 1911'de, Yahudi bir terörist olan Dmitri Bogrov (gerçek adı: Mordechai Gershkovich) tarafından suikasta kurban gitti.

[143] G. Buchanan, *My Mission to Russia and Other Diplomatic Memories*, Cassell and Company Limited, Londra, 1923, s. 161.

[144] G. Knupffer, *The Struggle for World Power, Revolution and Counter-Revolution*, The Plain-Speaker Publishing Company, Londra, 1971, s. 230.

hasadını %25 aştı. 1913 yılında Rusya'da 37,5 milyon at vardı; bu, dünyadaki at nüfusunun yarısından fazlasını oluşturuyordu. Ayrıca, dünya keten üretiminin %80'ini gerçekleştiriyor ve dünya yumurta ithalatının %50'sinden fazlasını karşılıyordu. Madencilik ve sanayi üretimi de muazzam kârlar sağlıyordu. 1885 ile 1913 arasında kömür üretimi 259,6 milyon pud'[145] 'dan 2.159 milyon pud'a yükseldi, dökme demir üretimi 1890'da 25 milyon pounddan 1913'te 1.378 milyon pounda çıktı ve petrol üretimi 1906'da 491,2 milyon pounddan 1916'da 602,1 milyon pounda yükseldi. 1870'den 1914'e kadar, Büyük Britanya'da yıllık sanayi üretimi %1 oranında büyürken, bu oran ABD'de %2,75 ve Rusya'da %3,5 oldu. 1890 ile 1913 arasındaki dönemde, endüstriyel faaliyet dört katına çıktı ve Rus üretimi, imalat mallarına yönelik iç talebin %80'ini karşılamayı başardı – bu, ekonomik otarşinin mükemmel bir örneğiydi. Barışçıl imparatorluk döneminin son 20 yılı boyunca (1895-1914), Gayri Safi Yurtiçi Hasıla yıllık ortalama %10 büyüme kaydetti.

Rusya Devlet Bankası, neredeyse %0 faizle halkın parasını sıfırdan yaratıyordu; parazit gibi davranan özel merkez bankalarının, yıkıcı tefecilik faizleri uygulayarak kendi ülkelerinin parasını yarattığı dünyanın geri kalanından farklı olarak, 1912'deki Rusya'nın dünyad 'daki en düşük vergi oranına sahip ülke olması şaşırtıcı değildir. Bu çok düşük vergiler, o dönemin Rus hükümetinin verimlilik düzeyini de kanıtlamaktadır. Ayrıca, devlet bankacılık sisteminin uygulandığı bu dönem boyunca enflasyon ve işsizlik yaşanmamıştır.

**Kişi başına ruble cinsinden doğrudan vergiler**

| | Devlet vergileri % | Yerel vergiler % | Toplam % |
|---|---|---|---|
| Büyük Britanya | 10,01 | 16,74 | 26,75 |
| Almanya | 5,45 | 7,52 | 12,97 |

[145] 1 poud = 16,38 kg

| | | | |
|---|---|---|---|
| Fransa | 6,44 | 5,91 | 12,35 |
| Avusturya | 5,12 | 5,07 | 10,19 |
| Rusya | 1,28 | 1,38 | 2,66 |

**Kişi başına ruble cinsinden dolaylı vergiler**

| | Devlet vergileri % | Yerel vergiler % | Toplam % |
|---|---|---|---|
| Büyük Britanya | 13,86 | - | 13,86 |
| Almanya | 9,31 | 0,33 | 9,64 |
| Fransa | 13,11 | 2,89 | 16,00 |
| Avusturya | 9,9 | 1,38 | 11,28 |
| Rusya | 5,95 | 0,03 | 5,98 |

1897 ile 1913 yılları arasında devlet gelirleri 1.400 milyon altın ruble'den[146] 3.471 milyon altın ruble'ye çıktı. 1914 yılında, herhangi bir vergi artışı olmaksızın bütçe fazlası 512 milyon altın ruble'ye ulaştı. Aynı dönem boyunca dış ticaret dengesi de fazla verdi. Aşağıdaki altın rezervleri karşılaştırma tablosunu inceleyerek Rus ekonomisinin mali durumunu değerlendirebiliriz.

**Altın rezervleri**

| | Altın | Banknotlar |
|---|---|---|
| Rus İmparatorluğu Devlet Bankası | 1.550 | 1.494 |
| Fransa Merkez Bankası (merkez bankası) | 1.193 | 2.196 |
| Reichsbank (merkez bankası) | 411 | 930 |
| İngiltere Merkez Bankası (merkez bankası) | 331 | 263 |

İngiliz hukukçuların bağımsız bir araştırması, Rus kanunları

[146] 1 ruble = iki altın şilin; 9,4 ruble = 1 sterlin.

ve yargı sisteminin "dünyanın en gelişmiş ve tarafsız" olduğu sonucuna varacaktır.[147]

İmparatorluk Majesteleri Çar **II. Nikolay**. Rus İmparatorluğu Devlet Bankası, halkına insanlık tarihinde eşi benzeri görülmemiş bir refah sağladı.

İlköğretim zorunlu ve ücretsizdi; üniversiteye kadar sadece

[147] G. Knupffer, a.g.e., s. 139-140.

kayıt ücreti alınmaktaydı. 1906 ile 1914 yılları arasında her yıl 10.000 okul açıldı. Rus üniversiteleri, yüksek akademik standartlarıyla dünya çapında ün salmıştı.

Ruslar, iş hukuku konusunda öncüydü. Çocuk işçiliği, 1867'de İngiltere'de kaldırılmadan 100 yıl önce Rusya'da kaldırılmıştı. Rusya, fabrikalarda ve madenlerde çalışma saatlerini sınırlayan yasalar çıkaran ilk sanayileşmiş ülke oldu. Sovyetler Birliği'nde yasaklanan grevler, Çar döneminde izinliydi ancak pek yaygın değildi. Sendikal haklar 1906'da tanındı; bu arada bir iş müfettişliği, fabrikalardaki çalışma koşullarını sıkı bir şekilde denetliyordu. 1912'de sosyal güvenlik sistemi getirildi. İş mevzuatı o kadar gelişmiş ve insancıldı ki, ABD Başkanı William Taft, "Rusya İmparatoru, herhangi bir demokratik ülkeden daha mükemmele yakın bir işçi mevzuatı yürürlüğe koydu" demiştir.[148]

Rus İmparatorluğu'nda yaşayan farklı ırklardan halklar, modern dünyada eşi benzeri olmayan bir statü ve fırsat eşitliğinden yararlanıyordu. İmparatorluk Majesteleri Çar II. Nikolay (1894-1917) ve devlet bankası, insanlık tarihinde eşi benzeri olmayan bir işçi cenneti yarattı.

7 Kasım 1917'de Rothschildlar, bu olağanüstü özgürlük ve refah modelinin tekrarlanmasının, kötü niyetli bankacılık imparatorluklarını tehlikeye atacağından korkarak, Rusya'da bir Yahudi-Bolşevik devrimini kışkırttılar ve finanse ettiler. Bu devrim ([149] ), harika bir ülkeyi tahrip edip mahvetti ve – Aleksandr Soljenitsyn'e göre – 66 milyon masum insanın ölümüne yol açtı.[150]

---

148 A.g.e., s. 142.

149 Winston Churchill, *Siyonizm ve Bolşevizm, Yahudi halkının ruhu için bir mücadele, Sunday Illustrated Herald*, 8 Şubat 1920. Churchill devrimi şöyle tanımlıyordu: "Medeniyetin yıkılması ve toplumun, durmuş bir gelişme, kötü niyetli bir kıskançlık ve imkansız bir eşitlik temelinde yeniden kurulması için yapılan küresel bir komplo, [...] ki bu komplo durmaksızın büyümüştür... Devrim, on dokuzuncu yüzyıl boyunca tüm yıkıcı hareketlerin ekseni olmuştur; ve şimdi, Avrupa ve Amerika'nın büyük şehirlerinin alt tabakalarından gelen bu olağanüstü kişilikler grubu, Rus halkını saçından yakalamış ve bu dev imparatorluğun neredeyse tartışmasız efendileri haline gelmiştir."

150 İsviçreli tarihçi Jürgen Graf'a göre, Soljenitsyne, ölü sayısını 66 milyon olarak değerlendiren bir istatistikçiden yararlanmıştır. 10 Eylül 1920 tarihli *The American Hebrew Magazine*'de şöyle deniyordu: "Rusya'daki Bolşevik Devrimi, Yahudi

## ROTHSCHİLDLAR SOVYETLER BİRLİĞİ'Nİ NASIL KURDU VE KONTROLÜNÜ ELE GEÇİRDİ

*Wall Street ve Bolşevik Devrimi*[151] adlı kitabında yazar ve profesör Antony Sutton, Dışişleri Bakanlığı ve Amerikan uluslararası bankacıların arşivlerinden alınan belgeler yardımıyla, "Wall Street ile Marksist Sosyalizm arasındaki coşkulu ittifakı" [152] J.P. Morgan Guaranty Trust Company, John D. Rockefeller'ın Chase National Bank'ı, Jacob Schiff'in Kuhn Loeb and Company'si ve Olof Aschberg'in İsveçli Nya Banken'i[153] 'in hayati finansal desteği olmasaydı, Yahudi-Bolşevik devrimi başarıya ulaşamazdı.

Maxim Litvinov'un (1876-1951) devrimin finansmanı konusundaki rolü özellikle ilgi çekicidir. Asıl adı Meyer-Genokh Mojsjewicz Wallach-Finkelstein olan Litvinov, İmparatorluk Rusya'sını yıkarak onu uluslararası bankacılara teslim eden bir "devrimci" idi.

Litvinov, devrimci kariyerine 1898'de başladı. 1901'de tutuklandı ve kaçmadan önce 18 ay hapis yattı. 1903'te, Londra'da basılan Rus Sosyalist Demokrat Partisi'nin gazetesi *Iskra'nın*[154] finansmanı ve dağıtımı için fonlar kendisine emanet edildi. 1905'te Litvinov, "yabancı dostlardan"[155] gelen başka fonlar aldı; bu da ona yine Londra'dan silah satın almasını sağladı. Daha sonra, *Papasha* veya Papi[156] lakaplarıyla da bilinen Litvinov, tüm yabancı finansmanların odak noktası haline geldi ve partinin saymanı olarak atandı – bu, Lenin'in karşı çıkamayacağı bir karardı, çünkü Litvinov, Lenin'den daha fazla güce sahip olan Rothschild'ların bir

planlamasının ve Yahudi hoşnutsuzluğunun eseriydi. Planımız, Yeni Bir Dünya Düzeni kurmaktır. Rusya'da bu kadar harika işleyen şey, tüm dünya için bir gerçeklik haline gelecektir."

151 A. C. Sutton, *Wall Street and the Bolshevik Revolution*, Arlington House Publishers, New Rochelle, New York, 1981.

152 Aynı eser, 16.

153 1918'de banka, Svensk Ekonomiebolaget olarak yeniden adlandırıldı.

154 Rusça'da "kıvılcım" anlamına gelen terim.

155 N. Starikov, *Rouble Nationalization The Way to Russia's Freedom*, St Petersburg, Piter, 2013, 189.

156 A.g.e., 190.

temsilcisiydi. Lenin, bu karardan sadece haberdar edildi. Birkaç ay sonra, Cenevre'de yapılan bir toplantıda Litvinov, Dış İlişkiler Sekreteri seçildi. Lenin bu karardan yine haberdar edildi. Litvinov hiçbir zaman gerçek bir devrimci olmadı, aksine Bolşevizmi efendilerinin hedeflerini ilerletmek için bir bahane olarak kullandı.

1908'den 1918'e kadar Litvinov, "İngiliz dostlarının" yardımıyla Londra'da yaşadı.[157] Bu dönemde çeşitli görevlerde bulundu. Önce Williams and Norgate yayınevinde, ardından bir turizm acentesinde ve bir tarım makineleri mağazasında çalıştı. Bu işler, gizli faaliyetleri için ideal bir kamuflaj sağlıyordu. 1914'te, Birinci Dünya Savaşı'nın patlak vermesiyle, Rus hükümeti tüm vatandaşlarından orduya katılmak üzere Rusya'ya dönmelerini istedi. Ancak İngiliz yetkililer Litvinov'un kalmasına izin verdi. 1916'da Litvinov, en saygın Yahudi ailelerinden birinin kızı olan Ivy Low ile evlendi.

3 Ocak 1918'de Litvinov, Sovyet Rusya'nın akredite temsilcisi olarak atandı. İlk görevlerinden biri, Çarlık büyükelçiliğine ait ve İngiltere Merkez Bankası'nda tutulan paranın kendisine teslim edilmesini talep etmekti. Banka bu talebi yerine getirdi.

[158]Eylül 1918'de, Büyükelçi Robert Bruce Lockhart'ın da dahil olduğu Bolşeviklere karşı bir komplo ortaya çıktı. Lockhart ve Litvinov, kendi hükümetleri tarafından tutuklandı ve bir takas anlaşması sayesinde Litvinov Moskova'ya döndü. Yeni görevi, bir buhar makinesi satın alma programı kisvesi altında, daha sonr 'da "altın motorlar" olarak bilinen program kapsamında, İskandinavya üzerinden "Rusya'dan gelen altın ve değerli mücevherlerin hızlı bir şekilde nakledilmesini sağlamak"tı. Rusya'nın altın rezervlerinin dörtte biri, yeniden sevk edilmeden önce İsveç'e aktarıldı. Artık Rothschildlar için intikam zamanı gelmişti.

21 Nisan 1921'de Litvinov, döviz işlemleri ve yurtdışına altın

---

[157] Aynı eser, 188.
[158] A.g.e., 194.

satışı için Halk Komiserleri Konseyi üyeliğine atandı. "Yurtdışına satılmadan önce yüz milyonlarca [ruble] değerindeki altınımız elimden geçti. Bu altının çoğunu çeşitli aracılar aracılığıyla, onu Fransa'da veya İsviçre'de yeniden eritmiş büyük Fransız şirketlerine satıyordum, ardından bu altın nihai varış noktasına, Rothschild'ların sahibi olduğu özel bir banka olan Amerikan Merkez Bankası'nın ([159] ) kasalarına ulaştı! Litvinov, "bankacıların – Federal Rezerv, İngiltere Merkez Bankası ve Sovyet Rusya'nın sahiplerinin – yetkili temsilcisi" haline gelmişti[160] Görüldüğü gibi, Bolşevik Devrimi, Rothschildlar tarafından gerçekleştirilen devasa bir yağma operasyonundan başka bir şey değildi.

Aralık 1921'de Kuzbass Özerk Sanayi Kolonisi kuruldu. Bu koloni, finansmanını sağlayan bir grup Amerikalı ve Avrupalı yatırımcıya geniş bir sanayi kompleksinin kontrolünü vermişti. O andan itibaren, "Avrupalı bankacılar tarafından yatırılan sermaye için kazanılan faizler" olarak, hiçbir gümrük vergisi ödenmeden "milyonlarca altın ruble yurt dışına aktarıldı"[161], bu yatırımların hepsinin o kadar büyük olmamasına rağmen.

1924'te Joseph Stalin Sovyetler Birliği'nin lideri oldu, ancak kimseden korkmayan Litvinov, önde gelen bir figür olarak kaldı. Stalin'e karşı kaba davranışları meşhurdu.[162] 1937-1938 tasfiyesinde, Litvinov'un neredeyse tüm milletvekilleri tutuklandı ve kurşuna dizildi. Litvinov, en yakın arkadaşlarından biri olan Boris Stomonyakov'un davasını savundu ve Stalin'e onun kefil olacağını bildirdi. Stalin, Litvinov'un gözlerinin içine bakarak şöyle cevap verdi: "Yoldaş Litvinov, sen sadece kendinin kefil olabilirsin."[163]

1930'dan 1939'a kadar Litvinov, Sovyetler Birliği Dışişleri

[159] Aynı eser, 199.
[160] A.g.e., 203.
[161] Aynı eser, 204.
[162] Aynı eser, 205, 206 ve 209. Haziran 1941'de, yabancı diplomatlarla yapılan bir toplantıda Litvinov, muhteşem bir yünlü takım elbise giymiş olarak geldi. Stalin ona neden herkes gibi koyu renkli bir takım elbise giymediğini sordu. Litvinov şakayla karışık olarak "Güveler yedi" diye cevap verdi.
[163] Aynı eser, 206.

Halk Komiseri görevini yürüttü. 1939'da, Nasyonal Sosyalist Almanya ile Sovyetler Birliği arasındaki ilişkiler ısınmaya başladı. Bu yumuşama, 1815'te Avusturya, Prusya ve Rusya'yı birleştiren Kutsal İttifak'ın ve 1872'de Bismarck'ın aynı üç imparatorluk arasında başlattığı *Dreikaiserbund'un* (Üç İmparatorlar Birliği) kabus gibi anılarını saklayan Litvinov'un efendileri için bir lanet niteliğindeydi. Litvinov araya girdi, ancak bu noktada Stalin onun küstah davranışlarından bıkmıştı. 3 Mayıs 1939'da, Stalin "bankacılık mafyası kuklasını dışişleri bakanlığı görevinden azlederek" sessiz bir darbe gerçekleştirdi.[164]

16 Kasım 1921'de kurulan kendi devlet bankası Gosbank sayesinde Sovyetler Birliği, nihayet uluslararası bankacılara karşı egemenliğini ve bağımsızlığını kazanmıştı. Litvinov'un tüm yardımcıları ve müdürleri tutuklandı, ancak kendisi dokunulmaz olduğu için bu durumdan kurtuldu. Litvinov, *dachasına* çekilmesine izin verildi, ancak sürekli gözetim altında tutuldu.

[164] Aynı eser, 207.

**Maxime Litvinov** (asıl adı Wallach-Finkelstein), kırk yılı aşkın bir süre boyunca Rothschild'lerin aracısı olarak görev yaptı. Uluslararası bankacılar tarafından Rusya'nın yağmalanmasını organize etti.

1941'in sonlarına doğru, Litvinov'un hizmetlerine bir kez daha ihtiyaç duyuldu. Almanlar Moskova'nın kapılarına dayandığında, Stalin'in çaresiz durumu Batı'dan acil yardım gerektiriyordu. Litvinov, Sovyet büyükelçisi olarak Moskova'ya gönderildi. Amerikalılar Sovyetler Birliği'ne borç para vermekte isteksizdi, ancak Litvinov kısa sürede her şeyi çözdü ve birkaç hafta içinde 1 milyar dolarlık bir kredi verildi. Bir ödünç-kiralama anlaşması imzalandı ve sonraki dört yıl boyunca 11 milyar dolar değerinde hammadde ve hizmet sağlandı.

Litvinov, "her an Beyaz Saray'a ulaşabilirdi ve Başkan [Roosevelt] onu hemen kabul ederdi"[165]. Bu iki uluslararası bankacı uşağı, bir yandan Rusya'dan, diğer yandan ABD halkından altınları doğrudan Rothschild'in Federal Rezerv kasalarına aktardılar.[166]

Litvinov[167], savaşın Rusya lehine dönmesiyle 1943'te görevden alındı. Dışişleri bakanlığı görevindeki halefi Vyacheslav Molotov, bize anlamlı bir bakış açısı sunuyor: "Litvinov bize karşı tam bir düşmanlık sergiliyordu... Proletaryanın elinde en ağır cezayı hak ediyordu. Örnek teşkil edecek bir ceza."[168]

[1]ile 22 Temmuz 1944 tarihleri arasında, uluslararası bankacılar New Hampshire'daki Bretton Woods'ta bir konferans düzenlediler. Konferansın amacı, bağımsız ülkeler arasındaki ilişkileri yönetecek ve sabit döviz kurlarını koruyacak bir Dünya Bankası ve Uluslararası Para Fonu kurmaktı. Sovyet temsilcileri konferansa katıldılar, ancak önerilen kurumların sadece "Wall Street'in şubeleri" olduğunu belirterek imzalamayı reddettiler.[169] Stalin'in bu küstahlığı muhtemelen

---

[165] Litvinov, 10 Kasım 1941'den 22 Ağustos 1943'e kadar büyükelçi olarak görev yaptı.

[166] N. Starikov, a.g.e., 211. 5 Nisan 1933'te 6102 sayılı Yürütme Kararnamesi ile ABD hükümeti, numismatik paralar hariç olmak üzere vatandaşlarının tüm altınlarına el koydu ve bunları kağıt parayla değiştirdi.

[167] Litvinov'un anılarını yazmayı reddetmesi şaşırtıcı değildir.

[168] F. Chuev ve A. Resis, *Molotov Remembers*, Chicago, 1993, 68.

[169] E.S. Mason ve R.E. Asher, "*The World Since Bretton Woods: The Origins,*

Rothschild'lerin öfkesini uyandırdı, ancak Almanya yenilgiye uğramadıkça pek bir şey yapamazlardı.

17 Temmuz ile 2 Ağustos 1945 tarihleri arasında Almanya'da Potsdam Konferansı düzenlendi. Bu konferans, Avrupa'nın yeni sınırlarını belirledi. O andan itibaren Sovyetler Birliği giderek izole edildi ve Soğuk Savaş başladı. Stalin'in Batı Avrupa üzerinde hiçbir etkisi yoktu. Ordusu tamamen tükenmişti ve Doğu Avrupa'yı egemenliği altına almak ve önleyici bir savaşla Almanya'yı kışkırtarak kendi ülkesine verdiği tüm zararı onarmakla zaten yeterince meşguldü.[170] Askeri açıdan bakıldığında, Hiroşima ve Nagazaki'ye nükleer bomba atılması gereksizdi, çünkü Ocak 1945'te Japonya zaten teslim şartlarını müzakere etmeye çalışıyordu. Nükleer soykırım iki kötü amaca hizmet ediyordu: (i) kendi devlet bankasını kurdukları için Japonları cezalandırmak ve (ii) zaten bir devlet bankasına sahip olan Sovyetler Birliği'ne bir uyarıda bulunmak.

Soğuk Savaş, başlangıçta Batı tarafından Sovyetler Birliği'ni dize getirmek amacıyla sürdürüldü. Komünist olmaktan çok milliyetçi olan Stalin[171] direndi ve zehirlendiği iddia edildi; ardından[1]Mart 1953'te hiçbir tıbbi tedavi görmeden beyin kanaması geçirerek ölmesine izin verildi.[172] O andan itibaren Soğuk Savaş bir komediye dönüştü, çünkü Batı, özellikle de Amerika Birleşik Devletleri, Sovyetler Birliği'ne büyük yatırımlar yaptı. Ford kamyonlarının üretildiği Gorki fabrikasına ve Fiat otomobillerinin üretildiği, dünyanın en büyük otomobil üretim tesisi olan Volgograd'a önemli

*Policies, Operations and Impact of the International Bank for Reconstruction"*, Washington D.C., Brookings Institution, 1973, 29.

[170] Stalin, 6 Temmuz 1941'de Almanya'ya saldırmayı planlamıştı. Bkz. V. Suvorov, *The Chief Culprit Stalin's Grand Design to Start World War II*, Naval Institute Press, Annapolis, Maryland, 2008, 328 s. Suvorov, "Sovyetler Birliği'nin İkinci Dünya Savaşı'nı kaybettiğini" düşünmektedir, 280.

[171] Bkz. K. Bolton, *Stalin, The Enduring Legacy*, Black House Publishing, Londra, 2012, s. 164.

[172] S.S. Montefiore, *Stalin: Kızıl Çar'ın Sarayı*, Weidenfeld & Nicolson, Londra, 2005, 651-665. Stalin'in geçirdiği felç, ölümünden önceki günlerde şarabına katılmış olan bir pıhtılaşma önleyici ilaç olan warfarin nedeniyle meydana gelmiş olabilir.

yatırımlar yapıldı. Havacılık, bilişim ve elektrik alanlarında da önemli finansman sağlandı. Sovyetler Birliği, karlı yatırımlar için tercih edilen bir yer haline geldi.

Ruslar orduya katıldı, ancak bütçelerinin %50'si silahlanmaya ayrıldığından, bu uzun vadede kazanamayacakları bir savaştı. Bu, Sovyetler Birliği'ndeki yaşam standardının, eğitim ve konut gibi kamu hizmetleri sektörü hariç, Batı'nınkine hiçbir zaman yetişememesini açıklıyor.

1991'de Sovyetler Birliği çöktü ve ABD'den bir danışman ekibi, gelir vergisi ve tefeciliği de içeren kapitalist serbest ticaretin harikalarını tanıtmak için geldi. Bu danışmanların birincil amacı, "Rusya Merkez Bankası yasasını doğru zamanda sunmaktı; bu, Rusya'nın egemenliğini kaybetmesi açısından bir işgalci ordusundan daha fazla zarar verdi."[173]

Neredeyse 200 yıl boyunca Çarlar ve Sovyetler direndi, ancak sonunda Rusya tamamen Rothschildların eline geçti.

## ROTHSCHİLDLARIN BOER SAVAŞI'NDAKİ SORUMLULUĞU.

On dokuzuncu yüzyıl boyunca, dünya para sistemi Rothschildlar tarafından geliştirilen ve sürdürülen altın standardına dayanıyordu. Witwatersrand'da geniş altın yataklarının keşfi, bu sahtekar finansal sistemin ayakta kalabilmesi için kontrol edilmesi gereken yeni bir maden kaynağı yaratmıştı. Rothschildlar için talihsiz bir şekilde, bu yeni madenler bağımsız *Zuid-Afrikaansche Republiek*'in sınırları içinde bulunuyordu.

Ülkeye hemen göçmen ve spekülatör akını başladı. Bazıları İngilizdi, ancak bunların büyük bir kısmı "gezgin eğilimli, belirli bir ülkeye bağlılığı veya kökleri olmayan Rus, Polonyalı ve Alman Yahudiler"di.[174] Altın madenlerinin sahipleri bu

[173] N. Starikov, a.g.e., 182-183.
[174] J.A. Hobson, *The War in South Africa Its Causes and Effects*, James Nisbet & Co., Limited, Londra, 1900, 70. Hobson, 12. sayfada 1899 tarihli

nedenle neredeyse her zaman Yahudilerdi. Sektörün hakim şirketi, yöneticisi Hermann Eckestein'ın adını taşıyan Eckstein Grubu'ydu. Bu birleşim, Consolidated Goldfields ve S. Neumann & Co.'yu içeriyordu. Profesör John Atkinson Hobson, *The War in South Africa Its Causes and Effects* adlı kitabında, "Rothschild'ların Goetz & Co.'nun hisselerinin çoğunluğuna sahip olduğunu" ve "Rothschild'ların, aslında Wernher, Beit ve Rothschild tarafından yönetilen Exploration Company'nin arkasında olduğunu" yazmaktadır. [175] Ayrıca, dinamit üzerindeki tekel ve "yasal ve yasadışı zengin ve güçlü içki ticaretinin tamamen Yahudilerin elinde olduğunu"; "borsanın tamamen Yahudilerin elinde olduğunu belirtmeye gerek yok" ve " Johannesburg'daki basının esasen onların özel kalesi olduğunu" ekliyor.[176]

1890'ların başından itibaren, yabancı işçiler ve spekülatörlerin sayısı Boerlerden fazlaydı. 1896'da, Transvaal hükümetini devirmeye çalışan Jameson'ın başarısız baskınından sonra, *uitlander* veya outlander'ların, yani yabancıların oy hakkı lehine kamuoyunu harekete geçirmek için bir paravan olarak Güney Afrika Birliği kuruldu. Statülerini korumak amacıyla Boerler, onlara ancak 14 yıllık ikamet süresinden sonra oy hakkı verilmesini istiyorlardı. 30 Mayıs 1899'da, Orange Özgür Devleti'nin başkenti Bloemfontein'de düzenlenen bir konferansta, Başkan Paul Kruger, ikamet süresini yedi yıla indirmeyi teklif etti. İngiliz Yüksek Komiseri Sir Alfred Milner pes etmedi ve kendi bakış açısına göre bunun "reform ya da savaş" olacağını ifade etti.[177] Sonunda Kruger, "başını iri ellerinin arasına alarak, sakallı yanaklarından gözyaşları

Johannesburg Rehberi'nde 24 Jones, 53 Brown ve 68 Cohen'in kayıtlı olduğunu belirtmektedir.

[175] A.g.e., 193. Ayrıca bkz. R. Rudman, *England Under The Heel Of The Jew*. Bu 21 sayfalık broşür, 1918 yılında doktor John Henry Clarke tarafından yazılan aynı adlı kitaptan alınmış ve Londra'da C.F. Roworth tarafından yayınlanmıştır. Broşür, Kruger hükümetini devirmek için Yahudi mülk sahipleri tarafından kurulan komployu etkileyici bir şekilde anlatmaktadır.

[176] Aynı eser, 193.

[177] P.J Pretorius, *Volksverraad*, Libanon-Uitgewers, Mosselbaai, Western Cape, 1996, 58.

akarken"[178], endişeyle haykırdı: "Siz benim ülkemi istiyorsunuz!"[179]

Eylül 1899'da, provokasyon amacıyla İngilizler, Transvaal sınırının güneyinde birliklerini topladılar. 9 Ekim 1899'da, "Majestelerinin hükümetinin Cumhuriyet sınırlarında birliklerini toplamayı ve tüm Britanya İmparatorluğu'ndan savaş takviyeleri göndermeyi durdurması"[180] yönündeki talep görmezden gelindi. İki gün sonra savaş patlak verdi.

Boerler, sadece atlı amatör bir orduya sahip olmalarına rağmen, başlangıçta olağanüstü başarılar elde ettiler. Ancak, sayıca az olmalarının yanı sıra, düşmanın silah gücü karşısında sonunda yenildiler. Haziran 1900'den itibaren Boerler gerilla savaşına başvurdu. 6.000 kişilik minik bir birlik, dünyanın en büyük imparatorluğundan gelen yaklaşık 450.000 askeri durdurmayı başardı.

Ateşkes, 31 Mayıs 1902'de Vereeniging'de imzalandı. Savaş, Boerler için tam bir felaketti. Eşi benzeri görülmemiş bir yakıp yıkma operasyonu sırasında, Boerlerin mülkleri yerle bir edildi, kuyuları zehirlendi, sürüleri katledildi (çoğunlukla "cephane tasarrufu yapmak" amacıyla tendonları kesilerek) ve kadınları tecavüze uğradı. 25 şehir yıkıldı. 136.000 kadın ve çocuk, kışın sıcaklığın sıfırın altına düştüğü çadırlardan oluşan 46 toplama kampına tıkıldı. Bunların 34.000'i yetersiz beslenme ve içler acısı hijyen koşulları nedeniyle öldü. Bunların %75'i 16 yaşın altındaydı.

İngilizler de 21.942 ölü (bunların %35'i savaşta, %65'i hastalıktan) ve 22.829 yaralı ile ağır kayıplar verdi. Bankacılar, savaşı 222 milyon sterlin tutarında finanse etmiş olmanın memnuniyetini yaşadılar ve böylece Büyük Britanya'nın kamu borcunu 132 milyon sterlin artırdılar. Rothschildlar için Anglo-Boer Savaşı tam bir zaferdi.

[178] R. Kraus, *Old Master Thereof Jan Christian Smuts*, E.P. Dutton & Co. Inc., New York, 1944, 92.
[179] T. Pakenham, *The Boer War*, Jonathan Ball Publishers, Londra, 1979, 68.
[180] S.M. Goodson, *General Jan Christian Smuts The Debunking of a Myth*, Bienedell Uitgewers, Pretoria, 2013, 11.

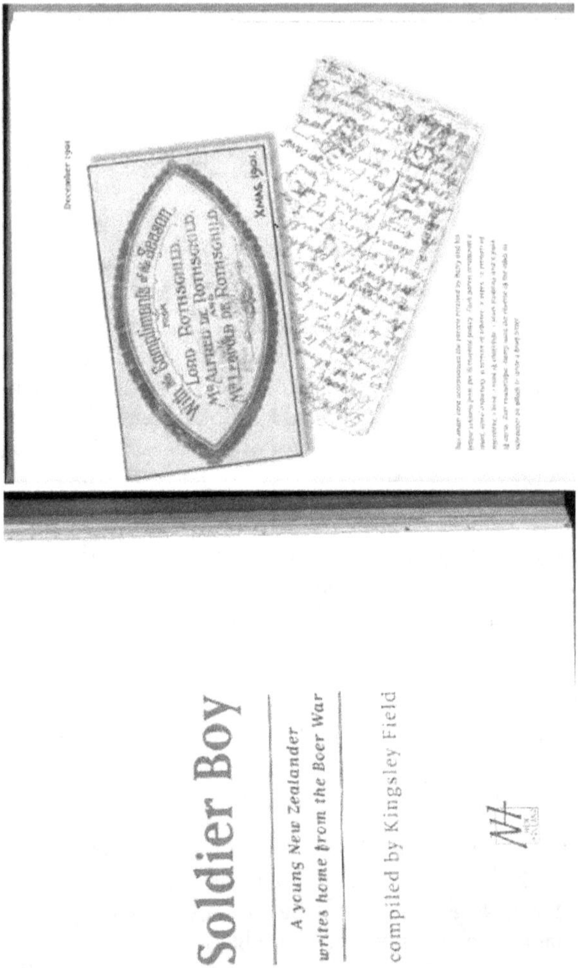


**Rothschildlar** tarafından gönderilen bir tebrik kartı. Aralık 1901'de Rothschildlar, savaşta olan "askerlerine" içinde yazı gereçleri, bir porsiyon tütün, bir pipo, 12 paket sigara, bir kitap, bir çikolatalı kek, bir puding ve bir iskambil destesi bulunan bir Noel sepeti gönderdi.

# AVUSTRALYA COMMONWEALTH BANKASI

Avustralya Commonwealth Bankası, 1880'lerde New York'ta amcasının bankasında çalışırken kısmi rezerv bankacılık sisteminin sırrını keşfeden Amerikalı King O'Malley'den esinlenerek kuruldu. Bankanın ilk Başkanı Sir Dennison Miller, bankasının sermayesini nereden bulacağı sorulduğunda şöyle cevap verdi: "Ne sermayesi? Sermayeye ihtiyacım yok, benim sermayem tüm Avustralya'nın zenginliği ve kredisidir."[181]

Hükümetten alınan ve kısa sürede geri ödenen 10.000 sterlinlik bir avansla, Avustralya Commonwealth Bankası 15 Temmuz 1912'de kuruldu. Özel bir banka olarak kurulmuş olmasına rağmen, devlet bankası gibi işliyordu ve herhangi bir banka gibi işlerini yönetme konusunda her türlü yetkiye sahipti; buna tasarruf bankası olarak hizmet verme yetkisi de dahildi. Ayrıca banka, devletin kredisiyle teminat altına alınmış tahvillerin satışı yoluyla sermaye toplama yetkisine sahipti. Karı, iki fona eşit olarak dağıtılıyordu: bankanın üstlendiği yükümlülükleri yerine getirmek için bir yedek fon ve banka tarafından ihraç edilen tahvilleri veya hisseleri geri ödemek için bir geri ödeme fonu. Ardından, karının %50'si ulusal borcun geri ödenmesine ayrılıyordu.

[181] R. Gollam, a.g.e., bankanın kurulmasına yol açan olayların ayrıntılı kökenlerini vermektedir.

**King O'Malley** (1854-1953), Avustralya'nın devlet bankası olan Commonwealth Bank of Australia'nın kurulmasına ilham kaynağı oldu.

12 yıl boyunca, Birinci Dünya Savaşı'na (1914-1918) rağmen Avustralya, en parlak dönemlerinden birini yaşadı. Banka, hükümete yıllık yüzde 2/3 gibi nominal bir faiz oranıyla kredi vererek, ülkenin geniş çaplı bir altyapı programına yatırım yapmasını sağladı. 18,72 milyon Avustralya doları, Murrumbidgee Nehri'ndeki barajların ve sulama sisteminin, kıtalararası demiryolunun, elektrik santrallerinin, gaz fabrikalarının, limanların, yolların ve tramvay hatlarının inşası için ayrıldı. Ayrıca, çiftçilerin meyve, buğday ve yün hasatları, nominal faiz oranıyla 3 milyon Avustralya doları tutarında finanse edildi. Avustralya'nın artan ihracatını organize etmek amacıyla 15 buharlı geminin satın alınması için 4 milyon Avustralya doları serbest bırakıldı ve 8 milyon Avustralya doları konutlara ayrıldı. Birinci Dünya Savaşı Avustralya'ya 700 milyon Avustralya doları'na mal oldu, ancak bu tutar Banka tarafından faizsiz borç şeklinde finanse edildi.

Bu olağanüstü refah dönemi, 1924 yılında sona erdi; o yıl, Banka'nın kontrolünü bir Vali, bir Hazine Sekreteri ve tarım, finans ve sanayi sektörlerinde aktif olarak görev yapan ve değişen sürelerde görevlendirilen altı kişiden oluşan bir yönetim kurulunun eline veren bir yasa, Başbakan Stanley Melbourne Bruce 'in Başbakanı (1924-1929) ve koalisyon ortağı Dr. Earle Page tarafından kabul edildi.[182] Bruce, yaptığı şeylerin Avustralya halkının çıkarlarına tamamen aykırı olması nedeniyle sık sık rüşvet aldığı şüphesiyle karşı karşıya kaldı. Görev süresi boyunca Avustralya hükümeti Londra Şehri'nden 230 milyon sterlin borç aldı[183] ve 1927'de hem federal hem de eyalet borçları 1 milyar sterline ulaşmış ve bütçe açığına girmişti.[184]

10 Ekim 1924'te yasa yürürlüğe girdi. Yasa, Banka'yı bir grup erkeğin kontrolü altına aldı ve bu grup daha sonra Banka'nın borçsuz ve faizsiz ulusal para basma hakkını elinden aldı.

[182] Bruce ve Earle, sırasıyla Ulusal ve Kırsal partilerinin liderleriydi.
[183] S. McIntyre, *A Concise History of Australia*, Cambridge University Press, Melbourne, 2009, s. 168.
[184] I. M. Cumpston, *Lord Bruce of Melbourne*, Longman Cheshire, Melbourne, 1989, s. 74.

1927'de Banka, tasarruf bankası şubelerini kaybetti ve banknot basma ve böylece asgari düzeyde senyoraj elde etme yetkisi elinde kalsa da, daha sonra özel bankaların münhasır yararına faaliyet gösteren bir merkez bankası haline geldi. Banka'nın nihai ihaneti 20 Mart 1947'de gerçekleşti; Temsilciler Meclisi, 55'e karşı 5 oyla Uluslararası Para Fonu üyeliğini onayladı ve böylece Rothschild'ların kontrolündeki Uluslararası Ödemeler Bankası'nın kararnamelerine ve emirlerine boyun eğdi.

## BİRİNCİ DÜNYA SAVAŞI

Birinci Dünya Savaşı, 28 Haziran 1914'te, Yahudi kökenli olduğu varsayılan ve Kara El terörist grubunun üyesi olan Gavrilo Princip'in, Bosna-Hersek'in Saraybosna kentinde Avusturya tahtının varisi Arşidük Franz Ferdinand ve Çek eşini öldürmesiyle başladı. Princip, Leon Troçki'nin (gerçek adı Lev Davidovich Braunstein) bir işbirlikçisiydi.[185] Rus bir Yahudi olan Troçki, Rus monarşisini devirmek için Yahudi yoldaşı Vladimir Lenin (evlat edinildiğinde Ulyanov olarak yeniden adlandırılmış, ancak gerçek adı Zederbaum olan)[186] ile

[185] Princip'in varsayılan kökeni için bkz. W. G. Simpson, *Which Way Western Man?*, Yeoman Press, New York, 1978, s. 682; burada Simpson, Léon de Poncins'in *Les Forces Secrètes de la Révolution* (Éditions Saint-Rémi) adlı eserinden alıntı yapmaktadır; bu eser ise suikastçının duruşma kayıtlarından alıntı yapmaktadır. Ayrıca bkz. J. M. Landowsky'nin *Symphonie Rouge*, Hadès Éditions, NKVD (Stalin'in gizli polisi) tarafından Christian G. Rakovsky'ye (gerçek adı Chaïm Rakover) yapılan bir sorgu, burada Troçki'nin Arşidük Ferdinand'ın cinayetinin arkasında olduğunu ve Sovyetlerin beş köşeli yıldızının Rothschild kardeşlerin beş şubesini (Frankfurt, Londra, Napoli, Paris ve Viyana)

[186] Lenin'in babası bir Buryat'tı, etnik bir Rus değildi. Anne tarafından büyük büyükbabası Moishe Itskovich Blank ve büyükbabası Srul Moisevich Blank'tı. Büyükbabası ismini Alexandre olarak değiştirdi. Zev Ben-Shlomo, Lenin'in Hayatı ve Mirası, Dimitri Volkogonov, *Jewish Chronicle*, Londra, 4 Nisan 1995. Lenin'in Yahudi annesi Maria Blank'tı. Ebeveynleri öldüğünde, o ve kardeşi bir Yahudi aile tarafından evlat edinildi. 1929'da Lenin'in kız kardeşi Anna Oulianova-Yelizarov, yaygın antisemitizme karşı koymak ve kitlelere "Yahudi devrimci ruhunu" aşılamak amacıyla soyunun açıklanmasını Stalin'e önerdi. Lenin'in kitleler tarafından saygı gördüğü iddia edilse de, Stalin bu açıklamanın Bolşevik Devrimi'nin %100 Yahudi olduğunu herkesin anlamasına yol açabileceği için ondan bunu gizli tutmasını istedi. Jesse Zel Lurie, "Lenin Gizli Bir Yahudi'ydi", *Bronward Jewish Journal*, 25 Şubat 1992. *The* Times'da 10 Mayıs 1920'de Sovyet kaynaklarına dayanılarak yayınlanan bir rapora göre, rejimin 556 üst düzey memurundan 458'i Yahudi idi, bu da %82,4'e denk geliyordu. Yazar, Lenin'in Rusya'da 1905 Kasım Devrimi'ni planladığı Finlandiya'nın Tampere kentindeki son Lenin müzelerinden birini ziyaret etti.

komplo kuruyordu. O da, bu korkunç felaketin mimarı olan İngiliz Yahudi Lord Walter Rothschild'in paravanı olan Amerikalı Yahudi Jacob Schiff[187] tarafından finanse edildi. Bu gerçekler 1921'de ABD Senatosu'nda, "Birinci Dünya Savaşı'nın tüm sorumluluğunun Uluslararası Yahudi Bankacıların omuzlarında olduğu"nun belirtilmesiyle teyit edildi. Milyonlarca insanın ölümünden onlar sorumludur. [188] 1926 yılının Ekim ayı sonunda, bu reddedilemez gerçeklerin bir başka teyidi, İngiliz milletvekili Victor H. Cazalet ile Henry Ford (1863-1947) arasındaki bir konuşmada ortaya çıktı. Ford, kendisine uluslararası Yahudi finansçıların kimler olduğu sorulduğunda şöyle cevap verdi: "Onların kim olduklarını anlatan birçok kitabım var. Son savaşın sorumluları onlardı ve gelecekte de ihtiyaç duyduklarında her zaman bir savaş çıkarabilecekler."[189]

[187] Bkz. Anthony C. Sutton, *Wall Street ve Bolşevik Devrimi*, Le Retour aux Sources 2010.
[188] ABD Kongre Arşivleri, 67., 4. oturumlar, Senato Belgeleri no. 346, 1921. 1928'de Yahudi yazar Marcus Élie Ravage şu satırları kaleme aldı: "Suçluluğumuzun gerçek derinliğini henüz tam olarak kavramaya başlamadınız. Bizler davetsiz misafirleriz. Bizler yozlaştırıcılarız. Doğal dünyanızı, ideallerinizi, kaderinizi ele geçirdik ve tahrip ettik. Sadece son büyük savaşın [1.Dünya Savaşı] değil, neredeyse tüm savaşlarınızın, sadece Rus Devrimi'nin değil, tarihinizdeki tüm büyük devrimlerin kaynağı bizdik. Kişisel ve kamusal yaşamlarınıza nifak ve kargaşa ektik, hayal kırıklığı yerleştirdik. Hâlâ da bunu yapıyoruz. Bunu ne kadar süreyle yapmaya devam edeceğimizi kimse bilemez." *The Century Magazine*, Ocak 1928, Cilt 115, No. 3, s. 346-350, B. Klassen tarafından *The White Man's Bible, The Church of the Creator*, Otto, Kuzey Carolina, 1981, s. 287-289'da alıntılanmıştır.
[189] A. N. Field, *The Truth About the Slump – What the News Never Tells*, Özel yayın, Nelson, Yeni Zelanda.

Otomobil endüstrisinin öncüsü **Henry Ford**, uluslararası Yahudi bankacıları Birinci Dünya Savaşı'nın kışkırtıcıları olarak tanımladı ve analizlerini *Dearborn Independant* gazetesi tarafından yayınlanan The *International Jew (Uluslararası Yahudi)* adlı kitabında dile getirdi.

Ticari rekabetler, ittifak oyunları ve yanlış anlaşılan tutumlar, genellikle Birinci Dünya Savaşı'nın ana nedenleri olarak gösterilir. Ancak, önem sırasına göre gerçek nedenler şunlardı:

1) Rus İmparatorluğu'nu ve Devlet Bankası'nı yok etmek

2) Diğer imparatorlukları (Avusturya-Macaristan, Alman ve

Osmanlı) daha küçük devletlere bölerek parçalamak; böylece merkez bankaları kurularak bu devletleri daha kolay sömürebilmek.

3) Filistin'i ele geçirmek ve Rothschild'ların doğrudan kontrolü altında bir Siyonist kukla devlet kurmak.[190]

1916 yılının sonunda, İngiliz ve Fransız orduları savaşı kaybetme tehlikesiyle karşı karşıyaydı; zira Fransızlar Batı Cephesinde çoktan isyan etmişti. İngilizler ise Jutland Muharebesi'nde deniz üstünlüğünü çoktan kaybetmişti; 3 Mayıs 1916'da, sayıca 2'ye 1 oranında azınlıkta olan Alman donanması, yenilmez Kraliyet Donanması'nı küçük düşürerek 6 gemisini kaybederken 12 gemisini batırmış, 2.551 denizci kaybederken İngilizlerin kayıpları 6.094'e ulaşmıştı.[191] İki imparator, bu gereksiz kardeş katliamına son vermek için çaresizce çabaladılar. Tam o sırada Lord Rothschild'den, Osmanlı İmparatorluğu'nun ortadan kaldırılmasının ardından Filistin'in bir grup Siyonist Yahudiye verilmesi karşılığında Amerika'nın desteğini garanti eden bir teklif geldi.[192]

6 Nisan 1917'de Amerika Birleşik Devletleri, Almanya'ya[193] ve diğer İttifak Devletlerine savaş ilan etti ve 2 Kasım 1917'de Lord Rothschild ve Siyonist ortakları, Filistin'in Yahudi yerleşimcilere verileceğine dair İngiltere'den yazılı bir güvence aldı.[194] Balfour Deklarasyonu olarak bilinen bu kötü

---

[190] N. Ferguson, *The House of Rothschild, The World's Banker 1849-1999*, Cilt 2, Penguin Books, Londra, 1999, s. 449.

[191] Léon Degrelle, *Versay'da doğan Hitler, Hitler Yüzyılı*, Cilt 1.

[192] Osmanlı İmparatorluğu'nun çöküşünü organize eden Jön Türkler hareketi, esas olarak 17. yüzyılın ortalarında Sabbatai Tsevi tarafından kurulan Sabbataiizm adlı Yahudi mezhebini takip eden *Donmeh* (Türkçe'de "dönme" anlamına gelen terim) Yahudilerinden oluşuyordu. P. Papaherakles, Jön Türkler ve 117 milyon beyazın katliamı, *The Barnes Review*, Washington, D.C. Cilt XVIII, No. 2, Mart/Nisan 2012, s. 22-31.

[193] 1961 yılında Washington, D.C.'deki Willard Hotel'de yaptığı bir konuşmada, Katolikliğe dönmüş eski bir Yahudi olan Benjamin Freedman (Friedman), Alman Yahudilerinin Birinci Dünya Savaşı sırasında Almanya'ya nasıl ihanet ettiklerini, ABD'yi tuzağa düşürerek, gelecekte Filistin vaadi karşılığında İngiltere'ye katılmaya zorladıklarını doğruladı.

[194] Filistin'deki Siyonist yerleşimcilerin %98'inden fazlası, bu topraklarla hiçbir Semitik etnik bağı olmayan Aşkenazlardır. Onlar, Rusya'nın güneyinde, bugünkü Gürcistan bölgesinde bulunan Hazar Krallığı'nın torunlarıdır. Hazarlar, M.S. 8. yüzyılda hükümdarları Kral Bulan tarafından Yahudiliğe toplu olarak dönüştürülmüştür. Bunun

şöhretli belge, İngiliz Dışişleri Bakanı Lord Arthur James Balfour ve İmparatorluk Savaş Kabinesi üyesi General Jan Christian Smuts tarafından kaleme alındı.

Foreign Office,
November 2nd, 1917.

Dear Lord Rothschild,

I have much pleasure in conveying to you, on behalf of His Majesty's Government, the following declaration of sympathy with Jewish Zionist aspirations which has been submitted to, and approved by, the Cabinet

"His Majesty's Government view with favour the establishment in Palestine of a national home for the Jewish people, and will use their best endeavours to facilitate the achievement of this object, it being clearly understood that nothing shall be done which may prejudice the civil and religious rights of existing non-Jewish communities in Palestine, or the rights and political status enjoyed by Jews in any other country"

I should be grateful if you would bring this declaration to the knowledge of the Zionist Federation.

Lord **Arthur Balfour'un** Siyonist Federasyonu lideri Lord **Walter Rothschild'e** yazdığı

teyidi, Dr. Maurice Fishberg'in *Jewish Encyclopaedia* IV, 1902, s. 331-335'teki kraniyometri makalesinde bulunabilir. 20 yıllık bir süre boyunca çeşitli ülkelerden gelen yaklaşık 3000 Yahudi kafatasını inceleyen bu çalışma, bunların 80 indeksli brakisefali veya geniş kafalı kategorisine ait olduğunu ortaya koydu; bu, dolikosefali veya uzun kafalı olan Arap kafalarıyla tezat oluşturmaktadır. Ayrıca bkz. Arthur Koestler, *On Üçüncü Kabile: Hazar İmparatorluğu ve Mirası.* Random House, 1976, s. 255. Ve Shlomo Sand, *Yahudi Halkı Nasıl İcat Edildi,* Verso, 2009, s. 344 ve *İsrail Toprakları Nasıl İcat Edildi: Kutsal Topraklardan Anavatan'a,* Verso, 2012, s. 304. 5 Aralık 2012'de, Johns Hopkins Üniversitesi Tıp Fakültesi'nde genetik araştırmacısı olan Dr. Eran Elhaik tarafından yazılan bir çalışma, Moleküler Biyoloji ve Evrim Derneği adına Oxford University Press tarafından yayınlandı ve "Hazar tezi"nin bilimsel olarak doğru olduğunu doğruladı.

mektup, Filistin'de bir Siyonist devletin kurulmasına yönelik İngiliz desteğini teyit ediyordu.

Bu gereksiz savaşın yol açtığı kan banyosu iki yıl daha sürdü. Rusya tamamen yıkıldı ve Ortadoğu'da çözülemeyen bir sorun yaratıldı. Haham Reichorn'un 1859'da kehanet gibi belirttiği gibi: "Savaşlar Yahudilerin hasadıdır, çünkü savaşlar sayesinde Hıristiyanları yok ediyor ve altınlarını ele geçiriyoruz. Zaten 100 milyonunu öldürdük. Hıristiyanları ulusal gururlarını ve aptallıklarını sömürerek başka savaşlara sürükleyeceğiz. O zaman birbirlerini katledecekler, böylece halkımıza daha fazla yer açacaklar.»[195] Benzer bir şekilde, Mayer Amschel Rothschild'in eşi Gutle Schnapper, 1849'da ölmeden kısa bir süre önce şöyle demişti: "Oğullarım savaş istemeseydi, savaş olmazdı."[196]

11 Kasım 1918'de bir ateşkes imzalandı ve yedi ay sonra, 28 Haziran 1919'da, son derece kusurlu olan Versay Antlaşması imzalandı. Almanya, tüm suçu üstlenmeyi ve ülkenin tüm servetine eşdeğer olan 6,6 milyar sterlinlik fahiş tazminat ödemesini kabul etmek zorundaydı[197], oysa diğer savaşan taraflar olan İngiltere, Fransa ve Rusya da en azından aynı derecede – hatta daha fazla – suçluydu. Bu tazminat, Büyük Britanya ve Fransa hükümetlerine verilen sahte kredileri ve hayali faizleri uluslararası bankacılara geri ödemek için kullanılacaktı. General Smuts'un konferansta belirttiği gibi: "Burada yaptığımız her şey Viyana Kongresi'nden çok daha kötü. 1815'teki devlet adamları en azından neler olup bittiğini biliyorlardı. Bizim politikacılarımız ise hiçbir şeyden haberdar değil."[198]

---

[195] *Le Contemporain*, 1 Temmuz 1880.

[196] N. Ferguson, a.g.e., s. 20.

[197] İngiltere Merkez Bankası'nın enflasyon hesaplayıcısına göre, 6,6 milyar sterlin 2012 yılında 289 milyar sterline eşdeğerdi. www.bankofengland.co.uk/education/Pages/inflation/calculator/flash/default.aspx

[198] Léon Degrelle, a.g.e., s. 335.

# BÖLÜM V

## BÜYÜK BUHRAN

*"Sermaye, hem entrikalar hem de yasalar yoluyla mümkün olan her şekilde kendini korumalıdır. Borçlar ödenmeli, ipotekler mümkün olduğunca çabuk haczedilmelidir. Yasal süreç yoluyla sıradan insanlar evlerini kaybettiklerinde, daha uysal hale gelirler ve finansçıların önderliğinde zenginler tarafından uygulanan merkezi bir iktidar tarafından yönlendirilen hükümetin seküler kolu tarafından daha kolay yönetilebilir hale gelirler. Bu gerçekler, şu anda dünyayı yönetmek için bir emperyalizm oluşturmaya çalışan ajanlarımız tarafından çok iyi bilinmektedir. Siyasi parti sistemi sayesinde seçmenleri bölerek, onları enerjilerini önemsiz konular için harcamaya ve mücadele etmeye zorluyoruz. İşte bu şekilde, gizli eylemlerle, zaten çok iyi planlanmış ve büyük bir başarıyla gerçekleştirilmiş olan şeyi kendimiz için güvence altına alacağız."*

- Montagu Norman, İngiltere Merkez Bankası Başkanı, 1924 yılında New York'ta ABD Bankacılar Birliği'ne hitaben yaptığı konuşma.

Yirminci yüzyılın başında, henüz sadece 18 merkez bankası vardı: İsveç Merkez Bankası (1668), İngiltere Merkez Bankası (1694), İspanya Merkez Bankası (1782), Fransa Merkez Bankası (1800), Finlandiya Merkez Bankası (1812), Hollanda Merkez Bankası ([199] ) (1814), Norveç Merkez Bankası (1816), Avusturya Merkez Bankası (1816), Danimarka Bankası (1818), Portekiz Bankası (1846), Belçika Bankası (1850), Endonezya Bankası (eski adıyla Cava Bankası) (1865), Alman Reichsbank (1876), Bulgaristan Merkez Bankası (1879), Romanya Merkez Bankası (1880), Japonya Bankası (1882), Sırbistan Merkez Bankası (1884) ve İtalya Bankası (1893).

1922 yılında, 10 Nisan ile 19 Mayıs tarihleri arasında Cenova'da bir konferans düzenlendi; bu konferansa tüm devlet başkanları, İngiltere Merkez Bankası, Fransa Merkez Bankası ve New York Federal Rezervi başkanları ile çok sayıda

[199] *De Nederlandsche Bank*'ın öncüsü, 1609 yılında Dirck van Os tarafından kurulan *Amterdamsche* Wisselbank'tı ve bu nedenle dünyanın ilk merkez bankası olarak kabul edilebilir.

uluslararası bankacı katıldı. Bu konferansta, henüz merkez bankası bulunmayan tüm ülkelerde merkez bankaları kurulmasına karar verildi. İngiltere Merkez Bankası Başkanı Montagu Norman,[200] merkez bankalarının hükümetlerinden bağımsız olması gerektiği konusunda ısrar etti.[201] A. N. Field, *All These Things* adlı kitabında bu önemli olayı şöyle anlatıyor:

> "Bu yöntemlerin cüretkarlığına rağmen, tam bir başarı elde ettiler. Maaşlı ekonomistler, rezerv bankalarının harika bilimsel araçlar olduğunu hayranlıkla keşfettiler, gazeteler alkışlara katıldı ve çeşitli eyaletlerin politikacıları, koyunları mezbahaya götüren disiplinli bekçiler gibi davrandılar. Finansçılar hiçbir şekilde memur değiller, sadece bir banka şirketinin hissedarları tarafından maaş alan ve çıkarları ulusal çıkarlarla hiçbir ilgisi olmayan basit temsilciler."[202]

## ULUSLARARASI ÖDEMELER BANKASI

Yeni merkez bankalarının sayısı, özellikle "1930'da Basel'de Uluslararası Ödemeler Bankası'nın kurulmasından sonra, [o zaman] (bulundukları ülkelerin hükümetlerinden az çok bağımsız olan) rezerv merkez bankaları (bulundukları ülkelerin hükümetlerinden az çok bağımsız olan) [dünya çapında mantar gibi çoğaldı; hem hükümetlerin hem de halklarının oybirliğiyle onaylandılar; her ikisi de kendilerini köleleştirmeyi amaçlayan bu bankalar tarafından aldatılmıştı.[203]

BIS'in asıl amacı, Versay Antlaşması'nın şartlarına göre

[200] Mason olan Montagu Norman, çok gizli bir kişiydi ve genellikle gizli bir şekilde hareket ederdi. Yurtdışına seyahat ettiğinde, Profesör Skinner takma adını kullanırdı. Bu, sekreteri Ernest Skinner'ın adıydı. Görev süresi boyunca, merkez bankası olmayan hiçbir ülkeyi ziyaret etmedi ve yabancı bir maliye bakanının huzurunda hiçbir zaman bir merkez bankası başkanıyla konuşmaya girmedi. R. S. Sayers, *The Bank of England 1891-1944*, Cambridge University Press, Cambridge, 1976, s. 159-160.

[201] A. N. Field, *All These Things*, Omni Publications, Hawthorne, Kaliforniya, 1936, s. 7.

[202] D. J. Amos, *The Story of the Commonwealth Bank*, Veritas Publishing Company Pty Ltd, Bullsbrook, Avustralya, 1986, s. 27.

[203] Aynı eser, s. 8.

Almanya'nın savaş tazminatlarını ödemesini kolaylaştırmaktı, ancak yapay olarak tetiklenen Büyük Buhran'ın etkileri hissedilmeye başladığında ve Ocak 1933'te Nasyonal Sosyalistler iktidarı ele geçirdiğinde, tüm ödemeler askıya alındı ve BIS yeni bir yön bulmak zorunda kaldı, yani parasal işbirliğini teşvik etmek. Aslında BIS, her ülkenin merkez bankaları aracılığıyla küresel finans sistemini yönlendirir ve yönetir; bu bankaların 60'ı BIS'e doğrudan bağlıdır.

Bankanın merkezi İsviçre'nin Basel kentinde bulunmaktadır ve şu anda bir elektrik santralinin soğutma kulesine benzeyen 18 katlı bir binada yer almaktadır. Bu, merkez bankalarının merkez bankasıdır; yöneticileri seçilmez ve kimseye hesap vermek zorunda değildir; tüzüğü, ulusal ve vergi yasalarına karşı dokunulmazlık sağlar ve kendi özel polis güçlerine sahiptir. Ayrıca, İsviçre Federal Konseyi ile yapılan bir anlaşma uyarınca, bankanın arşivleri ile tüm belgeleri ve elektronik verileri her zaman ve her yerde dokunulmazdır. Bu anlaşma, 31 Ağustos 1929'da imzalanan Lahey Protokolü'nün 2. paragrafının X. maddesine dayanmaktadır ve şu şekilde belirtilmiştir: "Banka, mal varlığı ve varlıklarının yanı sıra kendisine emanet edilen mevduatlar veya diğer fonlar,... topraklarında veya idaresine bağlı olarak... sansür, el koyma, haciz veya müsadere gibi her türlü kısıtlayıcı önlemden muaf kalır; ayrıca barış veya savaş zamanında altın veya döviz ihracatı ile ilgili her türlü misilleme, yasak veya kısıtlamadan ve diğer benzer müdahalelerden, kısıtlamalardan veya yasaklardan muaftır. » Dünya ekonomisinin tartışıldığı iki ayda bir yapılan toplantıları, mutlak gizlilik içinde gerçekleştirilir. Bankanın tüzüğünden birinin revizyonu gerekmedikçe yazılı bir gündem yoktur ve toplantı tutanakları saklanmaz. Bankanın resmi olarak başlıca işlevleri şunlardır:

(i) Anlaşmalar yoluyla merkez bankaları arasındaki işbirliğini kolaylaştırmak.

(ii) Finansal istikrarı teşvik etmek

(iii) Politik çözümler aramak

(iv) Merkez bankalarının finansal işlemleri için karşı

taraf görevi görmek.

(v) Uluslararası finansal işlemlerle ilgili olarak aracı veya yönetici görevi görmek.

Ancak, BIS'in gerçek doğası, bir içeriden bilgi sahibi olan Georgetown Üniversitesi'nden Profesör Carroll Quigley'in yazdığı *Tragedy and Hope* (Trajedi ve Umut) adlı kitapta ortaya çıktı. Quigley şöyle açıkladı:

> «Tüm bu pragmatik hedeflerin yanı sıra, finansal kapitalizmin güçleri, her bir ülkenin siyasi sistemini ve dünya ekonomisini bir bütün olarak domine edebilecek, özel sektörün elinde bulunan küresel bir finansal kontrol sistemi kurmak gibi, hiç de azımsanmayacak kadar geniş kapsamlı bir hedefi besliyordu. Bu sistem, sık sık yapılan toplantı ve konferanslarda gizli anlaşmalar yoluyla işbirliği içinde hareket eden dünya çapındaki merkez bankaları tarafından feodal bir şekilde kontrol edilecekti. Sistemin zirvesinde, İsviçre'nin Basel kentindeki Uluslararası Ödemeler Bankası yer alacaktı; bu, kendileri de özel kuruluşlar olan dünya merkez bankaları tarafından sahip olunan ve kontrol edilen özel bir bankaydı. İngiltere Merkez Bankası'ndan Montagu Norman, New York Federal Rezervi'nden Benjamin Strong, Fransız Merkez Bankası'ndan Charles Rist ve Reichsbank'tan Hjalmar Schacht gibi adamların elindeydi; her biri, devlet borçlarını kontrol etme, dış ticareti manipüle etme, ülke içindeki ekonomik faaliyetlerin genel düzeyini etkileme ve işbirliği yapan politikacıları iş dünyasında nüfuzlu pozisyonlarla ödüllendirme yeteneği sayesinde kendi hükümetini domine etmeye çalışıyordu."[204]

[204] Carroll Quigley, *Tragedy and Hope, A History of the World in Our Time*, The Macmillan Company, New York, 1966, s. 324.

İllüzyon ve gerçeklik – 1937'de Chicago'da işsizlerin oluşturduğu kuyruk.

Profesör Quigley'in 1966'da öngördüğü gibi, BIS'in nihai hedefi tek bir küresel para birimi, tek bir küresel ekonomik sistem ve ulusal yasaların artık geçerli olmadığı ve gerekçelendirilemediği bir dünya hükümetidir. Bankanın kontrolü, çeşitli merkez bankalarına ve diğer özel bankalara yaptığı yatırımlar aracılığıyla Rothschild Hanesi'nin elindedir.

İkinci Dünya Savaşı ve Avrupa sömürge imparatorluklarının dağılmasından sonra, bunların ekonomik olarak artık sürdürülebilir olmaması ve uluslararası borçlar yoluyla sömürülmeleri için daha iyi fırsatlar sunması nedeniyle,[205] merkez bankalarının sayısı hızla artmış ve şu anda 155'e ulaşmıştır. Bu bankaların sekizi tamamen özel kontrol altındadır: Belçika Merkez Bankası, Yunanistan Merkez Bankası, İtalya Merkez Bankası, Japonya Merkez Bankası, Güney Afrika Merkez Bankası, İsviçre Merkez Bankası, Türkiye Cumhuriyeti Merkez Bankası ve ABD Merkez Bankası. Tüm bu merkez bankalarının koordineli bir şekilde kurulması, bunların hepsinin bir "uluslararası bankacılık holdingi"nin parçası olduğunu şüpheye yer bırakmayacak

[205] Dünya Bankası ve özellikle IMF'nin, IMF'nin yapısal uyum programı aracılığıyla, gelişmekte olan ülkeleri dış kredilerle nasıl sömürdüğüne dair bir açıklama için bkz. P. T. Bauer, *Equality, the Third World, and Economic Delusion*, Harvard University Press, Cambridge, Massachusetts, 1981, s. 304, ve J. Perkins, *Bir Finans Katilinin İtirafları*, Alterre, 2005.

şekilde kanıtlamaktadır.[206]

## AMERİKA BİRLEŞİK DEVLETLERİ MERKEZ BANKASI

1820 ile 1910 yılları arasında, İç Savaş (1861-1866) sırasında geçici bir fiyat artışı yaşanmasına rağmen, dolar satın alma gücünü korudu; yani 90 yıl sonra bir dolar hala bir dolar değerindeydi. Ancak, Merkez Bankası'nın doların değerini yok etmesi sadece altı yıl sürdü. 1914 ile 1920 yılları arasında fiyatlar %125 arttı ve doların değeri %56,1 azaldı.

Büyük Buhran'a dikkatimizi yöneltmeden önce, ilk büyük deflasyonun nedenlerine kısaca göz atmak gerekir. Fiyatları kontrol altına almak amacıyla, 18 Mayıs 1920'de Washington D.C.'de, Amerikan Bankacılar Birliği'nin Metodik Deflasyon Komitesi adını taşıyan aldatıcı bir başlık altında gizli bir bankacılık toplantısı düzenlendi.[207] Federal Rezerv'in emriyle, önceden haber verilmeksizin ve uyarı yapılmaksızın, iskonto oranı hızla %2'den %9'a ve ötesine çıktı. Aynı zamanda, Federal Rezerv agresif bir şekilde hazine bonosu satmaya başladı ve bunların değerini %20 düşürdü. Hazine bonosu fiyatlarındaki düşüş, bankaların rezervlerinin değerini düşürdü ve bankalar, kredilerin geri ödenmesini talep etmek zorunda kaldı. Bu durum, "tüm tarım ürünlerinde korkunç bir tasfiye"ye yol açtı[208] ve "tarım fiyatları dibe vurdu, en düşük seviyelerine ulaşarak çiftçilerin iflasına neden oldu."[209]

Aynı zamanda, Harrimanlar gibi en büyük tekellere sahip nakliye şirketleri, karayolu tarifelerini o kadar artırdı ki, bazı eyaletlerde nakliye maliyeti üretim maliyetini aştı. Çiftlik üretim endeksi, bir yıl sonra Mayıs 1920'de 244'ten 117'ye düşerek yarıdan fazla çöktü. Genel giderleri değişmezken finansal yükleri hızla artan birçok çiftçi iflas etti.

[210]Federal Rezerv'in sahip olduğu sınırsız yetkiler, ABD'nin

---

[206] A. N. Field, a.g.e., s. 5.
[207] G. M. Coogan, *Money Creators, Who Creates Money ? Who Should Create it ?* Omni Publications, Hawthorne, Kaliforniya, 1963, (ilk kez 1935'te yayınlandı), s. 62.
[208] Aynı eser, s. 62.
[209] Aynı eser, s. 62.
[210] Aynı eser, s. 200.

para arzını ve ABD'nin kredisini 2 milyar dolar azaltmasına olanak tanıdı; bu da "fiyatları yarı yarıya düşürerek sefalet ve kargaşaya yol açtı. [211] Bu politika, tarım sektörünü yoksullaştırmak[212] amacıyla kasıtlı olarak uygulandı; kırsal kesimden gelen parayı kentsel merkezlere aktarırken, aynı zamanda Amerika'nın gıda kendi kendine yeterliliğini de azalttı ve böylece ülkeyi dolandırıcıların ve finansal spekülatörlerin entrikalarına ve kaprislerine karşı savunmasız hale getirdi.[213]

Temmuz 1921'de, Federal Rezerv bu politikayı tersine çevirerek hazine bonolarını kitlesel olarak geri satın aldı. Ancak, tarım bankalarının uğradığı zararlar telafi edilemedi ve tarım ürünleri yapay bir bunalımın etkisi altında kaldı; hatta bazıları üretim maliyetlerinin altında fiyatlarla satıldı.

Ağustos 1927'de, Federal Rezerv'i elinde bulunduran ve yöneten komplocular, yeni bir "balon" yaratmanın zamanının geldiğine karar verdiler. Bunun tehlikelerini fark eden 12 Federal Bankadan 11'inin protestolarına rağmen, bu bankalara reeskonto oranlarını düşürmeleri ve para arzını artırmak için hazine bonolarını kitlesel olarak geri alım programına (günümüzün parasal genişlemesi 'in modern karşılığı) başlamaları emredildi.[214]

[215]*Yoktan var* edilen bu paranın çok azı üretken yatırımlara ayrıldı, ancak borsalara enjekte edildi; burada piyasa-kazanç oranı kısa sürede 20'ye, bazı durumlarda ise 50'ye ulaştı. Medya ve satılmış "ekonomistler", kalıcı refahın hakim olacağı "yeni bir çağ"ın geldiğini ilan ettiler ve spekülasyonun alevlerini kasten körüklediler; bu sırada 73 milyonluk yetişkin nüfustan 16 milyon Amerikalı hisse senedi alıp satıyordu.

9 Mart 1929'da, Federal Rezerv Bankası'nın kurucusu ve

---

[211] A. N. Field, *The Truth About The Slump*, kendi yayını, Nelson, Yeni Zelanda.

[212] ABD tarım sektörünün kasıtlı olarak çökertilmesi, 1930'larda Ukrayna'da (Rusça'da "sınır" anlamına gelen kelime) Stalin tarafından tarımsal üretimin yok edilmesine ve ardından gelen Holodomor'a (Rusça'da "kıtlıkla imha" anlamına gelen terim) benzetilebilir; bu süreçte altı milyon Kulak (Rusça'da "yumruk" anlamına gelen kelime) ya idam edildi ya da açlıktan öldü.

[213] A. N. Field, a.g.e., s. 204.

[214] G. M. Coogan, a.g.e., s. 67.

[215] Oran, hisse senedi fiyatının hisse başına getiriye bölünmesiyle hesaplanır.

mason Paul Warburg, tüm üye bankalara ve mason dostu Hazine Bakanı Andrew Mellon'a borsadan çıkmalarını ya da açığa satış yapmalarını tavsiye etti. Dow Jones endeksinin çökmek üzere olduğunu belirterek, hemen harekete geçerlerse muazzam karlar elde edeceklerini söyledi.

24 Ekim 1929'da, Federal Rezerv bu spekülasyon çılgınlığına son vermeye ve büyük ölçekli dolandırıcılıklarına başlamaya karar verdi. Reeskont oranı aniden %6'ya çıktı. Her yerden New York Borsası'na "piyasa fiyatından" satış emirleri yağdı; bu, spekülatörlerin fiyatları hızla çökertmek için kullandıkları tipik bir taktikti. Güven bir anda buharlaştı ve planlanmış ilk Büyük Buhran başladı. Dönüm noktası, altı gün sonra, 30 Ekim 1929'da, Federal Rezerv'in brokerlere verilen 2,3 milyon dolarlık kredilerin daraltılmasını emretmesiyle geldi. Borsa çöktü ve Aralık 1932'de, borsada işlem gören menkul kıymetlerin değeri %83,1 düşerek 89 milyar dolardan 15 milyar dolara geriledi.

Bu çöküşün ekonomik ve sosyal sonuçları yıkıcı oldu. 24.000 bankadan 10.000'i iflas etti ve mevduat sahiplerini iflasa sürükledi. 200.000 şirket iflas etti ve 8,3 milyon kişi sokağa atıldı. Takip eden 3 yıl içinde, işgücünün %24,9'[216] 'u işsiz kaldı. ABD'nin milli geliri %40,7 azalarak 1927'deki 81 milyar dolardan 1932'de 48 milyar dolara düştü. Büyük Buhran yıllarında üç milyon kişinin açlıktan öldüğü tahmin edilmektedir. Başlıca nedenler yetersiz beslenme, bulaşıcı hastalıklar ve intihardı.

Büyük Buhran'ı tetikleyen New York Borsası'ndaki çöküşe atıfta bulunarak, Kongre üyesi Louis T. McFadden şu isabetli açıklamayı yaptı: "Bu, özenle kışkırtılmış bir olaydır... Uluslararası bankacılar[217], hepimizin üstün liderleri olarak daha iyi ortaya çıkabilmek için umutsuz koşullar yaratmaya çalışıyorlardı."[218]

---

[216] Milletler Cemiyeti, World Economic Survey: Eighth Year, 1938/1939 (Cenevre, 1939) s. 128.
[217] 1920'ler ve 1930'lar boyunca, "uluslararası bankacılar" terimi, Yahudi bankacıları tanımlamak için yaygın olarak kullanılan bir ifadedir. Kullanılan bir başka euphemism ise "kozmopolit finansçılar"dır.
[218] A. N. Field, a.g.e., s. 202.

A. N. Field, merkez bankalarının yararsızlığını ve sürekli olarak kullanıldıkları sapkın amaçları kınadı:

> "Finansal krizleri önleme aracı olarak merkez bankaları, ABD'de tam bir başarısızlık sergiledi. Bu gerçek, hiçbir şekilde tüm ülkelerde merkez bankalarının kurulmasına engel olmadı. ABD Merkez Bankası'nın (Federal Reserve) başında bulunan finansçılar istikrarlı koşullar istemiyorlar ve kuruluşundan bu yana arka arkaya gelen eşi görülmemiş balonlar ve resesyonlar kasıtlı olarak yaratıldı. En azından şurası kesindir ki, sistemi kontrol edenler, Kongre'nin Federal Rezerv'i, para biriminin satın alma gücünü istikrarlı bir seviyede tutmak için muazzam gücünü kullanmaya zorlayacak yasalar çıkarmaya çalışan herkese karşı en sert itirazları dile getirmişlerdir."[219]

[220]1930 yılında *Financial Times* gazetesinde yayınlanan bir makalede, Stockholm Üniversitesi'nden Profesör Karl Gustav Cassel şöyle belirtti: "Dünyanın refahı üzerinde mutlak bir yetki, fiilen Federal Rezerv Yönetim Kurulu'nun eline verilmiştir. Ve bu yöneticilerin bu gücü ne kadar rastgele kullandıklarını ve bunun Amerika'nın para politikasını yönlendirmesi gereken gerekliliklere ne kadar aykırı olduğunu görünce dehşete kapılmamak elde değil."[221]

10 Haziran 1932 Cuma günü Temsilciler Meclisi'nde, Bankacılık ve Para Komisyonu'nun eski başkanı (1920-1931) saygın Louis T. McFadden tarafından yapılan gürültülü konuşmayı aktarmak için bir an duralım:[222]

> "Sayın Başkan, bu ülkede dünyanın şimdiye kadar gördüğü en yozlaşmış kurumlardan biri bulunmaktadır. Federal Rezerv Yönetim Kurulu ve Federal Rezerv

[219] A. N. Field, *All These Things*, Omni Publications, Hawthorne, Kaliforniya, 1936, s. 121-122.

[220] Profesör Cassel, *Handelshögskolen i Stockholm'un* (Stockholm Ekonomi Okulu) kurucu üyelerinden biriydi. Okul, Avusturya Ekonomi Okulu'nun savunduğu altın standardına temelden karşıydı.

[221] A. N. Field, *The Truth About The Slump*, s. 118.

[222] *'Collective Speeches of Congressman Louis T. McFadden'*, Omnia Publications, Hawthorne, Kaliforniya, 1970, Bölüm XVI, Federal Rezerv ve Federal Rezerv Bankalarının Hain ve Sadakatsiz Davranışları, s. 298-329.

Bankalarından bahsediyorum.

Bu yönetim kurulu, bir hükümet organı olarak, ABD hükümetini ve Amerikan halkını ulusal borcu ödeyecek kadar bir miktarda dolandırmıştır. Federal Rezerv Yönetim Kurulu ve Federal Rezerv Bankaları'nın birlikte hareket ederek yol açtığı yıkım ve adaletsizlikler, bu ülkeye kamu borcunu birkaç kez ödeyecek kadar paraya mal olmuştur. Bu kötü niyetli kurum, ABD halkını yoksullaştırmış ve mahvetmiştir; kendisi iflas etmiştir ve hükümetimizi de fiilen iflasa sürüklemiştir. Bunu, faaliyet gösterdiği yasanın boşluklarından, Yönetim Kurulu'nun bu yasayı yanlış uygulamasından ve onu kontrol eden zengin akbabaların yozlaşmış uygulamalarından yararlanarak başarmıştır.

Bazıları, Federal Rezerv Bankalarının ABD hükümetinin kurumları olduğunu düşünür. Bu doğru değildir. Bunlar, kendi çıkarları ve yabancı müşterilerinin çıkarları için ABD halkını sömüren özel kredi tekelleridir; spekülatörler ve dolandırıcılar ile zengin, yağmacı para ödünç verenler. Bu karanlık finansal korsan çetesi, bir adamın boğazını kesip ceplerini boşaltacak insanları barındırır; eyaletleri oy satın almak ve yasamayı kontrol etmek için parayla boğanlar onlardır; ve bizi aldatmak ve geçmişteki suçlarını örtbas etmelerine ve devasa suç örgütlerini sürdürmelerine olanak sağlayacak daha fazla taviz vermemizi sağlamak için uluslararası bir propaganda yürütenler de onlardır.

Bu 12 kredi tekeli, Avrupa'dan gelen bankacılar tarafından bu ülkeye haksız ve aldatıcı bir şekilde dayatıldı; bu bankacılar, Amerikan kurumlarımızı sabote ederek misafirperverliğimizin karşılığını verdiler. Bu bankacılar, Japonya'nın Rusya'ya karşı savaşını finanse etmek için bu ülkenin parasını kullandılar. Bu savaşı uzatmak için bizim paramızla Rusya'da bir terör rejimi kurdular; Almanya ile Rusya arasındaki ayrı barışın mimarları oldular, bu da Dünya Savaşı sırasında müttefikler arasında nifak tohumları ekti. Hoşnutsuzluk ve isyan yaymak amacıyla New York'ta Troçki'nin kitlesel mitinglerini finanse ettiler. Troçki'nin Rus İmparatorluğu'nun yıkımına katılabilmesi için New York'tan Rusya'ya seyahat masraflarını karşıladılar. Rus Devrimi'ni kışkırttılar ve tetiklediler; İsveç'teki banka şubelerind 'lerinden birinde Troçki'ye muazzam meblağlar tahsis ettiler; böylece onun aracılığıyla Rus aileleri tamamen parçalanacak ve Rus çocukları doğal koruyucularından ayrılacaktı. O zamandan beri Amerikan ailelerini yıkma ve Amerikan çocuklarını dağıtma girişimlerine başladılar.

Başkan Wilson'ın, bu bankacıların gösterdiği ilgi ve benimsedikleri hayırsever tavırlarla aldatıldığı iddia edildi. Colonel House tarafından nasıl yanıltıldığını anladığında, bu müdahaleci, finans imparatorluğunun "kutsal keşişi"nden ayrıldığı ve ona kapıyı gösterdiği söylendi. Bunu yapma cesaretini gösterdi ve bana göre büyük bir erdem sergiledi.

Başkan Wilson, istismar edilmiş bir kurban olarak öldü. Başkanlığa geldiğinde, bu ulusta yüksek mevkilerde görev almasını sağlayan bazı zihinsel ve duygusal niteliklere sahipti; ancak hiçbir zaman bankacı olmayı arzulamadı. Her zaman bankacılık sistemi hakkında çok az şey bildiğini söylemiştir. Böylece, başkalarının tavsiyesi üzerine, Amerikan özgürlüğünün ölüm fermanı olan Federal Rezerv Yasası, onun yönetimi altında kabul edildi.

Sayın Başkan, bu ülkenin bankacılık ve para işleri söz konusu olduğunda tarafsızlık olmalıdır ve ben en ufak bir tarafgirlik olmadan konuşuyorum.

1912'de, merhum Senatör Nelson W. Aldrich'in başkanlığındaki Ulusal Para Birliği, Ulusal Rezerv Yasası olarak bilinen yasanın hazırlığı kapsamında bir rapor sundu. Bu yasa, daha çok Aldrich Yasası olarak bilinir. Senatör Aldrich, Aldrich Yasası'nı yazmadı. O, yaklaşık 20 yıldır bu ülkede bir merkez bankası kurmayı planlayan ve 1912'de hedeflerine ulaşmak için büyük miktarlarda para harcayan ve harcamaya devam eden

Avrupalı [Yahudi] bankacıların suç ortağı değil, bir aracıydı.

Aldrich Yasası, 1912'de Theodore Roosevelt'in göreve gelmesiyle feshedildi ve aynı yıl, Woodrow Wilson'ın göreve gelmesiyle, Biltmore Kongresi'nde kabul edilen Demokrat Parti programı açıkça şöyle belirtti: "Merkez bankası olan Aldrich planına karşıyız. " Tüm bunlar açık ve net bir söylemdir. Demokrat Parti liderleri o zaman halka, seçilirlerse, hükümetin dizginlerini ellerinde tuttukları sürece merkez bankası kurulmayacağına dair söz verdiler. On üç ay sonra bu söz tutulmadı ve Albay House'un arkasında duran bu karanlık Wall Street figürlerinin denetimi altındaki Wilson yönetimi, bizi beşikten mezara kadar kontrol etmek ve köleleştirmek için özgür ülkemizde "kralın bankası" adlı yozlaşmış monarşik kurumu kurdu. Federal Rezerv Yasası, atalarımızın iş yapma şeklini yok etti; dünyanın en gelişmiş modeli olan, bir isme dayalı ticari senetlerimize ([223] ) ayrımcılık uyguladı; bu ülkenin şu anki laneti olan ve onu uygulayan tüm ülkeleri mahveden eski çift para birimini ([224] ) yeniden getirdi; Anayasa'nın kurucularının bizi korumaya çalıştığı aynı tiranlığı bu ülkeye dayattı.

Bu Cumhuriyet'in korunması için verilen en büyük savaşlardan biri, Jackson döneminde tam da burada gerçekleşti; Federal Rezerv Yasası'nda örneklendirilenlerle aynı sahte ilkeler üzerine kurulmuş olan İkinci Birleşik Devletler Bankası, zararsız hale getirildi. 1837'de İkinci Birleşik Devletler Bankası'nın çöküşünden sonra, ülke, yırtıcı niyetlerle hareket eden çıkar gruplarının, bir kez reddedildikten sonra kılık değiştirerek geri dönmelerine izin vermenin, onların yürütme organıyla bağ kurmalarına ve bu yolla hükümetin kontrolünü ele geçirmelerine yol açmanın doğurduğu tehlikeler konusunda uyarıldı. Ancak, bu çıkar grupları, ikiyüzlü niyetlerle geri döndüklerinde ve sahte bahanelerle Federal Rezerv Yasası'nın oylanmasını

[223] Tek bir imza içeren bir ticari sözleşme veya senet.

[224] İki kişinin tam sorumluluklarını teyit ederek imzaladıkları bir ticari sözleşme.

sağladıklarında, tam da bu ı gerçekleştirdiler.

Ülkenin uyarıldığı ve şu anda başımıza gelen tehlike, Federal Rezerv Yönetim Kurulu ve bağlı bankalarının hain ve sahtekar faaliyetlerinin beraberinde getirdiği uzun bir dizi dehşeti bize göstermektedir. Bu odadan çıktığınızda etrafınıza bakın, her yerde bunun kanıtlarını göreceksiniz. Bu ekonomik sefalet dönemi tamamen Federal Rezerv'in sorumluluğundadır. Bu, finansal suçların yaşandığı bir dönemdir ve bu suçların finansmanında Federal Rezerv, ilgisiz bir seyirci rolü oynamamaktadır.

Amerika Birleşik Devletleri halkı ciddi şekilde aldatılmaktadır. Eğer aldatılmıyorlarsa, o zaman "insanları aldatmak" ne demek bilmiyorum. İşlerini kaybettiler. Evlerinden mahrum bırakıldılar. Kiralık evlerinden tahliye edildiler. Çocuklarını kaybettiler. Barınak, yiyecek, giyecek ve ilaç eksikliği nedeniyle ölüme terk edildiler.

Amerika Birleşik Devletleri'nin zenginliği ve üretkenliği elinden alındı ve bunların hepsi ya bazı bankaların ve büyük şirketlerin kasalarında duruyor ya da bu yabancı müşterilerin, bankaların ve şirketlerin yararına yurtdışına ihraç edildi. Amerikan halkı için bardağı taşıran son damla bu oldu. Depolar ve kömür ambarları ile tahıl silolarının dolu olduğu doğru, ancak depolar ve silolar kilitli ve anahtarları büyük bankalar ile şirketlerin elinde.

Federal Rezerv ve yandaşları tarafından ABD'nin yağmalanması, tarihin en büyük suçudur.

Sayın Başkan, Temsilciler Meclisi bugün ciddi bir durumla karşı karşıyadır. Bizler, halkın temsilcileriyiz ve halkın hakları elinden alınmaktadır. Federal Rezerv ve bağlı bankaları aracılığıyla halk, Anayasa tarafından garanti altına alınmış haklarından mahrum bırakılmaktadır. Varlıkları, yasal bir süreç bile olmaksızın elinden alınmıştır. Sayın Başkan, ahlak, kamu yararına işlenmiş veya işlenmekte olan suçları tespit etmek için hükümetin hesaplarını incelememizi gerektirmektedir.

İhtiyacımız olan şey, ABD Anayasasına geri dönmektir. Bankalar ile devlet arasında tam bir ayrılık sağlamamız gerekiyor. Jackson döneminde burada yaşanan kadim mücadele yeniden verilmelidir. ABD Hazine Bakanlığı'nın bağımsızlığı yeniden tesis edilmeli ve hükümet, halkın bu amaçla sağladığı binada kendi parasını kilit altında tutmalıdır. Dolandırıcıların aracı olan kağıt paradan kurtulmalıyız.

Hükümet altın satın almalı ve yalnızca elindeki rezervlere dayalı olarak para basmalıdır. İşletme yönetimi bağımsız bankacılara iade edilmelidir. Devlet bankacılık sistemi her türlü engelden arındırılmalıdır. Federal Rezerv bölgeleri kaldırılmalı ve eyalet sınırlarına saygı gösterilmelidir. Banka rezervleri, vatandaşların alacaklı olduğu eyalet içinde tutulmalı ve bu halkın rezerv parası, uluslararası bankacıların eline geçmemesi için korunmalıdır. Mali işlerimizi düzene sokarken tüm ticaret durdurulmalıdır. Federal Rezerv Yasası ve tüzüklerini ihlal eden Federal Rezerv bankaları derhal tasfiye edilmelidir.

Yeminlerini ihlal eden sadakatsiz hükümet memurları görevden alınmalı ve adalete teslim edilmelidir. Bu yapılmadıkça, kendi topraklarında öfkelenen, soyulan, talan edilen, aşağılanan ve ihanete uğrayan Amerikan halkının isyan edeceğini ve öfkesiyle buraya tapınaktan tüccarları kovacak bir başkan göndereceğini öngörüyorum." [Alkışlar]

Yukarıdaki konuşmadan, Güney Afrika'daki İşçi Partisi'nin, "ABD'de tasarlanmış ve halkın değil, bankaların çıkarlarına hizmet eden" Güney Afrika Bankacılık ve Para Yasası üzerindeki tartışma sırasında dile getirdiği endişelerin,[225] tamamen haklı olduğu anlaşılmaktadır. Naif ve bilgisiz milletvekillerinin 1920 yılında, Kongre üyesi McFadden'ın

[225] *Cape Times*, 28 Temmuz 1920.

"dünyanın en yozlaşmış ve zararlı kurumlarından biri" olarak tanımladığı, son derece üzücü bir gerçektir ve kesin bir dille kınanmalıdır.

Kongre Üyesi **Louis Thomas McFadden**, 1920-1931 yılları arasında ABD Bankacılık ve Para Komitesi başkanlığını yapmıştır. Federal Rezerv'in devasa "suç örgütü" hakkındaki ısrarlı ifşaatları,[1]Ekim 1936'da suikasta kurban gitmesine yol açmıştır.

## CLİFFORD HUGH DOUGLAS

Clifford Hugh Douglas (1879-1952), Birinci Dünya Savaşı sırasında İngiltere'nin Farnborough kentindeki Royal Aircraft Factory'de yardımcı müdür olarak çalışırken, malların toplam maliyetinin maaş ve temettü olarak ödenen tutarlardan daha yüksek olduğunu fark eden bir mühendisti. Endüstride paranın dolaşımındaki bu dengesizliği araştırmaya karar verdi ve yüzlerce şirketten veri topladıktan sonra, toplam üretim maliyetlerine kıyasla tüketicilerin satın alma gücünde sürekli bir eksiklik olduğunu tespit etti. Gelir vergisini negatif bir temettü olarak gören Douglas, bunun yerine tüm vatandaşlara, gelirler ile fiyatlar arasındaki farkı kapatacak bir ulusal temettü ödenmesini önerdi. Bu temettü, tüketicilere mevcut tüm mal üretimini enflasyonist olmayan bir şekilde absorbe etmek için gerekli ek satın alma gücünü sağlayacaktı. Bu, Douglas'ın A+B teoreminin bir parçasıdır; yani fiyatlar her zaman gelirlerin üretilme hızından daha hızlı artar, böylece herhangi bir aşamada ekonomide dolaşan tüm malların toplam fiyatı, tüketicilerin toplam satın alma gücünü aşar. Sosyal Kredi ([226] ) olarak bilinen Douglas'ın ekonomi teorisi, özel bankaların para yaratma sürecinin bir devlet bankasına devredilmesini savunuyordu; bu sayede özel bankaların, faizli bir borç şeklinde sıfırdan para yaratma ayrıcalığı ellerinden alınacaktı.

Ayrıca, "Adil Fiyat" adı verilen bir ayarlama mekanizması da öneriyordu. Bu mekanizma, teknolojik gelişmeler sayesinde üretim sürecinin verimliliğindeki artışın sonuçlarına bağlı olarak fiyatları belirli bir oranda düşürmeyi sağlayacaktı. Bu şekilde, teknolojinin faydaları doğrudan işçilere yansıyacak ve yaşam koşullarını iyileştirecekti. Douglas, artan teknolojik ilerlemelerin tam istihdam hedefini imkansız hale getireceğinin çok iyi farkındaydı.

[226] 5 Nisan 1935 tarihli H. S. (Jim) Ede'ye yazdığı bir mektupta, Laurence of Arabia, Maurice Colbourne'un *Economic Nationalism* adlı kitabında Douglas'ın kredi şeması hakkındaki görüşünü şöyle dile getirdi: "Ekonomi gelgitlere benzer. Onu kullanmayı başaramıyoruz, oysa gelip gidiyor. Yapılması gereken şey onu haritalandırmak, ama kimse onun ayını ayırt edemiyor." *The Letters of T. E. Lawrence*, D. Garnett tarafından düzenlenmiş, Jonathan Cape, Londra, 1938, s. 866.

Bu nedenle, asgari gelire ulusal üretim artışı ve tüketim verilerinin bir kısmının eklenmesiyle hesaplanan bir ulusal temettü ödenmesi konusunda ısrarcıydı.

Birinci Dünya Savaşı'ndan sonra Douglas, hayatının geri kalanını fikirlerini yaymaya adadı ve Avustralya, Kanada, Japonya, Yeni Zelanda ve Norveç dahil olmak üzere birçok ülkede konferanslar verdi. İki önemli başarıya imza attı:

(i) Sosyal Kredi Partisi, 1935 yılında Kanada'nın Alberta eyaletinde iktidarı ele geçirdi.

(ii) 1929'da Japonya'da yaptığı konferans turunun ardından, çözümleri 1935'te Japon hükümeti tarafından benimsendi.

Douglas'ın önerileri uluslararası bankacılar tarafından son derece korkuluyordu ve 1930'larda, kitleleri uyandırmaya yönelik büyük ölçüde başarılı olan programına karşı koymak için 5 milyon sterlinlik muazzam bir meblağı[227] ayırdılar. Douglas, merkez bankacılarına karşı sadece küçümseme duyuyordu ve bir keresinde, 1937'de Newcastle-upon-Tyne'da bir konuşma yaparken, İngiltere Merkez Bankası'nı "akıl hastanesi" olarak nitelendirdi.[228]

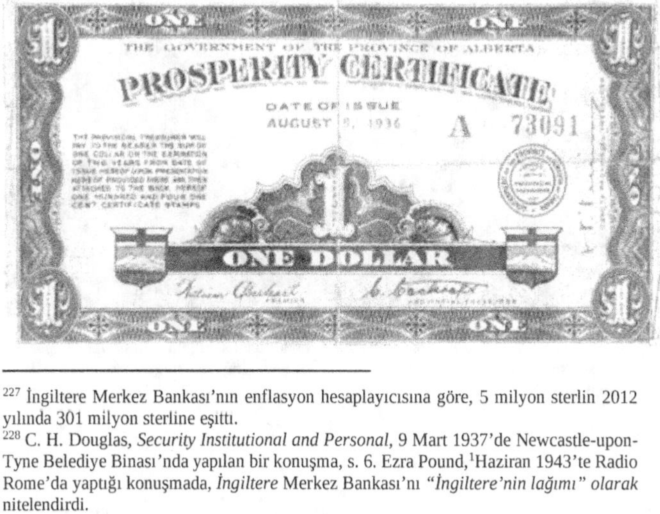


[227] İngiltere Merkez Bankası'nın enflasyon hesaplayıcısına göre, 5 milyon sterlin 2012 yılında 301 milyon sterline eşitti.

[228] C. H. Douglas, *Security Institutional and Personal,* 9 Mart 1937'de Newcastle-upon-Tyne Belediye Binası'nda yapılan bir konuşma, s. 6. Ezra Pound,[1]Haziran 1943'te Radio Rome'da yaptığı konuşmada, *İngiltere* Merkez Bankası'nı *"İngiltere'nin lağımı" olarak* nitelendirdi.

Sosyal Kredi Partisi tarafından verilen **Refah Sertifikası**, Alberta, 1936

**Clifford Hugh Douglas**. Sosyal kredi ve devlet bankacılığı sistemine ilişkin önerileri, Kanada'nın Alberta eyaleti hükümeti ve Japonya İmparatorluğu hükümeti tarafından kabul edildi.

## IRVİNG NORTON FİSHER

Irving Fisher (1867-1947), ekonomik sorunları çözmek için matematiksel bir yaklaşım benimsemiş, Yale Üniversitesi'nin ünlü bir ekonomi profesörüydü. Faydacılık teorisiyle tanınır; bu teoride, fayda fonksiyonunun ölçülebilirliği talep teorisiyle yan yana getirilir. *"The Theory of Interest"* (*Faiz Teorisi*) adlı eserinde, zaman içindeki faiz oranlarındaki değişimlere bağlı olarak malların göreceli değerindeki değişiklikleri inceledi. Bu çalışma, Paranın Niceliksel Teorisi olarak bilindi. Hayatı boyunca, öjenik hareketin aktif bir katılımcısıydı.

Mart 1913'te, Senato Bankacılık Komitesi Başkanı Senatör Robert L. Owen, sahtekar Rothschild/Rockefeller ikilisinin bankacılık ve para politikası önerilerine karşı koymak için alternatif bir yasa tasarısı geçirmeye çalıştı.[229] Yasa, altın ve gümüşün yanı sıra temel ihtiyaç ürünlerinin de para tabanına dahil edilmesine izin verecek ve böylece enflasyon ve deflasyon olasılığını ortadan kaldırarak işgücü piyasasında gerçek bir özgürlük yaratacaktı. Irving Fisher, bu yasa tasarısının hazırlanmasında Owen'a yardımcı oldu, ancak daha sonra desteğini çekmesi için şantaja maruz kaldı.

Bu açıklayıcı paragraf, Emmanuel Josephson'un *The Federal Reserve Conspiracy & Rockefellers "Their Gold Corner"* adlı kitabından alınmıştır ve bunun sonucunda neler olduğunu mükemmel bir şekilde anlatmaktadır:

> «Komplocular, Owen yasasının sunulmasını engellemeye kararlıydılar. Profesör Fisher'ı Yale yönetimi önüne çağırttılar ve paranın altın dışındaki emtialardan oluşan eşdeğer bir rezervle desteklenmesi ve teminat altına alınması gerektiği yönündeki savunmasını "mantıksız" olarak nitelendirerek ona karşı çıktılar. Senatör Owen, Fisher'a, bu kadar "mantıksız" birinin ne Yale'de ne de başka bir üniversitede yeri olmayacağı

[229] Rockefeller ailesi, Orta Çağ'da soyadlarını Roggenfelder olarak yazan, muhtemelen Yahudi olan Alman göçmenlerin torunlarıdır. Yahudiler vatandaş olarak kabul edilmedikleri için, Alman prensler tarafından soyadlarına cansız bir nesnenin son ekini eklemeye zorlandılar. Bu nedenle -berg (dağ), -stein (taş) vb.

konusunda uyarıldığını anlatır. Profesör Fisher, kendisini besleyen elin kim olduğunu çok iyi biliyordu ve ne yazık ki, komplocuların ve onların vakıflarının fahişesi olan "profesörler" ordusu kadar ilkesizdi. Onların şantajlarına boyun eğdi ve Senatör Owen'a ihanet ederek, yazılmasına yardım ettiği bu dürüst çözüm niteliğindeki yasaya verdiği akademik desteği geri çekti. Bunun yerine Profesör Fisher, alaycı bir şekilde "hammadde" olarak nitelendirdiği doların lehine tavır aldı; bu doların değeri bir "altın endeksi" ile belirlenecek ve bu da hammadde olan altın ve doların değerine spekülatif bir temel kazandırarak ekonominin istikrarını sağlayacak, Bu spekülatif temel, komplocuların ekonomiyi manipüle etme veya "yönetme" gücünü on katına çıkaracak ve ulusu daha kolay dolandırmalarına olanak tanıyacaktı. Senatör Owen'ın para yasası önerisine *son darbe,* Başkan Wilson'ın bunu kategorik olarak reddetmesiyle vuruldu.[230] [231]

Profesör **Irving Fisher'ın** tam rezerv bankacılık sistemi öneren 1933 Chicago Planı, 2012 yılında Uluslararası Para Fonu araştırmacıları tarafından onaylandı.

1920'de, Senatör Owen'ın bankacılık ve para yasasını reform

[230] Çev. notu: metinde Fransızca olarak geçmektedir.

[231] E. M. Josephson, *The "Federal" Reserve Conspiracy & Rockefellers, Their "Gold Corner"*, Chedney Press, New York, 1968, s. 51.

etme çabalarını boşa çıkararak ihanet ettikten sonra, Fisher, daha sonra Chicago Planı olarak anılacak olan "*Dollar Stabilisation,*[232] " adlı bir kitap yayınladı.[233] Plan, 16 Mart 1933'te altı sayfalık bir memorandum şeklinde özel olarak yayınlandı ve 40 kişiye dağıtıldı. Fisher, devletin para arzının yaratılmasından sorumlu olması gerektiğini ve özel bankaların tam anlamıyla rezerv bankaları olarak işlev görmesi gerektiğini savunuyordu. Matematiksel ilkelerden yararlanarak Fisher, bunun sonucunda tam istihdam sağlanacağını, ekonomik döngülerin ortadan kalkacağını ve enflasyonun azalarak sıfırda kalacağını kanıtlamayı başardı.

Ağustos 2012'de, Uluslararası Para Fonu'ndan iki araştırmacı, Jaromir Benes ve Michael Kumhoff, *The Chicago Plan Revisited / Chicago Planı'na Yeniden Bakış* adlı çalışmayı sundular. Fisher'ın argümanlarının her birinin %100 doğru olduğunu buldular. İşte onların sonucu:

> "Bu çalışma, Büyük Buhran'ın en kritik dönemlerinde ABD'nin birçok önde gelen ekonomisti tarafından savunulan köklü bir para reformu önerisi olan Chicago Planı'nı yeniden ele almaktadır. Fisher (1936), Chicago Planı'nı ustaca özetleyerek, planın makroekonomik istikrarın artmasından ekonominin genelinde borç seviyesinin önemli ölçüde düşmesine kadar dört büyük avantajı olduğunu iddia etmiştir. Bu çalışmada, Chicago Planı'nın ilkelerini, mevcut Amerikan finansal sisteminin mükemmel bir şekilde kalibre edilmiş ve mikro-finansal olarak modellenmiş bir minyatürünü içeren, DSGE ([234] ) tipi bir ileri düzey para modeline uygulayarak, bu argümanları titizlikle değerlendirdik. Bu modelin temel özelliği, ekonomi içinde dolaşan para arzının, hükümet tarafından borçsuz olarak yaratılmak

[232] A. N. Field, a.g.e., s. 169.

[233] Fisher, Avrupa'da yerel düzeyde, borç ve faiz olmaksızın kamuya açık olarak çıkarılan bir para biriminin avantajlarının farkındaydı. *Stamp Scrip*, Adelphi Publishers, New York, 1933 adlı kitabında, Dördüncü Bölümü yurtdışındaki İlk Deneyime ayırdı: Silvio Gesell. Gesell, krizdeki Bavyera'nın kömür madeni kasabası Schwanenkirchen'de Wara (*Ware und Währung* – Mal ve Para Birimi) kağıt parasını piyasaya sürdü. V. Bölüm: "Sertifikaların Ani Yayılması"nda, sertifikaların Avusturya'nın krizdeki kasabası Wörgl'i nasıl refah içinde gelişen bir merkeze dönüştürdüğünü anlatır.

[234] Dinamik Stokastik Genel Denge.

yerine, bankalar tarafından borç yoluyla yaratılmasıdır.

Simülasyonumuzun analizleri ve sonuçları, Fisher'ın (1936) iddialarını tamamen doğrulamaktadır. Chicago Planı, bankaların kredi riskine karşı hızlı tepkilerinden kaynaklanan ekonomik döngülerin oynaklığını önemli ölçüde azaltabilir, bankalara hücum olasılığını ortadan kaldırabilir ve kamu ve özel sektör borçluluk düzeyinde anında bir azalmaya yol açabilir. Bu plan, borçtan ziyade kamu yararını adil bir şekilde temsil eden para basma yetkisini devlete iade ederek bu önemli azalmayı sağlayacaktı; zira borç, ekonominin ana varlığı haline gelmişken, bankalar ise riskin izlenmesi ve uzmanlık gerektiren yatırım projeleri için krediyi genişletmeye odaklanmaktadır. Chicago Planı'nın faydalarının Fisher'ın savunduğu görüşlerin ötesine geçtiğini düşünüyoruz.

Sayısız ek avantajdan biri, risk primleri faiz oranları, müsadere niteliğindeki vergiler ve hem maliyetli hem de gereksiz olan makroekonomik risklerin denetimi gibi birçok çarpıtıcı faktörün ortadan kaldırılması veya azaltılmasıyla elde edilen verimlilik artışıdır. Bir başka avantaj ise, likidite tıkanıklığının olmadığı ve hükümetin para arzını tam olarak kontrol ettiği için monetarizmin uygulanabilir ve arzu edilir hale geldiği bir ortamda, enflasyonu sıfıra yakın bir seviyede tutma yeteneğinden kaynaklanmaktadır. Sıfır enflasyon oranını yaratma ve sürdürme yeteneği, son derece önemli bir sonuçtur; çünkü bu, hükümetin para basımındaki münhasır tekeline karşı çıkanların, böyle bir sistemin son derece enflasyonist olacağı yönündeki oldukça kafa karıştırıcı iddialarına yanıt vermektedir. Teorik analizimizde bu argümanı doğrulayacak hiçbir şey yoktur. Ve Bölüm II'de de belirtildiği gibi, Batı uluslarının antik toplumlarının para tarihinin tamamında da bunu doğrulayacak hiçbir şey yoktur."[235]

---

[235] IMF Çalışmaları, Ağustos 2012. https://www.imf.org/external/pubs/ft/wp/2012/wp12202.pdf

# BÖLÜM VI

## DEVLET BANKACILIK SİSTEMİNİN YÜKSELİŞİ VE ÇÖKÜŞÜ (1932-1945)

*"Bildiğiniz gibi, altın standardı onu benimseyen devletlerin çöküşüne neden olmuştur, çünkü biz altını dolaşımdan mümkün olduğunca çekmiş olduğumuzdan, altın standardı bu devletlerin para ihtiyacını hiçbir zaman karşılayamamıştır."*

- Protokol No. 20[236]

*«Daha sonra, altın standardı, döviz kurlarının sabitlenmesi ve benzeri konuların, benim için hiçbir zaman değişmez ekonomik ilkeler olarak görmediğim ve görmeyeceğim bir tür anlamsız laf kalabalığından ibaret olduğunu iddia ediyordum. Para, benim için sadece yapılan işin karşılığında bir değişim aracıydı ve değeri tamamen yapılan işin değerine bağlıydı. Paranın yapılan bir hizmeti temsil etmediği durumlarda, onun hiçbir değeri olmadığını vurguluyordum."*

- Adolf Hitler[237]

## REİCHSBANK: NASYONAL SOSYALİST ALMANYA'NIN DEVLET BANKASI

Rothschildlar tarafından kontrol edilen merkez bankalarının neden olduğu 1930'ların küresel kaosu ve ekonomik yıkımından sonra, üç anka kuşu ortaya çıktı.

Mayıs 1919'da sıradan bir asker, eski bir inşaat mühendisi olan ve daha sonra ekonomist olan Dr. Gottfried Feder (1883-1941) tarafından verilen, ("Tefeciliğin Zincirlerini Kırmak İçin Manifesto") başlıklı bir konferansa katıldı.[238]

---

236 *Siyon Bilgelerinin Protokolleri*, Rusçadan çeviren Victor E. Marsden, *The Morning Post'un* eski Rusya muhabiri, Londra, 1934, s. 214. (Victor Marsden, 1920'de İmparatorluk turu sırasında Galler Prensi'nin halkla ilişkiler sorumlusuydu.)

237 *Hitler'in Sofra Sohbetleri*, derleyen M. Bormann, Ostera Publications, 2012, s. 311.

238 1917'de Feder, *Deutscher Kampfbund gegen Zinsknechtschaft* (Faiz Köleliğinin

Bu konferans dizisinin amacı, askerlere o dönemde Münih'te faaliyet gösteren çok sayıda devrimci siyasi hareketi takip etmelerini sağlayacak temel politika ve ekonomi bilgilerini vermektir. *Mein Kampf*[239] kitabından alınan aşağıdaki alıntılar, Feder'in Adolf Hitler'in fikirleri üzerinde ne kadar belirleyici bir etkiye sahip olduğunu ortaya koymaktadır.

> "Hayatımda ilk kez, borsa ilkeleri ve kredi faaliyetlerinde kullanılan sermaye hakkında bir konuşma dinliyordum. Feder'in verdiği ilk konferansı dinledikten sonra, yeni bir parti kurmak için en temel ön koşullardan birini bulduğum fikri hemen aklıma geldi.
>
> "Bana göre Feder'in başarısı, borsa sermayesinin ve borçlanmayla ilgili işlemlerin ikili doğasını keskin ve acımasız bir şekilde tanımlamasına ve bu sermayenin her zaman faiz ödemelerine bağlı olduğunu ortaya koymasına dayanıyordu. Temel konularda yaptığı açıklamalar o kadar mantıklıydı ki, onu eleştirenler *aslında*[240] fikirlerinin mantıklı olduğunu inkar etmiyorlardı, ancak bunların uygulanabilirliğinden şüphe duyuyorlardı. Bana göre bu, Feder'in öğretilerinin en ikna edici yanıydı, ancak diğerleri bunu bir zayıflık olarak görüyordu."[241]

Ve ayrıca:

> "Bu ilkelerin, Alman halkının geleceği için son derece önemli bir gerçeği barındırdığını hemen anladım. Borsadaki sermayenin ulusun ekonomik yaşamından tamamen ayrılması, Alman ticaretinin uluslararasılaşma sürecine karşı çıkılmasını mümkün kılacaktı; ancak bu, sermayenin kendisine saldırmak anlamına gelmezdi, çünkü bu, ulusal bağımsızlığımızın temellerini tehlikeye atmaktan başka bir şey olmazdı. Almanya'da gelişmekte

Kaldırılması için Alman Mücadele Birliği) adlı bir örgüt kurdu. 1919'da, kitabının *An Alle, Alle!* başlıklı bir bölümünde manifestosunu yayınladı. *Das Manifest zur Brechung der Zinsknechtschaft* (Herkese, Herkese! Tefecilik Köleliğinin Kaldırılması Manifestosu) *başlıklı bir bölümde* yayınladı.

[239] A. Hitler, *Mein Kampf*, 1939, s. 122.

[240] Çev. notu: metinde Fransızca olarak geçmektedir.

[241] Aynı eser, s. 124.

olan durumu net bir şekilde fark ettim ve o zaman, vermemiz gereken mücadelenin düşman uluslara karşı değil, uluslararası sermayeye karşı olduğunu anladım. Feder'in konuşmasında, bizi bekleyen mücadele için bir savaş çığlığı buldum."[242]

NSDAP'ın tüm mali politikasını tasarlayan **Gottfried Feder** (1883-1941). Daha sonra, Hitler'in kömür yerine sentetik yakıt kullanma projesine destek vermemesi nedeniyle Hitler'in gözünden düştü.

Birkaç hafta sonra Hitler, askeri üstlerinden *Deutsche Arbeiterpartei* (Alman İşçi Partisi) adlı bir siyasi derneği soruşturması talimatını aldı. 19 Eylül 1919'da Münih'teki Sterneckerbrau Inn'de düzenlenen bu halka açık toplantıya

[242] Aynı eser, s. 124.

yaklaşık 20 ila 25 kişi katıldı. Ana konuşmacı Gottfried Feder'di. Kısa süre sonra Hitler bu partiye katıldı ve yedi numaralı geçici üyelik belgesi aldı. Partinin kontrolünü ele geçirdikten sonraki ilk girişimi, partinin adını *Nationalsozialistische Deutsche Arbeiterpartei* (Alman İşçi Partisi) olarak değiştirmek oldu.

Partinin 25 kurucu ilkesinin baş yazarı olan Feder, programının mimarı ve teorisyeni oldu. Temmuz 1933'te ekonomi işlerinden sorumlu devlet müsteşarı olarak atandı ve 1934'te *Reichskommissar* (Reich Komiseri) oldu.

Almanya'daki **hiperenflasyon** – 1923'te maaşlarını çamaşır sepetlerinde alan işçiler.

Para reformu, 1932'de Münih'te yayınlanan *(NSDAP Programı, Alman Ulusal Sosyalist İşçi Partisi ve* Genel *Görüşleri*) adlı kitabın aşağıdaki alıntılarından da anlaşılacağı üzere, Nasyonal Sosyalizmin özünü oluşturuyordu.[243]

Adolf Hitler, iki ana hedefini büyük harflerle yazdırdı:

**"KENDİ ÇIKARINDAN ÖNCE ORTAK ÇIKAR – PROGRAMIN RUHU FAİZ KÖLELİĞİNİN**

[243] G. Feder, *NSDAP Programı, Alman Ulusal Sosyalist İşçi Partisi ve Genel Anlayışları*, Münih, 1932, s. 51.

**KALDIRILMASI – NASYONAL SOSYALİZMİN KALBİ.**

«Bu iki ilke hayata geçirildiğinde, geçerli olan bireyci teorilerin yozlaştırıcı etkisi altında devlet, ulus ve ekonomi arasında var olan ayrımı ortadan kaldırarak toplumu yeniden düzenleyen evrensel içeriğinin zaferini kanıtlayacaklardır. Bugün sahtekarlık hüküm sürüyor. Emekçi sınıflar eziliyor, bankacıların ve spekülatörlerin hileli kazançları korunuyor; bu da, tüm siyasi istikrarın, halkın içindeki tüm yüce düşüncelerin ve en ufak bir üstün ahlaki bağın ve birlik duygusunun yokluğunda, sorumsuz bir şekilde özel servet birikimine olanak tanıyor. Tüm güçler arasında en acımasız olan paranın gücü, mutlak kontrolü elinde tutmakta ve devlet, ulus, toplum, ahlak, kültür dünyası ve değerlendirilmesi daha zor olan tüm ahlak meseleleri üzerinde yozlaştırıcı ve yıkıcı bir etki uygulamaktadır.[244]

"Tefecilik faizlerinin esaretini kırmak bizim savaş çığlığımızdır.[245] Tefeciliğin esaretinden neyi kastediyoruz? Toprak sahibi bu boyunduruk altındadır; tarımsal işletmesini finanse etmek için borçlanmak zorundadır; bu borçların faiz oranı o kadar yüksektir ki, emeklerinin neredeyse tüm ürününü elinden alır ya da borçlanmaya ve ipotekleri görünmez tasmalar gibi sürüklemeye mecbur kalır. Aynı durum, mağazalarda ve fabrikalarda bir kuruşa üretim yapan işçi için de geçerlidir; oysa hissedar, çalışmak zorunda kalmadan temettü ve ikramiyeler elde etmektedir. Orta sınıf da böyledir; emeklerinin ürünü neredeyse tamamen banka kredilerinin faizlerini ödemek için harcanmaktadır.[246]

"Faiz boyunduruğu, sermaye/emek, kan/para, yaratıcı emek/sömürü gibi karşıtlıkların gerçek ifadesidir. Bu boyunduruğu kırma gerekliliği, ulusumuz ve ırkımız için o kadar önemlidir ki, ulusun utanç ve kölelikten kurtulma umudu; aslında dünya çapında mutluluk, refah ve

[244] Aynı eser, s. 21.
[245] Aynı eser, s. 25.
[246] Aynı eser, s. 26.

medeniyete kavuşma umudu, tek başına buna dayanmaktadır. Bu, her şeyin döndüğü eksendir; bu, mali politikadan kaynaklanan basit bir gereklilikten çok daha fazlasıdır. İlkeleri ve sonuçları ekonomik ve siyasi yaşamla derinden iç içe olsa da, bu her türlü ekonomik inceleme için temel bir konudur ve bu nedenle her bireyi etkiler ve dolayısıyla her birinden bir karar talep eder: ulusa hizmet etmek mi, yoksa sınırsız bir şekilde zenginleşmek mi? Bu, Sosyal Soruna bir çözümdür.[247]

Mali ilkemiz şudur: maliye devletin çıkarlarına hizmet etmelidir; finans magnatları devlet içinde bir devlet oluşturmamalıdır. Bu nedenle, tefeciliğin zincirlerini kırmayı hedefliyoruz.

Devleti ve dolayısıyla tüm ulusu, faizle kredi veren büyük finans kurumlarına olan borçlarından kurtarmak.

Reichsbank ve faizle kredi veren emisyon bankalarının kamulaştırılması.

Büyük kamu projeleri (hidroelektrik, demiryolları vb.) için gerekli parayı, borçlanma yoluyla değil, faizsiz ve nakit para kullanılmadan hazine bonoları ihraç ederek sağlamak.

İstikrarlı bir temele dayalı sabit bir para biriminin getirilmesi.

Faizsiz krediler vermek üzere ulusal bir yatırım bankası (para reformu) kurulması.

Vergi sisteminin sosyoekonomik ilkelere dayalı olarak temelden yeniden düzenlenmesi. Tüketicinin dolaylı vergilendirme yükünden ve üreticinin felç edici ve müsadere niteliğindeki vergilendirme yükünden kurtarılması (vergi reformu ve muafiyeti).[248]

Katma değer yaratılmadan banknotların sorumsuzca basılması enflasyona yol açar. Hepimiz bunun acısını

[247] Aynı eser, s. 27.
[248] A.g.e., s. 30.

çekiyoruz. Ancak doğru sonuç şudur: Eğer aynı anda yeni katma değer yaratılıyorsa, devletin faizsiz hazine bonosu ihraç etmesi enflasyona yol açamaz.

Bugün büyük şirketlerin borçlanmadan ayağa kalkamaması tam bir çılgınlıktır. İşte burada, para basma gibi devletin egemenlik hakkının makul kullanımı en faydalı sonuçları verebilir."[249]

30 Ocak 1933'te, Nasyonal Sosyalistler, *Regierung der Nationalen Konzentration* (Ulusal Konsantrasyon Hükümeti) ile *Deutschnationale Volkspartei* (Alman Ulusal Halk Partisi) arasındaki bir koalisyon vasıtasıyla[250] iktidara taşındı. Para reformunun oldukça yumuşatılmış bir versiyonu uygulamaya konuldu. Devletin işlerini ve yeniden silahlanma programlarını finanse etmek amacıyla, *Gesellschaft für Offentliche Arbeiten* (Offa) ve *Metallforschung Gesellschaft* (Mefo) adlı iki hayali şirket kuruldu. Bu kurumlar, devletin siparişlerini yerine getiren tedarikçilerden senetler kabul ediyordu. Bu senetler daha sonra Reichsbank'ta %4 oranında iskonto ediliyordu. Senetler sadece üç aylık olarak düzenleniyordu ki bu, finanse ettikleri çeşitli projelerin uzun vadeli doğası göz önüne alındığında açıkça yetersizdi. Ancak, senetler üç aylık aralıklarla beş yıla kadar uzatılabilirdi.

Ocak 1939'da, Reichsbank Başkanı Hjalmar Schacht, "enflasyon" yaratmaktan korktuğu için üç milyar değerindeki Offa ve Mefo'ları uzatmayı reddedince işler daha da kötüye gitti. 7 Ocak 1939'da Schacht, Hitler'e kendisi ve Reichsbank yönetim kurulunun diğer sekiz üyesi tarafından imzalanmış, aşağıdaki ana noktaları içeren bir memorandum gönderdi:

1) Reich, yalnızca vergilerle karşılanan tutarı harcayabilir.

2) Mali kontrolün tamamı Maliye Bakanlığı'na iade

---

[249] Aynı eser, s. 43.

[250] 6 Kasım 1932 seçimlerinde, Nasyonal Sosyalistler 11.737.398 oy alarak %33,1 oranında bir sonuç elde ettiler. 5 Mart 1933 seçimlerinde, NSDAP'nin aldığı oy sayısı 17.277.180'e yükseldi ve bu, halk oylarının %43,9'una tekabül ediyordu. 12 Kasım 1933'teki referandum şeklinde yapılan seçimlerde, NSDAP 39.655.224 oy aldı; bu, oy kullananların %95,3'lük bir oranla toplam oyların %92,1'ine tekabül ediyordu.

edilmelidir. (O dönemde tüm askeri harcamaları ödemek zorunda kalıyordu).

3) Fiyat ve ücret kontrolü etkin hale getirilmelidir. Mevcut kötü yönetim sona ermelidir.

4) Para piyasası ve yatırımların kullanımı tamamen Reichsbank'ın yetkisi altında kalmalıdır. (Bu, Göring'in Dört Yıllık Planı'nın fiilen ortadan kaldırılması anlamına geliyordu.)[251]

Schacht, memorandumu belirsiz ifadelerle sonlandırır: " le gelecekteki tüm hedefler konusunda mümkün olan en iyi şekilde işbirliği yapmaktan memnuniyet duyarız, ancak şu anda durma zamanı gelmiştir."[252]

Schacht, bu yöntemlere başvurarak, 1933-1939 döneminde Gayri Safi Yurtiçi Hasılasını yüzde 100 artıran Alman ekonomisini çökertmeyi amaçlıyordu.[253] Ocak 1933'te 7.500.000 işsizle iflas etmiş bir ulustan,[254] Hitler, Almanya'yı modern bir sosyalist cennete dönüştürmüştü. Haklı olarak öfkelenen Hitler, Reichsbank'ın önerilerini "isyan" olarak nitelendirerek reddetti.[255] İki hafta sonra Schacht görevden alındı. Roger Elletson bu unutulmaz anı şöyle anlatıyor: "19 Ocak 1939'da Schacht, önceden haber verilmeksizin görevden alındı ve Reichsbank'a, Hitler'in talep ettiği tüm kredileri Reich'a vermesi emredildi. Bu kararlı adım, Reichsbank'ın ulusal para politikası üzerindeki kontrolünü ve uluslararası Yahudiliğin Almanya'daki güç tabanını bir anda etkisiz hale getirdi. Yahudi bankacılar, Alman ekonomisini devalüe etme

---

[251] E. N. Peterson, *Hjalmar Schacht: for and against Hitler: A political-economic study of Germany, 1923-1945,* The Christopher Publishing House, Boston, 1954, s. 179.

[252] J. Weitz, *Hitler'in Bankeri Hjalmar Horace Greely Schacht,* Little, Brown and Company, Londra, 1999, s. 17.

[253] Aynı eser, s. 343. Schacht'ın sadakatinin gerçekte kime yönelik olduğunu gösteren bir ipucu, 4 Haziran 1970'de 93 yaşında vefat ettikten birkaç gün sonra düzenlenen cenaze töreninde ortaya çıktı. Tabutunun üzerindeki çelenklerden birinde, "Zor günlerin yoldaşı – 20 Temmuz Vakfı" yazan bir kart vardı. Bu örgütün üyeleri, 20 Temmuz 1944'te Hitler'i suikast girişiminde bulunmuş, ancak başarısız olmuştu.

[254] 7.500.000 işsizden 5.575.492'si işsizlik sigortasına kayıtlıyken, diğer 4.000.000'i yarı zamanlı çalışıyordu. *Milletler Cemiyeti İstatistik Yıllığı,* 1940, Cenevre, s. 70. Ayrıca bkz. B. R. Mitchell, International Historical Studies, Europe 1750-1993, Dördüncü baskı.

[255] D. Marsh, *The Bundesbank: The Bank That Rules Europe,* William Heinemann Ltd, Londra, 1992, s. 119.

ve yok etme yetkisini kaybetmişlerdi.

Mefo'lara ödenen faizlerin etkileri bir yana, Almanya artık kendisini "Schacht sistemi" yerine tamamen "Feder sistemi" altında işleyen bir ülke olarak görebilirdi. Reichsbank, hükümetin etkili bir silahı haline geldi; tek değişiklik, kambiyo senetlerinin artık Reichsbank başkanlığındaki bir Yahudi uşak tarafından değil, devletin himayesi altında paraya çevrilmesi veya geri ödenmesiydi.[256] Böylece, Ocak 1939'da Reichsbank, gerçek bir Devlet Bankası haline geldi. Schacht'ın istifası, Almanya'daki tüm ekonomik gelişmelerle ilgili gizli bilgilerin aktarımına da son verdi.[257] Bu bilgiler, kesintisiz olarak Montagu Norman'a,[258] bir mason kardeşe ve İngiltere Merkez Bankası Başkanı'na (1920-1944) verilmişti.

15 Haziran 1939'da yürürlüğe giren yeni Reichsbank yasası, bankayı **"devletin egemenliğine koşulsuz olarak tabi"** hale getirdi.[259]

3. madde, *Deutsche Reichsbank* olarak yeniden adlandırılan bankanın, "Führer ve Reich Şansölyesi'nin talimatları ve denetimi altında yönetilmesi ve idare edilmesi" gerektiğini öngörüyordu.[260] Hitler artık kendi bankacısıydı, ancak uluslararası dolandırıcılar ve tefecilerden ayrılmış olduğu için, 1800 yılında Banque de France'ı bir devlet bankası olarak

---

[256] R. E. Elletson, *Parasal Parametreler: Üçüncü Reich Üzerine Bir Vaka Çalışması*, Christian International Publications, Wilson, Wyoming, 1982, s. 57.

[257] D. Irving, *The War Path: Hitler's Germany 1933-1939*, Macmillan, Londra, 1978, s. 172. Not: "İngiltere Merkez Bankası Başkanı Montagu Norman, ABD Büyükelçisi Joseph Kennedy'ye, Schacht'ın 16 yıl boyunca Almanya'nın kötü mali durumu konusunda kendisine sürekli bilgi veren bir kaynak olduğunu söyledi (Büyükelçi Joseph Kennedy bunu 27 Şubat 1939'da Washington'a bildirdi). 1946'da Norman, savcılık ekibindeki İngiliz bir mason kardeş olan Harry Phillimore aracılığıyla Nürnberg'de Schacht lehine aracılık etmeye çalıştı (Schacht da bir masondu). Amerikan ekibi Phillimore'un girişimlerini kategorik olarak reddetti, ancak İngiliz yargıç Birkett beraat kararı verdi. » Ayrıca bkz. D. Irving, *Nuremberg The Last Battle*, Focal publishers, Londra, 1996, s. 271-272. Montagu Norman, Schacht'ın en küçük torununun vaftiz babasıydı. Schacht'ın Hitler'e küstahça yazdığı notu göndermeden iki gün önce, 5 Ocak 1939'da Norman'ın Berlin ziyaretine bakınız, *The Glasgow Herald*.

[258] Montagu Norman, gizli bir kişiliğe sahipti, kılıç ve pelerin tarzı bir seyahat tarzı benimsemişti ve hatta bir keresinde bir kargo gemisinin yük ambarı kapağından çıkarken görülmüştü. Daha önce bahsedilen Profesör Skinner takma adını kullanmanın yanı sıra, ara sıra ikinci adı Collet'i soyadı olarak kullanırdı.

[259] D. Marsh, a.g.e., s. 128.

[260] Aynı eser, not 40, s. 300.

kuran Napolyon Bonapart gibi, aynı kaderi paylaşmak zorundaydı; bunun sonucunda, halkını ve ülkesini yıkıma sürükleyen gereksiz bir savaş çıktı. İkinci Dünya Savaşı'nı tetikleyen olay buydu – Rothschildlar, Almanya'nın faizsiz devlet bankacılığı sisteminin evrensel olarak yaygınlaşmasının, onların şeytani finans imparatorluğunu sonsuza dek yok edeceğini fark etmişti. Polonyalılara, Almanlara karşı çıkmalarını ve onları kışkırtmalarını sağlayacak bir serbestlik vermek amacıyla, 31 Mart 1939'da Büyük Britanya tarafından Polonya'nın egemenliğini garanti altına almak için aldatıcı ve değersiz bir teklif[261] sunuldu.

İsviçreli Nasyonal Sosyalistlerin liderinin adını taşıyan "**Wilhelm Gustloff**" (24.484 brüt ton). *Kraft durch Freude* (neşeyle çaba) programının bir parçası olarak, aylık 300 RM'den az kazanan Alman işçiler, egzotik destinasyonlara giden kruvaziyerlere binme imkânı buldular. Ancak, bu kruvaziyer gemilerinin, yoksul ve işsiz İngiliz işçiler arasında

[261] Bu, reddedilme ihtimali yüksek bir açık çekti, çünkü İngiltere yalnızca Almanya'nın Polonya'yı işgal etmesi veya Polonya'nın Almanya'yı işgal etmesi durumunda Polonya'nın yardımına koşmaya hazırdı, ancak Sovyetler Birliği söz konusu olduğunda kesinlikle hazır değildi. Polonyalılar bu olasılığın farkında değildi. Sovyetler, sonunda Polonya'nın en önemli kısmını, yani 77.300 mil kareyi ilhak ettiler; buna karşılık Almanya'ya iade edilen alan 49.800 mil kareydi. D. L. Hoggan'ın *The Forced War: When Peaceful Revision Failed* (Zorla Savaş: Barışçıl Revizyonun Başarısızlığı) adlı kitabında alıntıladığı Dışişleri Bakanı Ernst von Weizsäcker, Institute for Historical Review, Costa Mesa, Kaliforniya, 1989, s. 391, "İngiltere'nin Polonya'ya verdiği garanti, kendi başına bırakılmış bir çocuğa şeker vermek gibiydi!" diyerek küçümseyici bir şekilde tanımlamıştır.

kargaşa ve kıskançlık yaratacağı endişesiyle İngiliz limanlarına girişi yasaklandı.

"Wilhelm Gustloff"un içi

Eylül 1939'da **Reichsautobahn** 3.862 km uzunluğundaydı. Estetik açıdan işlevsel bir amaç için değil, sürücülere manzaraların çarpıcı bir görüntüsünü sunmak için tasarlanmıştı.

Sonraki beş ay boyunca, Polonya hükümeti Polonya'da yaşayan 1,5 milyonluk Alman nüfusa yönelik baskı, taciz ve saldırıları giderek yoğunlaştırdı.[262], 58.000 Alman sivilin

[262] D. L. Hoggan, a.g.e., Bölüm 16, *Polonya'daki Terör Altındaki Almanlar,* s. 388-390,

Polonyalılar tarafından anlık vahşet patlamaları sırasında öldürüldüğü bu saldırılar, 3 Eylül 1939'da 5.500 kişinin hayatını kaybettiği Bromberg katliamıyla doruğa ulaştı. Başlangıçta bu provokasyonlar ve zulümler stoik bir şekilde görmezden gelindi. Sonunda Hitler, Polonya'daki Almanları korumak için askeri müdahaleye başvurmak zorunda kaldı. 30 Ağustos 1939'da, bir devlet adamına yakışır bir tavırla Hitler, Polonya hükümetine Marienwerder önerilerini yeniden sundu.[263]

Dört ana öneri şunlardı:

(i) Versay Antlaşması ile belirlenen mevcut sınırların korunması.

(ii) %97'si Almanlardan oluşan Danzig nüfusunun (370.000 kişi) Almanya'ya geri dönmesi.

(iii) Schönlanke'den Marienwerder'e kadar Batı ve Doğu Prusya'yı birbirine bağlayan 96 km'lik bir otoyol ve bir demiryolu hattının inşası.

(iv) Almanlar ve Polonyalılar arasında bir nüfus değişimi.

Uluslararası bankacıların emriyle, İngiliz Dışişleri Bakanı Lord Halifax, Polonya hükümetine müzakere etmemesini şiddetle tavsiye etti.[264] İkinci Dünya Savaşı işte bu şekilde patlak verdi, bu da Alman suçluluğu yalanını çürütmektedir. 1939'dan itibaren, Almanya'nın en az 28 bilinen koşulsuz barış girişimi olmasına rağmen, bunların hepsi reddedildi. Bunun ardından gelen zorunlu savaş, adresinde görüldüğü gibi, uluslararası finansçıların zaferi ve Avrupa halklarının, hatta tüm dünyanın yenilgisi ve köleliği ile sonuçlandı. Avrupa'da bu köleleştirme süreci, 1 Haziran 1998'de Rothschild'ların kontrolündeki Avrupa Merkez Bankası'nın

ve Łódź ayaklanmaları, s. 391-392. Hoggan ayrıca şunu da belirtmektedir: «... o dönemde [1939] iyi bilgilendirilmiş kişiler arasında, Polonya'daki Almanlara her gün korkunç zulümlerin yaşatıldığına dair hiçbir şüphe kalmamıştı,» s. 554.

[263] "Gizli Belgeler – Almanlardan Saklananlar" (Verheimlichte Dokumente – *Was den Deutschen verschwiegen wird*) adlı eserin son teklifi, Fz-Verlag, Münih, 1993, s. 172-174. Bu bölümde 16 maddenin tamamı yer almaktadır.

[264] D. H. Hoggan, a.g.e., s. 565-569.

kurulması ve[1]Ocak 1999'da *avronun* piyasaya sürülmesiyle nihayet tamamlandı.

## ALMAN DEVLET BANKACILIK SİSTEMİNİN BAŞARILARI

Devlet bankacılık sistemi ve para reformunun Alman halkına sağladığı ilk faydalı etkilerden biri, uygun konutların sağlanmasıydı. 1933-1937 döneminde, dönemin en gelişmiş standartlarına uygun 1.458.178 yeni ev inşa edildi.[265] Her evin yüksekliği iki kattan fazla olmamalı ve bir bahçesi bulunmalıydı. Apartman inşaatları teşvik edilmedi ve konut kiralarının aylık 25 RM'yi, yani bir işçinin ortalama gelirinin[1/8'ini] aşmasına izin verilmedi. Daha yüksek maaş alan çalışanlar ise aylık en fazla 45 RM ödüyordu.

*Ehestanddarlehen* (evlilik kredisi) olarak bilinen, 1.000 RM'ye kadar (beş aylık maaş tutarında) faizsiz krediler genç çiftlere veriliyordu. Kredi aylık %1 oranında geri ödeniyordu, ancak doğan her çocuk için kredi tutarının %25'i siliniyordu. Böylece, bir ailenin dört çocuğu varsa, kredi tamamen geri ödenmiş sayılıyordu. Aynı ilke, on yıllık vadeyle çok düşük faiz oranında verilen konut kredileri için de geçerliydi. Her çocuğun doğumu da kredinin %25'inin silinmesine yol açıyordu.[266] Okul eğitimi, teknik liseler ve üniversiteler ücretsizdi; ayrıca evrensel bir sağlık sistemi herkese ücretsiz sağlık hizmeti sunuyordu.[267]

[265] 1932 ile 1938 yılları arasında, tamamlanan inşaat endeksi %163,2 artışla 38'den 100'e yükseldi.
[266] S. M. Goodson, *Illustrated Guide to Adolf Hitler & The Third Reich*, Washington D.C., The Barnes Review, 2009, s. 15.
[267] Sistem, işçilerin maaşlarından kesilen ve *Allgemeine Ortskrankenkasse'ye* (Genel Yerel Sağlık Fonu) ödenen mütevazı bir katkı payıyla finanse ediliyordu.

Halkın arabası – **Adolf Hitler**, 1938'de Wolfsburg'daki "Volkswagen" fabrikasını ziyaret ediyor. Yeni yerleşim yeri için önerilen isim Hitlerstadt idi, ancak Hitler bunun yerine takma adı Wolf'u kullanmayı tercih ettiğini belirtti.

1933-1937 döneminde ithalat %31 artarak 4,2 milyar RM'den 5,5 milyar RM'ye yükselirken, özellikle Güneydoğu Avrupa'ya yapılan ihracat %20,4 artarak 4,9 milyar RM'den 5,9 milyar RM'ye çıktı. Ticaretin bu artışını, iç su taşımacılığındaki %76,9'luk artış (taşınan yük 73,5 milyondan 130 milyona çıktı) ve okyanus taşımacılığındaki %69,4'lük artış (taşınan yük 36 milyondan 61 milyona çıktı) göstermektedir. Bu dönem boyunca ticaret, uluslararası ödeme sistemini ve kambiyo senetleri üzerindeki komisyon ve faiz ödeme zorunluluğunu atlatarak takas yoluyla büyük ölçüde geliştirildi. 1930'ların sonunda, tüm dış ticaretin %50'si takasa dayalı işlemlerle gerçekleştiriliyordu. Aynı dönemde, karayolu altyapısına ve özellikle de Eylül 1939'da 3.862 km'si tamamlanan Reichsautobahn'a ayrılan harcamalar, 440 milyon RM'den 1,45 milyar RM'ye yükselerek %229,5 artış gösterdi. Bu devasa otoyolun inşası, sembolik öneminin yanı sıra, %425 artışla 41.000'den 216.000'e çıkan araç sayısını karşılamak ve 7.000'den 50.600'e çıkarak %622 gibi daha da çarpıcı bir artış gösteren binek otomobillerle başa çıkmak için gerekliydi.

1932 ile 1938 yılları arasında demir cevheri üretimi %45,4 artarak 843.000 tondan 1.226.000 tona çıktı. Alman cevheri sadece %25 demir içerirken, Almanya'nın satın alma imkânı olmayan İsveç cevheri daha yüksek demir içeriğine sahipti. Bu zorluk, yüksek kaliteli çelik üreten Krupp-Renn prosesi sayesinde aşıldı. 1932 ile 1939 yılları arasında kömür üretim endeksi %85,5 artarak 69'dan 128'e yükselirken, enerji endeksi aynı dönemde %76 artarak 75'ten 132'ye çıktı.[268]

Sürekli artan bu ekonomik faaliyet, 1933'te %30,1'e ulaşan işsizlik oranını Temmuz 1939'da neredeyse sıfıra düşürdü[269], öyle ki emekli işçiler işgücü eksikliğini gidermek için yeniden çalışmaya teşvik edilmek zorunda kaldı. Buna karşılık, 1933'te %25,1'e ulaşan ABD'deki işsizlik oranı, National Industrial Conference Board'a göre, Ocak 1940'ta %19,8'e düşerek sadece marjinal bir azalma gösterdi;[270] Bu durum, Rothschild'ların kontrolündeki Federal Rezerv'in irrasyonel ancak kasıtlı politikasına ve asalak özel bankacılık sektörüne atfedilmelidir.

Almanya'nın milli geliri 1932 ile 1937 arasında %43,8 artarak 45,2 milyar RM'den 65 milyar RM'ye yükselirken, 1932 ile Haziran 1939 arasında mal üretim endeksi %219,6 artarak 46'dan 147'ye çıktı;[271] ancak yaşam maliyeti sadece %4, yani yılda %1'den az artmıştı; bu oran, Nasyonal Sosyalizm döneminde devlet bankacılığı sisteminin uygulandığı 12 yıl boyunca korunacaktı. Alman para politikası, "hükümet harcamaları sayesinde enflasyonist değildi; bu harcamalar talebi artırarak mevcut mal miktarının giderek artmasına neden olabilirdi."[272]

1939'da Almanya, Avrupa tarihinin en güçlü ülkesi haline gelmişti. Gayri Safi Yurtiçi Hasılası yıllık %11 büyüme gösteriyordu ve devlet bankacılığı sisteminin uygulandığı altı yıl içinde iki katına çıkmıştı. Almanlar artık dünyanın en mutlu ve refah içindeki halkıydı; tam istihdam yaşıyor ve en yüksek yaşam standardına sahipti. Bu başarı, Alman halkının

---

[268] *Milletler Cemiyeti İstatistik Yıllığı*, a.g.e., s. 169. Üretim endeksleri, 1928 yılı baz alınarak *Konjunkturforschung* tarafından sağlanmıştır.
[269] Temmuz 1939'da 38.379 kişi işsiz olarak kayıtlıydı.
[270] *Milletler Cemiyeti İstatistik Yıllığı*, a.g.e., s. 70.
[271] A.g.e., s. 169.
[272] R.E. Elletson, a.g.e., s. 60.

çalışkanlığı ve tefecilik ya da altın standardına dayanmayan dürüst bir para sisteminin desteği sayesinde elde edildi.

Resmi tarihçiler tarafından yayılan mitlerden biri, Alman ekonomik yeniden doğuşunun silah üretimine dayandığıdır. Aşağıdaki tablo, askeri harcamaların mütevazı düzeyde olduğunu ve ancak 1938/1939'da Almanya komşuları tarafından tehdit edilmeye başladığında artmaya başladığını göstermektedir.

| Yıllar | Askeri Harcamalar RM | Ulusal Gelir |
|---|---|---|
| 1933/34 | 1,9 milyar | %4 |
| 1934/35 | 1,9 milyar | %4 |
| 1935/36 | 4 milyar | %7 |
| 1936/37 | 5,8 milyar | %9 |
| 1937/38 | 8,2 milyar | %11 |
| 1938/39 | 18,4 milyar | %22 |

Kaynak: Deutsche Reichsbank

İkinci Dünya Savaşı başlamadan hemen önce, ulusal gelirin %22'sinin savunma harcamalarına ayrılması, Almanya'nın sınırlarının doğal engellerle pek sınırlı olmadığını ve o dönemde düşmanca komşularla çevrili olduğunu ( Çekoslovakya, Fransa ve Polonya) göz önünde bulundurduğumuzda, çok da aşırı bir rakam olarak değerlendirilemez. Almanya ayrıca, Versay Antlaşması'nın hükümleri uyarınca edinmesi yasaklanmış olan silahlarını yeniden oluşturmak zorundaydı. İngiliz tarihçi A. J. P. Taylor şöyle yazmaktadır: "1939'daki Alman silahlarının durumu, Hitler'in genel bir savaşı öngörmediğinin ve muhtemelen hiç savaşma niyetinde olmadığının kesin kanıtıdır."[273]

[273] A.J.P. Taylor, *The Origins of the Second World War*, Hamish Hamilton, Londra, 1961, 218.

## SAVAŞ SONRASI GELİŞMELER

Mayıs 1945'te, *Deutsche Reichsbank* faaliyetlerini durdurdu, ancak işleri ancak 1961'de tamamen sona erdi. Ülkenin batı yarısında,[1]Mayıs 1948'de *Bank deutscher Länder* (Alman Eyaletleri Bankası) onun yerini aldı. Bu banka, 21 Haziran 1948'de Alman Markını piyasaya sürdü ve daha sonra 26 Temmuz 1957'de kurulan *Deutsche Bundesbank* olarak tanındı. Yasal olarak bağımsız olmasına ve ABD Merkez Bankası'nı örnek almasına rağmen, Federal Meclis (Bundestag) bankanın politikası üzerinde önemli bir kontrol ve etkiye sahipti; bu nedenle o dönemde bugünkü çoğu merkez bankası kadar bağımsız değildi.

2001 yılından bu yana, Avrupa Merkez Bankası'nın bir üyesi olarak *Deutsche Bundesbank*, yetkilerinin çoğunu bu kuruma devretmiştir. ECB ile paylaşılan kalan sorumlulukları arasında banknot basımı, takas odasının yönetimi, denetim ve döviz rezervlerinin yönetimi bulunmaktadır. AB İşleyişi Antlaşması'nın 127 (1) maddesinde tanımlandığı üzere, ECB'nin temel amacı fiyat istikrarını sağlamaktır. Bu saplantı, yaşadığımız rekor düzeydeki işsizlik ve düşük GSYİH büyüme oranının yanı sıra doğurganlık oranındaki düşüşün de büyük ölçüde sorumlusudur.

ECB, 1 Ocak 1998'de kuruldu ve tek para birimi olan euro'nun piyasaya sürülmesiyle[1]Ocak 1999'd e resmen faaliyete geçti. Rothschild tarafından kontrol edilen bu banka, ironik bir şekilde, Mayer Amschel Rothschild ve kardeşi Kalman'ın 1780'lerde madeni para ve madalya döviz bürosu kurdukları *Judengasse*'den (Yahudiler Sokağı) çok uzak olmayan, Frankfurt am Main'daki Kaiserstrasse 29 numarada yer almaktadır. Aptalca euro'yu benimseyen ve ECB'ye katılan 18 ülke için, boyun eğmeleri ve köleleştirilmeleri *artık kaçınılmaz* bir *gerçektir*[274].

---

[274] Çev. notu: metinde Fransızca

## FAŞİST İTALYA

28 Ekim 1922'de Benito Mussolini ve Ulusal Faşist Partisi iktidara geldi. Faşizm, devlet ile kurumsal iktidarın birleşimini simgelediği için daha doğru bir ifadeyle kurumsallık olarak nitelendirilmelidir. 1936'da Temsilciler Meclisi, sanayi, çalışanlar ve illerden 823 temsilciden oluşan ve sanayi üretimini yöneten ve işçi-işveren anlaşmazlıklarını çözen bir Ulusal Kurumlar Konseyi ile değiştirildi.

1920'li yıllarda, kamu harcamaları yoluyla, o dönemin modern Avrupa'sında eşi benzeri görülmemiş büyüklükte bir kamu işleri programı başlatıldı. Köprüler, kanallar, 4.000 km'lik otoyollar, hastaneler, okullar, tren istasyonları ve yetimhaneler inşa edildi. Ormanlar dikildi ve üniversitelere kaynak sağlandı.[275] Pontin bataklıkları kurutuldu ve 802 $km^2$arazi kazanıldı.[276] Tarım, ulusal kendi kendine yeterlilik veya otarşi programı ile sübvanse edildi ve düzenlendi.

## İTALYA DEVLET BANKASI

1926'da Mussolini, bankacılık sektörüne ilk kez müdahale ederek, Banca d'Italia'ya banknot basma ve altın stokları da dahil olmak üzere bankanın asgari rezervlerini yönetme yetkisi verdi. İtalyan faşizmini "esas olarak, dünya ticaretinin ve finansının kaprislerine boyun eğmeyen bir otarşik devlet yaratmak için" kullanmak,[277] onun politikasının temelini oluşturuyordu. 1927'de İtalya, acil bir durumu karşılamak için JP Morgan'dan 100 milyon dolarlık bir kredi aldı. Daha sonra Mussolini, "yabancı bankaların çıkarlarına karşı İtalya'yı her türlü mali bağımlılıktan uzak tutmaya kararlı olduğu" için "yabancı ülkelerden gelen diğer kredileri müzakere etmeyi

[275] R.G. Price, *Faşizm Bölüm 1: Faşizmi ve Antisemitizmi Anlamak*, 23 Ekim 2003 www.rational/revolution.ne/articles/understandingfascism.htm

[276] Bugün, eskiden ıssız olan bu bölgede 520.000 kişi yaşamaktadır.

[277] K. Bolton, *The Banking Swindle Money Creation and the State*, Black House Publishing Ltd, Londra, 2013, 118.

veya kabul etmeyi" reddetti.[278]

**Benito Mussolini**, Pontini bataklıklarının kurutulma çalışmalarının ilerleyişini denetliyor – Bu, sıtmanın kol gezdiği bu bölgeyi tarımsal bereketin hakim olduğu bir alana dönüştüren mühendislik başarılarından biriydi.

1931'de devlet, *Instituto Mobiliare Italiano* (İtalyan Menkul Kıymetler Enstitüsü) aracılığıyla tüm büyük bankaları denetleme hakkını kendine tanıdı. 1936'da, *Atto Reforma Bancaria* (Banka Reformu Yasası) aracılığıyla İtalya Merkez Bankası ve tüm büyük bankalar devlet kurumları haline geldiğinde bu süreç tamamlandı.[279]

İtalya Merkez Bankası artık tam anlamıyla bir devlet bankasıydı ve sıfırdan kredi yaratma ve bunu diğer bankalara cüzi bir ücret karşılığında dağıtma hakkına sahip tek kurumdu. Devlet borçlanmalarına getirilen sınırlamalar kaldırıldı (Japonya Merkez Bankası'nda olduğu gibi, bkz. aşağıda) ve İtalya altın standardını terk etti.

[278] L. Villari, *Mussolini Döneminde İtalyan Dış Politikası*, Holborn Publishing Company, Londra, 1959, s. 59.
[279] A. J. de Grund, *Fascist Italy and Nazi Germany: The 'Fascist' Style of Rule*, George Routledge & Sons Ltd, Londra, 2004, s. 52.

## JAPONYA DEVLET BANKASI

Japonya Merkez Bankası veya 日本銀行 *Nippon Ginkō*, 10 Ekim 1882'de kuruldu. Japon imparatorluk hanedanı en büyük hissedarı olmasına rağmen, banka tipik bir merkez bankası gibi işliyordu, yani özel bankaların yararına ve kamu yararına aykırı bir şekilde.

1929'da, sosyal kredi sistemi daha önce tanıtılmış olan C. H. Douglas, Japonya'da bir konferans turu düzenledi. Hükümete, ulusun parasını ve kredisini faizsiz olarak yaratma imkanı tanıma önerileri, Japon hükümeti ve sanayi dünyasının liderleri tarafından coşkuyla karşılandı. Douglas'ın tüm kitapları ve broşürleri Japonca'ya çevrildi ve bu ülkede, dünyanın geri kalanından daha fazla satıldı.[280]

Japonya Merkez Bankası'nın, münhasıran ulusal çıkarlar için yönetilen bir devlet bankası olarak yeniden yapılandırılması 1932'de başladı. Banka reformu, 1942'de Japonya Merkez Bankası Kanunu'nun 1939 tarihli Alman Reichsbank mevzuatına göre yeniden düzenlenmesiyle tamamlandı.[281] Banka şu şekilde işliyordu:

> "Bankanın, yapısı bakımından son derece ulusal bir özel kurum olduğu kabul edilmektedir. Banka, ulusun potansiyelinden tam olarak yararlanılmasını sağlamak amacıyla devletin politikasına uygun olarak para birimini ve maliyeyi denetleme ve kredi sistemini destekleme ve teşvik etme görevini üstlenmelidir. Öte yandan, banka **'ulusal hedeflerin gerçekleştirilmesini tek kılavuz ilke olarak benimseyerek yönetilmelidir'** (Madde 2). Banka'nın işlevlerine gelince, yasa ticari finansmanın önceliği şeklindeki eski ilkeyi ortadan kaldırarak, Banka'ya sanayi finansmanını denetlemek için tam yetki

[280] 'New Economics', 19 Ocak 1934, s. 8, alıntı: D.J. Amos, *The Story of the Commonwealth Bank*, Veritas Publishing Company, Bullsbrook, Batı Avustralya, 1986, s. 44.

[281] www.veteranstoday.com/2011/06/26was-world-war-ii-fought-to-make-theworld-safe-for-usury ve S. M. Goodson, La véritable raison de l'attaque japonaise sur Pearl Harbor, *The Barnes Review*, Washington D.C., Cilt XIV, Sayı 6, Kasım/Aralık 2008, s. 41-45.

verdi. Yasa ayrıca Banka'ya, karşılıksız olarak hükümete sınırsız avans verme ve hazine bonolarını satın alma yetkisi verdi. Para basımı konusunda ise yasa, maksimum para basım sistemini kalıcı hale getirerek, Banka'nın savunma sanayisi ve hükümetin ihtiyaçlarını karşılamak için istediği kadar para basabilmesini sağladı. Öte yandan, hükümetin Banka üzerindeki denetimi önemli ölçüde güçlendirildi. Hükümet, başkanları ve yöneticileri atayabilir ve onlara emir verebilirdi; bir madde, hükümete, Banka'nın hedeflerini gerçekleştirmesi için gerekli görülen önlemleri uygulatmak üzere, Banka'ya sözde "işlevsel emirler" verme konusunda geniş yetkiler tanıyordu. Üstelik yasa, faiz oranlarının değiştirilmesi, banknot basımı ve hesapların denetimi gibi alanlar da dahil olmak üzere, Banka'nın mali işlerinin büyük bir kısmını hükümetin onayına tabi kılıyordu."[282]

Japonya da yapay Büyük Buhran'ın yol açtığı aynı travmatik zorlukları yaşamıştı. Ancak, özel bir merkez bankasından devlet kurumuna yönelik bir metodolojiye yapılan bu " " dönüşüm, hem ikna edici hem de kalıcı sonuçlar doğurdu.

## JAPONYA EKONOMİK GÖSTERGELERİ 1931-1941

| | Üretim Üretimi | Tüm sektörler | Ulusal Gelir | GSYİH |
|---|---|---|---|---|
| 1931 | 19,1 | 19,7 | 10,5 | 12,5 |
| 1932 | 20,2 | 20,8 | 11,3 | 13,0 |
| 1933 | 24,7 | 25,3 | 12,4 | 14,3 |
| 1934 | 26,4 | 27,0 | 13,1 | 15,7 |
| 1935 | 27,9 | 28,7 | 14,4 | 16,7 |
| 1936 | 31,5 | 32,3 | 15,5 | 17,8 |
| 1937 | 37,2 | 37,7 | 18,6 | 23,4 |
| 1938 | 38,2 | 39,0 | 20,0 | 26,8 |
| 1939 | 42,4 | 43,0 | 25,4 | 33,1 |
| 1940 | 44,3 | 44,9 | 31,0 | 39,4 |
| 1941 | 45,8 | 46,5 | 35,8 | 44,9 |

[282] *Money and Banking in Japan*, Japonya Merkez Bankası Ekonomi Araştırma Departmanı, çev. S. Nishimura, ed. L.S. Pressnell, Macmillan, Londra, 1973, s. 38.

Kaynak: İstatistik Departmanı, Japonya Merkez Bankası

Bu tablo, faiz engelleri kaldırıldıktan sonra Japon ekonomisinde başlayan kademeli iyileşmeyi göstermektedir. 1931-1941 döneminde, imalat ürünleri üretimi ve sanayi üretimi sırasıyla %140 ve %136 artarken, milli gelir ve GSYİH sırasıyla %241 ve %259 artış göstermiştir. Bu dikkate değer artışlar, diğer sanayileşmiş ülkelerin ekonomik büyümesini büyük ölçüde aşmıştır. İşsizlik oranı 1930'da %5,5'ten 1938'de %3'e geriledi. Endüstriyel anlaşmazlıklar, 1931'de 998 olan iş durma vakalarının 1941'de 159'a düşmesiyle azaldı.

Japonya'nın Avrupalı otomobil üreticilerine meydan okuması – Küçük Datsun, ABD veya Birleşik Krallık'taki en ucuz otomobillerden daha düşük bir fiyata satılıyordu. Hindistan, Çekoslovakya ve Büyük Britanya'da deneme sürüşü için sipariş edildi. Fotoğrafta, Hirohito İmparatoru'nun kardeşi Prens Chichbe, Aralık 1934'te Yokohama'daki Japonya Sanayi Derneği'nde aracın direksiyonuna oturmuş olarak görülüyor.

1930'ların sonunda Japonya, Doğu Asya'nın hakim ekonomik gücü haline gelmişti ve ihracatı düzenli olarak Amerika ve İngiltere'ninkini aşıyordu. Ağustos 1940'ta Japonya, Büyük Doğu Asya Ortak Refah Alanı'nın kurulduğunu duyurdu.[283] Bu ülkelerin Japonya'nın devlet bankacılığı yöntemlerini

[283] Başlangıçta 1936'dan 1940'a kadar dışişleri bakanlığı görevini yürüten General Hachiro Arita tarafından tasarlanan proje. Bu işbirliği, 1 Ağustos 1940'ta Dışişleri Bakanı Matsuoka Yosuke tarafından resmi olarak duyuruldu.

benimseme korkusu, Rothschild'ların sahip olduğu Federal Rezerv için o kadar büyük bir tehdit oluşturuyordu ki, bu erdemli modelin daha geniş ölçekte tekrarlanmasını engellemenin tek yolu bir savaş gibi görünüyordu.

## JAPONYA İKİNCİ DÜNYA SAVAŞI'NA NASIL SÜRÜKLENDİ

1939 yılının Temmuz ayından itibaren, ABD'nin 1911 Ticaret Anlaşması'nı tek taraflı olarak feshetmesi ve böylece Japonya'nın temel hammaddeleri ithal etme kapasitesini kısıtlamasının ardından, Amerika ile ilişkiler hızla bozuldu. Bu önlemler, Çin'deki savaş nedeniyle açıkça dayatıldı ve Haziran 1940'ta kerosen ambargosu, Kasım 1940'ta ise Japonya'ya demir cevheri ve çelik ihracatı yasağı izledi. 25 Temmuz 1941'de, Japonya'nın Vichy Fransa'sının izniyle, Çin'e güneyden ikmal yolunu kesmek amacıyla Indochina'yı barışçıl bir şekilde işgal etmesinin ardından, İngiltere, Hollanda ve Amerika'daki tüm Japon varlıkları donduruldu ve Japonya ile Amerika arasındaki tüm ticaret askıya alındı. Aynı zamanda, Başkan Franklin D. Roosevelt, Panama Kanalı'nı tüm Japon gemilerine kapattı ve kauçuk ve petrol ambargosu uygulandı; bu, petrol konusunda tüm tedarikin %88'inin kaybına yol açtı. Petrol olmadan Japonya hayatta kalamazdı.

Başbakan General Hideki Tojo (Ekim 1941 – Temmuz 1944), günlüğünde ABD'nin barışı korumak için Japonya'nın diplomatik çabalarını nasıl sürekli engellediğini anlatır. Japonya'nın barışçıl ticari ilişkileri ABD tarafından sürekli sabote ediliyordu ve bu engeller ülkenin geleceği için büyük bir tehdit oluşturuyordu. Ekonomik abluka, Japonya'nın boynuna yavaş yavaş bir ilmek atıyordu. ABD, İngiltere, Çin ve Hollanda sadece ekonomik yaptırımlarla Japonya'yı kuşatmakla kalmıyor, aynı zamanda Filipinler, Singapur ve Malezya bölgelerindeki deniz kuvvetleri de yeniden konuşlandırılıyor ve güçlendiriliyordu. Amerikan savaş gemileri, Japonya'nın karasularında devriye gezerken görüldü. Amerikalı bir amiral, Japon filosunun iki hafta içinde batırılabileceğini iddia ederken, İngiliz Başbakanı Winston

Churchill, İngiltere'nin 24 saat içinde Amerika'ya katılacağını açıkladı.

General Tojo şöyle yazıyor: "Japonya, diplomatik müzakereler yoluyla bu tehlikeli koşulları aşmaya çalıştı ve karşılıklı bir uzlaşma yoluyla bir çözüm bulma umuduyla arka arkaya birçok taviz verdi, ancak ABD ilk pozisyonundan kıpırdamadığı için hiçbir ilerleme kaydedilemedi. Sonunda, ABD, Japonya'nın kabul edemeyeceği taleplerini yineledi: Çin'deki birliklerin tamamen çekilmesi, Nanking hükümetinin reddedilmesi ve Üçlü Pakt'tan çekilme."[284]

Japonya, 8 Ağustos 1941'de bir zirve önerisi de dahil olmak üzere birçok diplomatik girişimde bulundu, ancak bunların hepsi başarısızlıkla sonuçlandı. 2 Aralık 1941'de Japonya, Müttefiklerin ablukası nedeniyle dış ticaretinin %75'ini kaybetmiş ve bu nedenle refahını sürdürmek ve egemen bir ulus olarak varlığını güvence altına almak için Amerika'ya saldırmak zorunda kalmıştı. New York'taki tefecilerin sürekli baskısı ve uzlaşmaz tavrı, Japonya'yı kasten kışkırtarak misilleme önlemleri almasına neden olmuştu.

## SAVAŞ SONRASI GELİŞMELER

Japonya'nın yenilgisinin ardından, Eylül 1945'te Japonya'daki ABD işgal güçlerinin aldığı ilk kararlardan biri, Japon bankacılık sistemini uluslararası bankacıların standardı olan, yani tefecilikle uyumlu hale getirmek için yeniden yapılandırmaktı. Japonya Merkez Bankası'nın devlete sağladığı sınırsız finansman kaldırıldı ve büyük sanayi holdingleri olan *Zaibatsu'lar* dağıtıldı. Bu politika, Müttefik Kuvvetler Başkomutanı General Douglas MacArthur'un mali danışmanı olan Detroitli bankacı Joseph Dodge tarafından

[284] *The Journal for Historical Review*, Cilt 12, Sayı 1, İlkbahar 1992, Hideki Tojo'nun Hapishane Günlüğü, s. 41-42. 27 Eylül 1940'ta imzalanan Üçlü Pakt, Almanya, İtalya ve Japonya arasında on yıllık bir anlaşmaydı. Ana hedefi, tefecilikten arındırılmış bir bankacılık sistemine dayanan yeni ekonomik düzeni sürdürmek ve halklarının karşılıklı refahını ve mutluluğunu teşvik etmekti. 3. madde, üç güçten biri, Avrupa'daki savaşa veya Çin-Japonya çatışmasına henüz dahil olmayan bir güç tarafından saldırıya uğradığı takdirde siyasi, ekonomik ve askeri yardım sağlanmasını öngörüyordu.

uygulandı.

Ancak Maliye Bakanlığı, bankacılık sistemi ve özellikle para politikası üzerinde bir miktar kontrolünü korumayı başardı. 1988'de Japonya, Japonya Merkez Bankası'nı riskli varlıkları için asgari sermaye oranını %2'den %8'e çıkarmaya zorlayan Basel I önlemlerini benimsemesinden büyük ölçüde etkilendi. Bu karar, 26 yıldır süren bir resesyona neden oldu.

Nisan 1998'de, maliye bakanı yasalar gereği bağımsız Japonya Merkez Bankası'na boyun eğmek zorunda kaldı. O zamandan beri Japonya Merkez Bankası, Rothschild'ların kontrolü altında tipik bir merkez bankası olarak faaliyet göstermiş ve yetkilerini nadiren Japon halkının çıkarları doğrultusunda kullanmıştır.

# BÖLÜM VII

## MODERN DEVLET BANKASI BİÇİMLERİ

*"Banka, adaletsizlik içinde tasarlandı ve günahtan doğdu. Bankacılar toprağa sahip. Onlardan toprağı geri alın, ama para yaratma yetkisini onlara bırakın; bir kalem darbesiyle tüm toprağı geri alabilecek kadar para yaratacaklardır. Ancak, bu gücü ellerinden alırsanız, benimki gibi tüm büyük servetler, olması gerektiği gibi ortadan kalkacaktır; çünkü o zaman yaşayacağımız dünya çok daha iyi ve mutlu bir yer olacaktır. Ama bankacıların kölesi olarak kalmak ve kendi köleliğinizin bedelini ödemek istiyorsanız, bırakın para yaratmaya devam etsinler."*

- Sir Josiah Stamp,
İngiltere Merkez Bankası
İngiltere Merkez Bankası

## KUZEY DAKOTA BANKASI[285]

1919'da, Amerika Birleşik Devletleri'nin 48 eyaletine kendi devlet bankalarını kurma fırsatı sunuldu. Kuzey Dakota, bu teklifi kabul eden tek eyalet oldu.

Başkenti Bismarck olan Kuzey Dakota'nın nüfusu 684.000'dir. Eyalet, Amerika'nın ortasında, Kanada sınırına yakın bir konumdadır. Çok sert kışlara rağmen, eyaletin doğrudan ve dolaylı gelirinin ana kaynağı tarımdır. Eyalet, buğday (özellikle durum buğdayı[286] ), arpa, kanola, keten, yulaf ve ayçiçeği tohumları üretiminde birinci sıradadır. Bakken havzasında hidrolik kırılma yöntemiyle elde edilen şeyl yağı ve linyit, eyaletin başlıca maden kaynaklarıdır.

[285] http://banknd.nd.gov/
[286] Spagetti ve diğer makarna türlerinin yapımında kullanılan daha sert bir buğday türü.

Kuzey Dakota Eyalet Bankası, 1919 yılında bir çiftçi koalisyonu tarafından kurulmuştur.

ABD'nin çoğu eyaleti teknik olarak iflas durumundadır; Kuzey Dakota ve batı komşusu Montana hariç, hepsi bütçe açığıyla karşı karşıyadır. Karşılaştırma olarak, ekonomik açıdan en önemli eyalet ve şu anda dünyanın on ikinci büyük ekonomisi olan Kaliforniya, Nisan 2013'te 23 milyar dolarlık bir açıkla karşı karşıya ve her yıl 10,4 milyar dolar faiz ödüyor. 2012 yılında eyaletin tahvil borcu 167,9 milyar dolara ulaşmıştı. Sürekli artan işsizlik oranlarından muzdarip diğer 49 eyaletin aksine, Kuzey Dakota'nın işsizlik oranı düştü ve şu anda %2,7 ile ülkedeki en düşük seviyede. Eyalet aynı zamanda ABD'deki en düşük şirket iflas oranına sahip eyalet.

Eylül 2012'de Kuzey Dakota, 1,6 milyar dolarlık bütçe fazlası verdi. 1997 ile 2010 yılları arasında eyaletin GSYİH'si %93,4 artarak 16 milyar dolardan 31 milyar dolara yükseldi. 2000-2011 döneminde, kişi başına düşen gelir %127 artarak 20.155 dolardan 45.747 dolara yükselirken, aynı dönemde ülke genelindeki büyüme sadece %37,4 olmuştur.

Başarısının sırrı devlet bankasında yatmaktadır. Bankanın misyonu, tarımı, ticareti ve sanayiyi destekleyen finansal hizmetler sunmaktır. Yasa gereği, devletin tüm fonlarını bu bankaya yatırması gerekmektedir ve banka da devlete rekabetçi bir faiz oranı ödemektedir.

Banka, 2011 yılında 60 milyon dolar olan kârının tamamını devlete aktarmaktadır. Son 11 yılda devlete 460 milyon dolardan fazla ödeme yapılmıştır. Fonların çoğu, vergi indirimlerini telafi etmek için kullanılmaktadır. Banka ayrıca gayrimenkul kredileri için ikincil bir pazar, yeni işletmelere garantiler ve çiftçilere yıllık %1 faiz oranıyla krediler sağlamaktadır. Kuzey Dakota, banka eyalete kendi kredisini sağladığı için kredi krizi ya da kredi dondurma sorunu yaşamadı. Kendi ekonomik egemenliğini kuran Kuzey Dakota, tüm Amerika Birleşik Devletleri içinde en müreffeh ve mali açıdan en yaşanabilir eyalet haline geldi.

Eyalet bankası ulusal düzeyde yaşanan mali çıkmazı çözmese de, ABD'deki eyalet bankaları, bütçe fazlası, önemli vergi indirimleri, işsizliğin azaltılması ve yüksek refah düzeyi şeklinde eyalet hükümetlerine önemli bir rahatlama sağlama potansiyeline sahiptir. Haziran 2014 itibarıyla, 25 eyalet bir devlet bankasının kurulmasına izin verecek yasalar üzerinde düşünmekteydi.[287]

## GUERNSEY EYALETİ

1815'te, Napolyon Savaşları sona erdiğinde, Guernsey hassas bir durumdaydı. Yolları harap durumdaydı, setler ve ekonomi çökmüştü. Ada, gerekli faizleri ödemek için yeterli vergi toplayamadığı için borçlanamıyordu.

1816'da, kamu işlerini ve yeni bir pazar yerini finanse etmek için Guernsey Devletleri Komitesi yeni bir çözüm üzerinde çalıştı. Borç ve faiz içermeyen 1 sterlinlik banknotlar şeklinde 6.000 sterlin ihraç etti. İki yıl içinde, finansman kamu borcunu hiç artırmadan tüm çalışmalar tamamlandı.[288]

1563 yılında Kraliçe [I.] Elizabeth tarafından kurulan Elizabeth Koleji ve kilise okulunu yeniden inşa etmek amacıyla, bu kez

[287] http://publicbankinginstitute.org/

[288] Grubiaks, bileşik faizin bir topluluğu nasıl köleleştirebileceğine dair ilginç bir örnek teşkil eder. 1817'de Glasgow meyve pazarı, 60.000 sterlinlik faizli bir kredi ile finanse edildi. Bu kredi nihayetinde ancak 139 yıl sonra, 1956'da geri ödendi. 1816 ile 1910 arasındaki bileşik faiz oranı bilinmemektedir, ancak 1910 ile 1956 arasında 267.886 sterlin ödenmiştir.

5 sterlinlik banknotlar da dahil olmak üzere 5.000 sterlinlik bir ihraç daha gerçekleştirildi. 1837 yılında, 55.000 sterlinlik banknot dolaşımdaydı. Ada, turizmde bir artış ve daha önce hiç görülmemiş bir refah düzeyine ulaştı.

St Peter Port'taki Eski Pazar Meydanı, 1816 yılında 6.000 sterlinlik borçsuz ve faizsiz banknotların basılmasıyla finanse edildi.

1914 yılında devlet tahvillerinin ihracı 142.000 sterline ulaşmıştı. 1937'de ise 175.000 sterline. Bu banknotların basım maliyeti 450 sterlin iken, yıllık faiz ödemesi ise 11.383 sterline (yüzde 6,5) ulaşmış olacaktı. 1958'de dolaşımda 542.765 sterlin vardı. Şu anda dolaşımda 43,8 milyon sterlin bulunmaktadır.[289] Bugün Guernsey, dünyanın en yüksek yaşam standartlarından birine sahip 65.400 kişilik bir nüfusa sahiptir. Gelir vergisi, kaynağına bakılmaksızın %20'dir, ancak yıllık 220.000 £ ile sınırlıdır. Bazı bankacılık faaliyetleri üzerinde %10'luk bir vergi dışında kurumlar vergisi yoktur; sermaye vergisi, veraset vergisi, emlak vergisi, KDV ve sermaye transfer vergisi de yoktur. Guernsey'in kamu borcu yoktur.

[289] Hazine ve Kaynaklar Bakanlığı, Guernsey, 16 Kasım 2012.

## LİBYA MERKEZ BANKASI

1551'den 1911'e kadar Libya, Osmanlı İmparatorluğu tarafından yönetildi, 1911'den 1943'e kadar İtalya tarafından yönetildi ve 1943 ile 1951 yılları arasında İngiltere ve Fransa'nın ikili askeri egemenliği altında kaldı. Libya Merkez Bankası 1956'da kuruldu ve[1]Eylül 1969'd[290] 'in kan dökülmeden gerçekleştirilen *darbesine* kadar tipik bir merkez bankası olarak işlev gördü.

1959 yılında olağanüstü kalitede bir petrol keşfedildi. Ancak Kral İdris el-Mahdi es-Sanusi, bu nimetten yararlanmayı ve bunu halkının yararına kullanmayı başaramadı ve petrol kârlarının büyük bir kısmı petrol şirketlerinin hesaplarına aktarıldı.

1969'da iktidarı ele geçiren Muammer Kaddafi, pratik olarak bir devlet bankası gibi yönetilen merkez bankası da dahil olmak üzere ülkenin ekonomik faaliyetlerinin kontrolünü ele geçirdi. Merkez bankası, yerel bankalar için bir süper bankacı görevi görüyordu ve yabancı bankaların burada işlem yapmasına izin verilmiyordu. Devlet altyapısının finansmanı *riba* (faiz) yoluyla sağlanmıyordu ve Libya'nın kamu borcu yoktu ve yurtdışından herhangi bir borç almamıştı. Döviz rezervleri 54 milyar doları aşıyordu; bu rakam, 2010 yılında sırasıyla 50 milyar ve 40 milyar dolarlık rezervlere sahip olan Birleşik Krallık ve Kanada gibi gelişmiş ülkelerin rezervleriyle karşılaştırılabilir. 2000-2010 döneminde GSYİH büyümesi yıllık %4,32 idi ve resmi enflasyon rakamı %-0,27'ydi.[291]

[292]Albay Muammer Kaddafi, medyada "korkunç bir diktatör ve kan emici bir canavar" olarak tasvir ediliyordu[293], ancak gerçekte Bingazi şehri ve çevres i hariç, nüfusun %90'ının desteğine sahipti.[294]

---

[290] Çev. notu: metinde Fransızca olarak geçmektedir.

[291] www.theglobaleconomy.ca

[292] Asıl rütbesi aslında Teğmen'di.

[293] http://embassy-finder.com/libya_in_kuwait_kuwait

[294] NATO'nun aralıksız bombardımanına rağmen,[1]Temmuz 2011'de Trablus'un 2,2 milyonluk nüfusunun 1 milyonu, liderleri Kaddafi'yi desteklemek için bir gösteride bir araya geldi.

Kaddafi'nin sağladığı aşağıdaki avantajlar, onun popülaritesinin nedenlerini açıklıyor:

- Ücretsiz eğitim.
- Öğrencilere, okudukları alana karşılık gelen ortalama maaş ödeniyordu.
- Yurtdışında okuyan öğrencilere konut, araba ve yıllık 2.500 avro veriliyordu.
- Ücretsiz elektrik.
- Ücretsiz sağlık hizmetleri.
- Ücretsiz konut (ipotek yasaktı).
- Yeni evliler, hükümetten 60.000 dinar (50.000 $)[295] hediye alıyordu.
- Arabalar faizsiz olarak fabrika fiyatından satılıyordu.
- Bireylere verilen krediler faizsizdi.
- Bir somun ekmek 15 sentti.
- Benzinin litresi 12 sentti.
- Hidrokarbon satış gelirlerinin bir kısmı doğrudan vatandaşların banka hesaplarına yatırılıyordu.
- Çiftçilere ücretsiz arazi, tohum ve hayvancılık veriliyordu.
- Tam istihdam vardı ve geçici olarak işsiz kalanlara tam maaşlarının eşdeğeri ödeniyordu.

[295] 1 dolar = 1,20 Libya dinarı.

**Muammer Muhammed Kaddafi** – O, her türlü tefeciliği ortadan kaldıran ve Libya Merkez Bankası'nı Libya halkının hizmetine sunan Kutsal Kuran'ın sıkı bir takipçisiydi.

Kaddafi'nin "halk devleti" Jamahiriya, 5,79 milyon nüfuslu bu ülkenin zenginliklerinin tüm halk arasında adil bir şekilde dağıtılmasını sağlıyordu. Dilenciler ve evsizler yoktu, 75 olan ortalama yaşam süresi Afrika'nın en yüksek seviyesindeydi ve dünya ortalamasının %10 üzerindeydi. Okuryazarlık oranı %82 idi. İnsan hakları konusunda Libya, Uluslararası Hapis Endeksi'nde 61. sıradaydı. Puan ne kadar düşükse, oran o kadar yüksektir. Şu anda 1. sırada ABD yer almaktadır.[296]

Kaddafi'nin bir diğer önemli başarısı, Nubia Havzası'nın Büyük Yapay Nehir'e dönüştürülmesidir; bu nehir, Trablus, Sirte ve Bingazi şehirlerine günlük 6.500.000 $m^3$içme suyu sağlamaktadır. Çıkarılan su, tuzdan arındırılmış sudan on kat daha ucuzdur. 25 milyar dolar olarak tahmin edilen projenin toplam maliyeti, tek bir dış borç alınmadan finanse edildi.

Beyaz Rusya, Burma, Küba, İran, Kuzey Kore, Kuzey Sudan ve Suriye merkez bankaları Rothschild bankacılık kartelinin doğrudan kontrolü altında olmasa da, Libya devlet tarafından

[296] S. Goodson, *The Truth About Libya*, 4 Nisan 2011, http://rense.com/general/93/truth.htm

işletilen tek merkez bankasına sahipti ve bu da tam istihdam, sıfır enflasyon ve işçiler için modern bir cennet gibi klasik belirtileri beraberinde getirdi.

Tüm bunlar, NATO'nun, korumakla yükümlü olduğu iddia edilen insan haklarının sahte ihlalleri bahanesiyle müdahale etmesinin nedenlerini sorgulamaya sevk ediyor. 1971'de ABD, Suudi Arabistan'ın göz yummasıyla altın standardını terk edip petrodolar sistemine geçtiğinden beri, Amerikan dolarını baskın rezerv para birimi olarak yerinden etmek için yapılan her türlü girişim engellendi ve şiddetle karşı çıktı.

Kasım 2000'de Saddam Hüseyin, artık "düşmanın para birimini" kullanarak ticaret yapmak istemediği için tüm petrol işlemlerinin euro cinsinden yapılacağını ilan etti.[297] Daha sonra ortaya çıktığı üzere, kitle imha silahları aldatmacası sadece sahte bir bahaneydi ve Saddam Hüseyin'in hayatına ve ülkesinin yıkımına mal olan şey, aslında bu para birimi kararıydı.

Benzer koşullarda, Kaddafi 2010 yılında 200 milyon nüfusu barındıran bir bölgede tüm dış işlemlerin ödenmesi için altın dinarının oluşturulacağını duyurdu. O dönemde Libya'nın 144 ton altını vardı. Önerilen şey, altın standardına geri dönüş değil, petrol ihracatı ve altın dinarla ödenmesi gereken diğer kaynaklar için yeni bir ölçü biriminin oluşturulmasıydı.[298] Kaddafi kırmızı çizgiyi aştı ve bunun bedelini en ağır şekilde ödedi.

2007'den beri İran, ödemelerin euro cinsinden yapılmasını talep etmiştir. 17 Şubat 2008'de İran Petrol Borsası, hidrokarbon, petrokimya ürünleri ve gaz ticareti için ağırlıklı olarak euro, İran riyali ve bir dizi Amerikan dışı para birimini kullanmaya başlamıştır. Bu yeni sistem kapsamında işleyen ilk petrol sevkiyatı, Temmuz 2011'de bu piyasa üzerinden satıldı. Bu olay, İran'a yönelik tekrarlanan İsrail ve ABD tehditlerinin ana nedeni olarak görülmelidir.

[297] *Time*, 13 Kasım 2000.

[298] Altın Dinar: Kaddafi sayesinde dünya ekonomisini kurtarmak, www.globalresearch.ca, 5 Mayıs 2011.

# BÖLÜM VIII

## BANKA KRİZİ VE MEDENİYETİN NİHAİ ÇÖKÜŞÜ

*"Sıradan vatandaşın, bankaların parayı yaratıp yok edebileceğini ve aslında bunu yaptığını bilmekten hoşlanmayacağından korkuyorum. Dolaşımdaki para miktarı, yalnızca banka mevduatları ve kredilerindeki artış ve azalışa göre değişir... ve bir ulusun kredisini kontrol edenler, hükümetin politikasını yönlendirir ve halkların kaderini avuçlarının içinde tutarlar."*[299]

- Reginald McKenna,
eski Maliye Bakanı.

### TARİHSEL BAKIŞ

Banka krizleri genellikle üç şekilde ortaya çıkar: (i) güven kaybı ve mevduatların kitlesel olarak çekilmesi nedeniyle tek bir bankanın çökmesi, (ii) bir dizi bankanın aynı anda iflas etmesi sonucu bankalara hücum edilmesi ve (iii) tüm sistemin çökmesi.

On sekizinci yüzyılda, bankacılık krizleri merkez bankalarına sahip olan ve tefecilik yapan ülkelerle, yani İngiltere, Hollanda ve İsveç ile sınırlı kalmıştır.

1710 yılında, İngiltere Merkez Bankası ile rekabet halindeki Sword Blade Bankası, Sword Blade hisseleri karşılığında kamu borcunun bir kısmını üstlendi. Ertesi yıl, Güney Denizler Şirketi benzer bir işlem gerçekleştirdi ve 1720'de, aşırı değerlenmiş hisseleri karşılığında hükümet borcunun geri kalanını üstlendi. Güney Denizleri Şirketi aslında boş bir kabuktan ibaretti ve ticari varlıklara sahip bir şirket bile değildi. 24 Eylül 1720'de Sword Blade Bank tasfiye edildi ve o yılın sonunda Güney Denizleri Şirketi hisseleri, birim başına

[299] Başkanın Midland Bank hissedarlarına yaptığı konuşma, 25 Ocak 1924.

1.000 sterlinlik değerinin neredeyse %90'ını kaybetmişti.

1763'te, Yedi Yıl Savaşları'nın (1756-1763) sona ermesinden sonra, Hollandalı bankacı Leendert Pieter de Neufville tarafından ihraç edilen *wisseller* veya senetler geri ödenemedi ve Hollanda, Almanya ve İsveç'teki bankalara bir hücum dalgasına neden oldu.

Ocak 1772'de, Doğu Hindistan Şirketi hisselerini açığa satarak büyük ölçekli spekülasyon yapan Londra merkezli Neal, James, Fordyce ve Down bankası, müşterilerinin kitlesel para çekimleri nedeniyle zararlarını karşılayamayınca iflas etti. Önemli büyüklükteki yirmi iki banka ve İskoçya'daki neredeyse tüm özel bankalar tasfiye edildi. Etkisi Amsterdam'a kadar uzandı. Clifford and Sons da dahil olmak üzere birçok yerel banka likidite krizi yaşadı ve iflas etti.

O andan itibaren, neredeyse tüm banka krizleri, özel bankaların faizli borç yoluyla para yaratmasına ve bu borç geri ödendikten sonra parayı imha etmesine izin veren merkez bankası modeli nedeniyle ortaya çıkacaktı. Böylece, ABD'de 1792 ve 1796-1797 yıllarındaki ilk iki panik, First Bank of the United States tarafından, ekonomik çöküşü tetiklemek amacıyla kredi erişimini kasıtlı olarak kısıtlamasıyla ortaya çıktı.

Benzer bir finansal felaket ve ardından gelen bunalım, 1819'da Rothschild'in sahibi olduğu İkinci Birleşik Devletler Bankası tarafından planlandı ve uygulandı; İngiltere ise 1825 ve 1847'de yapay bir panikle sarsıldı. 1825 paniği sırasında 66 banka faaliyetlerini durdurmak zorunda kaldı.

ABD'de bir başka banka paniği ise 1857'de, Ohio Life Insurance and Trust Company'n 'sinin iflasına yol açan organize bir altın kıtlığı nedeniyle yaşandı. IV. Bölümde daha önce de belirttiğimiz gibi, ABD Ocak 1873'te altın standardını benimsemeye zorlandığında, giderek daha sık ve şiddetli hale gelen bir banka paniği döngüsü başladı. Bundan sekiz aydan az bir süre sonra, aynı yılın Eylül ayında, ABD dört uzun yıl süren kasıtlı bir resesyona sürüklendi.

1884, 1890, 1890-1891, 1893-1894, 1897, 1903 ve 1907

yıllarında yaşanan panik dalgalarının tümü, Amerikan halkını kafa karışıklığı ve umutsuzluk içine sürüklemek amacıyla kasten kurgulanmıştı. 40 yıllık planlı kaos, balonlar ve borsa çöküşlerinin yanı sıra medyada yürütülen dezenformasyon kampanyasının ardından, halk itaatkar bir şekilde teslim oldu ve komplocu bankacıların ABD Merkez Bankası'nı kurma hayali 23 Aralık 1913'te gerçekleşti.

Federal Rezerv tarafından kurgulanmış Büyük Buhran'ın ardından[300] 1990'lara kadar nispeten istikrarlı bir dönem yaşandı; ancak bu tarihten itibaren giderek artan sayıda ülke ekonomik krizler ve mali zorluklar yaşadı. (Finlandiya, İsveç, Venezuela, Endonezya, Güney Kore, Tayland, Rusya, Arjantin, Ekvador ve Uruguay).

## 2007 BANKACILIK KRİZİ

Mevcut bankacılık krizinin tohumları, bankaların finansal kurumlara sahip olmasını yasaklayan ve bankaları yatırım şirketlerinden ayıran 1933 tarihli Glass-Steagall Yasası'nın 12 Kasım 1999'da yürürlükten kaldırılmasıyla atıldı. Orijinal yasanın yürürlüğe girdiği dönemde, eski ABD Hazine Bakanı ve yasanın destekçilerinden biri olan Senatör Carter-Glass şöyle demişti: "Bir silahla bir adam bir bankayı soyabilir, ama bir banka ile bir adam tüm dünyayı soyabilir."

Clinton yönetiminin sonlarına doğru, herkesin kendi evine sahip olma hakkı olduğu ilan edildi ve bu amaçla, Konut ve Kalkınma Bakanlığı, Ulusal Mülkiyet ve Amerikan Rüyası Stratejik Ortaklığı adlı bir program başlattı. Mümkün olduğunca fazla ev sahibi çekmek amacıyla, krediye erişim şartları önemli ölçüde hafifletildi ve hükümet, borçlulara 8.000 dolarlık vergi indirimi sağladı. İlk iki yıl boyunca cazip faiz oranları sunuldu, ancak daha sonra ödenmesi gereken faiz oranları önemli ölçüde yükseltildi.

[300] 2002 yılında, Profesör Milton Friedman'ın o dönem New York Federal Rezervi akademik kurulu üyesi olan Ben Bernanke'ye Büyük Buhran hakkında sorduğu bir soruya yanıt olarak Bernanke şöyle dedi: "Büyük Buhran konusunda. Haklısınız, sorumlular bizdik. Gerçekten çok üzgünüz."

Senatör **Carter-Glass**, bankaların finansal kurumlara sahip olmasını yasaklayan ve bankaları yatırım şirketlerinden ayıran yasayı çıkarmıştı. Bu yasa 1999'da yürürlükten kaldırıldı ve yıkıcı sonuçlar doğurdu.

1998 ile 2006 yılları arasında emlak fiyatları %124 arttı, ancak iki yıl sonra %20'lik bir düşüş kaydedildi. Artan fiyatların aksine, konut erişilebilirliği düşüş eğilimi gösterdi. 1980 ile 2000 yılları arasında, ortalama bir konut maliyetinin hane halkı medyan gelirine göre oranı 3 idi, ancak 2006'da bu oran 4,6'ya çıktı. Kredi risklerine karşı spekülasyon yapmak amacıyla yaratılan kredi temerrüt swapları (CDS), 1998 ile 2008 yılları arasında katlanarak artmış ve 47 trilyon dolara ulaşarak 683 trilyon dolarlık nominal değere karşılık gelmiştir.

Para ve bankacılık sistemi hakkındaki görüşleri fizik temelli olan ve sürekli ekonomik büyümenin yanlışlığını ortaya koyan Nobel Ödülü sahibi **Frederick Soddy**.

Gayrimenkul balonunu beslemek için, CDO'lar (varlık destekli tahviller) gibi yenilikçi finansal ürünler geliştirildi. Geri ödeme potansiyeli değişken olan gayrimenkul kredileri menkul kıymetleştirildi ve daha sonra ortaya çıkacağı üzere sahte bir şekilde, finansal derecelendirme kuruluşları tarafından güvenilirliklerini garanti eden notlar verildikten sonra, çoğu durumda naif yatırımcılara satıldı.[301]

Bu açgözlülük kültürünü daha da ileriye götürmek amacıyla, o dönemde toplam varlıkları 100 trilyon doları aşan yatırım bankaları ve spekülatif fonlardan oluşan gölge bankacılık sektörü, Haziran 2007'de tüm konut kredilerinin %39'u

[301] Bu dolandırıcılığın en çarpıcı kurbanlarından biri, dünyanın en büyük ikinci devlet fonu olan Norveç Hükümeti Petrol Emeklilik Fonu oldu; bu fon, 2008 yılında 90 milyar dolarlık zarar kaydetti. Bu zarar, önceki 12 yılın tüm kârını fiilen silip süpürdü. http://news.bbc.co.uk/2/hi/business/7961100.stm

geleneksel bir ihraççının koşullarını karşılamamasına rağmen, bu ürünleri agresif bir şekilde pazarladı.

Lehmann Brothers'ın 15 Eylül 2008'de iflasını ilan etmesiyle balon patladı. Acil bir kurtarma paketi talep edildi ve Kongre, Paulson Planı için 700 milyar dolarlık bir bütçe ayırdı, ancak bu buzdağının sadece görünen kısmıydı, çünkü Federal Rezerv o zamandan beri ulusal ve yabancı bankalara 16 trilyon dolardan fazla yardım sağladı. Paulson Planı Genel Müfettişi Neil Barofsky'n[302] (Kurtarma Planı: Bir İçeriden Bakış) adlı anılarına göre, nihai tutar 24 trilyon doları aşabilir. Bu nedenle, 2008-2013 döneminde, Federal Rezerv'in bilançosunun %500 artarak 5 trilyon dolara ulaşması şaşırtıcı değildir; tüm bunlar, Ponzi şemasına benzer niceliksel genişleme programı[303] ile iflas etmiş bir bankacılık sektörünü ayakta tutmak içindi; benzer bir şekilde, Batı'nın en büyük altı bankasının bilançoları 2007 ile 2012 yılları arasında %336,4 oranında artarak 10,7 trilyon dolardan 14,6 trilyon dolara yükseldi.

## NEDEN

Bu finansal krizin ardından, çözümsüz gibi görünen bir sorunu gidermeye yönelik girişimler ortaya çıkmaya başladı. Dodd-Frank Wall Street Reformu ve Tüketici Koruma Yasası 21 Temmuz 2010 tarihinde yürürlüğe girdi. Bu yasalar, hesap verebilirliği, finansal istikrarı ve şeffaflığı teşvik etmek için tasarlanmış çeşitli düzenleme yükümlülükleri içeriyor. Yasanın 200 sayfası ipotek kredilerinin reformuna ayrılmıştır ve daha yüksek kredi verme koşulları ile kredi aracılarının, borçluların borçlarını geri ödeme kapasitesine sahip olduklarından emin olma yükümlülüğünü içermektedir.

Basel Bankacılık Denetim Komitesi'nin üst düzey yetkilileri, bu önlemlerin bankacılık sektörünü güçlendireceği umuduyla sermaye düzeyini ve likidite oranlarını artırmayı önerdi. Bu

[302] N. Barofsky, *Bailout: An Inside Account of How Washington Abandoned Main Street While Rescuing Wall Street*, Free Press, New York, 2012, s. 288. Kasım 2011'de New York'taki Bard College'a bağlı Levy Economics Institute, toplam kurtarma paketinin 29 trilyon dolara ulaştığını hesapladı.

[303] Charles Ponzi, yirminci yüzyılın başlarında yaşamış bir Amerikan dolandırıcıydı.

önlemlerin 31 Mart 2019 tarihine kadar uygulamaya konulması planlanıyor. Ancak bu önlemlerin, para arzında daha büyük bir azalmaya yol açarak resesyonu derinleştirmek suretiyle tam tersi bir etki yaratması muhtemeldir.

Çoğu bankacı ve ekonomistin anlamadığı şey, ekonomiyi korumak için mevcut tek yolun (faizli) borca biraz daha batmak olduğudur, çünkü borç temelli para birimi bizim tek ve yegane değişim aracımızdır. Bu yüzden, büyümenin ne pahasına olursa olsun sürdürülmesi gerektiğini tekrarlayan, ısrarcı ve aynı zamanda gülünç olan tüm bu mantralar ortaya çıkmaktadır; çünkü eğer tüm borçlar geri ödenmek zorunda kalınırsa, para arzı ortadan kalkacak ve mal ve hizmetleri takas yoluyla değiş tokuş etmek zorunda kalacağız. Mevcut durumda, para arzı, borç ve faiz içermeyen para yaratan bir devlet bankacılık sistemi ile değiştirilebilirse, küresel borcun silinmesi hiç de fazla olmayacaktır.

Eskiden dayanıklı ve yüksek kaliteli ürünler üreten gelişmiş dünyanın kısmen sanayisizleşmesinin altında yatan neden, büyüme sendromunu beslemek için üçüncü dünya ülkeleri tarafından sürekli olarak kalitesiz malların üretilmesi gerekliliğidir. Bu durum, Avrupa'nın yerli nüfusu azalırken ekonomik büyümeye ihtiyaç duyduğu şeklindeki saçmalığı da vurgulamaktadır. Bu kasıtlı olarak planlanmış eskime ve zorla büyüme politikası, çevre üzerinde de zararlı etkilere sahiptir. Son bölümde de göreceğimiz gibi, yıpranmanın doğrudan bir sonucu olan gelişmiş dünyadaki kadınların doğurganlık oranındaki düşüş, medeniyetin yok olmasına yol açacaktır.

Sonuç olarak, mevcut bankacılık krizinin ana gizli amacının, genel bir umutsuzluk hissi yaratmak ve bir Dünya Merkez Bankası kurulması için alkışlar koparmak olduğunu söyleyebiliriz – bu durum, Federal Rezerv'in kurulmasına hazırlık olarak bankacılık paniklerinin yapay olarak yaratıldığı on dokuzuncu yüzyıl ABD'sinde hüküm süren duruma benziyor. Parazit bankacılar bu hedefe ulaştıklarında, onları besleyen ev sahibinin o zamana kadar ortadan kaybolup kaybolmayacağı şüphelidir.

## 21. YÜZYILIN BÜYÜK BUHRANI

Sürekli büyüyen borç balonunun ana nedenlerinden biri, daha önce bahsedilen ABD, Birleşik Krallık ve Avrupa'daki kısmi sanayisizleşmeye yol açan, intihar niteliğindeki küreselleşme ve serbest ticaret politikasıdır. Endüstrilerin üçüncü dünya ülkelerine taşınması, gelişmiş dünyanın imalat tabanında bir daralmaya, kalıcı nitelikteki yapısal işsizliğe ve artan ticaret açığına yol açmıştır. Çökmekte olan yaşam standartlarını korumaya çalışan etkilenen ülkelerin tüketicileri, giderek artan özel sektör borçlanmasına başvurmak zorunda kalmıştır. Böylece, 1980'lerde ABD'de 1 dolarlık GSYİH büyümesi için 2,37 dolarlık özel sektör borcu gerekiyordu; 1990'larda bu rakam 2,99 dolara çıktı; 2000'lerde ise her bir dolarlık ekonomik büyüme için 5,67 dolara kadar dramatik bir artış yaşandı – bu seviye yakında dayanılmaz hale gelecektir.

Durumu daha da kötüleştiren bir faktör ise, enerji *geri* dönüş oranı (EROEI) olarak da bilinen enerji çıkarma maliyetindeki artış olup, bu oran hızla kritik bir noktaya yaklaşmaktadır. Tullet Prebon raporuna göre,[304] 1990 yılında teorik enerji maliyeti GSYİH'nın %2,43'üydü,[305] ve 2010 yılında bu oran neredeyse iki katına çıkarak GSYİH'nın %4,7'sine ulaştı. 2020 yılında GSYİH'nın %9,6'sına ve 2030 yılına kadar %15'e ulaşması bekleniyor. Madencilik ve sanayi sektörünün büyük bir kısmının kapanmasına neden olacak ve tarımı da etkileyecek olan bu enerji kârındaki düşüş, yaşam standardında çok ciddi bir düşüşe işaret etmektedir.[306]

Artan enerji çıkarma maliyetleri, insanlığı bekleyen tek zorluk değildir. Son 100 yılda su tüketimi dört katına çıktı ve artmaya devam ediyor. Şu anda 1,6 milyar insan su kıtlığıyla karşı

---

[304] T.M. Morgan, *Perfect storm energy, finance and end of growth*www.tullettprebon.com/Documents/strategyinsights/TPSI009PerfectStorm009.pdf

[305] Profesör Frederick Soddy'nin sözde parlak dönemi, entropinin ortaya çıkmasından önce, bu durumda nispeten nadir hammadde kıtlığı anlamına gelir.

[306] 1960 yılında neredeyse tüm tarım arazileri ekiliydi. Örneğin, 1950 ile 1984 yılları arasında dünya tahıl üretimi %280 arttı. Ancak, tarımsal üretimin artışı neredeyse tamamen kullanılan gübreye dayanıyordu. Yeterli enerji girdisi, gıda üretimini neredeyse yarı yarıya azaltabilirdi.

karşıya ve Haziran 2014 tarihli yeni bir ABD raporuna göre, 2030 yılında küresel su talebi mevcut arzı %40 oranında aşacak.[307]

Ancak, tüm bu makroekonomik değerlendirmeleri gölgede bırakan faktör, gelişmiş dünyadaki doğum oranlarının düşmesidir. Yirminci yüzyılın başında, dünyadaki beyaz nüfus 590 milyondu, yani toplam 1,65 milyarın %36'sını oluşturuyordu. Şu anda, dünya nüfusu içindeki payı %15'e düşmüştür. Tefecilik sistemini sürdürmek için başlatılan iki gereksiz ve kardeş kavgası niteliğindeki dünya savaşı, bu felaket niteliğindeki düşüşe neden olmuştur.

Doğurganlık oranlarını gösteren aşağıdaki tablo[308], 2100 yılında beyaz halkların çoğunun ve kuzeydoğu Asya'daki Asya halklarının büyük bir kısmının ortadan kalkacağının kaçınılmazlığını ve neredeyse matematiksel kesinliğini ortaya koymaktadır.

| | |
|---|---|
| Nijerya | 5,32 |
| Pakistan | 3,52 |
| Mısır | 2,89 |
| Bangladeş | 2,83 |
| Hindistan | 2,81 |
| Endonezya | 2,18 |
| Meksika | 2,21 |

Yukarıdaki doğurganlık oranı tablosunun ilk sütununda, nüfusu 100 milyondan fazla olan tüm ülkeler listelenirken, sonraki tabloda çoğunluğu beyaz olan ülkeler ve Uzak Doğu

307 http://theeconomiccollapseblog.com/archives/25-shocking-facts-abouttheearths-dwindling-water-resources

308 www.en.wikipedia.org/wiki/List-of-sovereign-states-and-dependentterritories-by-fertility-rate

ülkeleri listelenmiştir. Nüfusun yenilenmesi için gerekli doğurganlık oranı 2,11'dir.[309] Böylece beyaz, Çinli ve Japon nüfuslar üç nesil içinde ciddi şekilde azalacak,[310] ve doğum oranı önemli ölçüde artmadıkça, muhtemel bir yok oluşla karşı karşıya kalacaklardır.

| | |
|---|---|
| ABD | 2,05 |
| Birleşik Krallık | 1,94 |
| Brezilya | 1,90 |
| Fransa | 1,89 |
| Avustralya | 1,79 |
| İsveç | 1,67 |
| Çin | 1,55 |
| Kanada | 1,53 |
| Almanya | 1,41 |
| İspanya | 1,41 |
| İtalya | 1,38 |
| Rusya | 1,34 |
| Japonya | 1,27 |
| Güney Afrika | 2,64 Beyazların doğurganlık oranı 1,5'tir. |

[309] Dünya genelinde ortalama doğurganlık oranı 2,55'tir, ancak bu rakamın aritmetik olarak mı yoksa ağırlıklı ortalama olarak mı hesaplandığını belirlemek zordur.
[310] Günümüzde bir kadının ilk çocuğunu doğurduğu ortalama yaş 30 iken, 40 yıl önce bu yaş 25 idi.

Yukarıdaki tablodan da anlaşılacağı üzere, 1,3'lük bir doğurganlık oranının tersine dönmesi 80 ila 100 yıl sürer, ki bu neredeyse imkansızdır; oysa tarihsel olarak 1,9'luk bir doğurganlık oranı hiçbir zaman tersine dönmemiştir. Ayrıca, beyaz nüfusun azalmasının ciddiyeti, doğurganlık oranı daha yüksek olan beyaz olmayanların büyük bir kısmının bu rakamlara dahil edilmesi nedeniyle gizlenmektedir.

Aşağıdaki başlıca ülkelerde beyazların yüzdesi şu şekildedir:

| | |
|---|---|
| Brezilya | 48 |
| Almanya | 88[311] |
| Birleşik Krallık | 86[312] |
| Avustralya | 85 |
| Fransa | 85 |
| Rusya | 81 |
| Kanada | 80 |
| ABD | 65[313] |

Dünya ekonomisini kurtarmak için Çin'e büyük umutlar bağlanıyor, ancak Hong Kong'un (7 milyon nüfuslu) komşu bölgelerinin doğurganlık oranı 0,97, Tayvan'ın (23,3 milyon nüfuslu) ise 1,10'dur. Bu, açıkça bir düşüş eğilimi göstermektedir ve yaşam standardı artmaya devam ettikçe Çin anakarasının da yakında bu doğurganlık oranlarına ulaşacağını düşündürmektedir. Çin'deki bu düşen doğurganlık oranları, 1979'dan beri uygulanan Çin hükümetinin tek çocuk politikası tarafından da desteklenmektedir. 2025 yılına kadar Çin'de sıfır nüfus artışı beklenmektedir.

İkinci Dünya Savaşı'ndan bu yana, Batı dünyasında giderek artan sayıda evli kadın, feminizm ve cinsiyet eşitliği propagandasının aldatıcı etkisine kapılarak, ailelerinin geçimini sağlayabilmek için sürekli artan faizleri ödeyebilmek amacıyla iş aramaya mecbur kalmıştır. Bu faizlerin çoğu, bankaların yoktan var ettikleri paradan elde edilen konut

311 Alman istatistik kurumu Destasis'e göre, 80,2 milyonluk Alman nüfusunun 15 milyonu, yani %19'u Alman kökenli değildir. Nüfus sayımı 9 Mayıs 2011 tarihinde gerçekleştirilmiştir.

312 *Heritage and Destiny*, The Changing Face of a Disunited Kingdom, Preston, İngiltere, Mart-Nisan 2013, s. 3.

313 M. Merlin, *Our Vision for America*, A2Z Publications LLC, Las Vegas, 2012, ix.

kredileri yoluyla tahsil edilmektedir. Bu adaletsiz finansal sistemin doğrudan sonucu, normal aile yaşamının yok olması ve kadınların doğurganlığında dramatik bir düşüş olmuştur. Aaron Russo'ya göre, Rockefeller ailesi, kadınları gelir vergisi ağına çekmek, toplumu istikrarsızlaştırmak ve Yeni Dünya Düzeni'ni kurmak amacıyla uygulanan bu şeytani planın arkasındaydı.[314] Böylelikle tefecilik ile demografik düşüş arasında yadsınamaz bir bağlantı kurabiliriz. Tefecilik sistemi beş ya da on yıl içinde tamamen ortadan kaldırılsa bile, bu eğilimler kısa veya orta vadede kolayca tersine çevrilemez. Tefecilik devam ederse, dünya yüzyıllar sürecek, Karanlık Çağ'a benzer bir bunalım dönemine girmeye hazırlanmalıdır.

Önceki bölümlerde, devlet bankacılığı sistemi ve egemen bir ulusun para basmasının, tüm halkların etnik bağımsızlığına dayalı uyum, barış ve refahı garanti eden doğal bir düzeni sağlamanın tek yolu olduğu kesin olarak kanıtlanmıştır.

Sayısız teknolojik ilerlemeye rağmen, son 300 yıl Batı Avrupa medeniyetinin giderek bozulmasına tanık olmuştur. Yalnızca dürüst olmayan bankacılık yöntemlerine dayanan aşırı güç ve servet yoğunlaşması, küçük bir suçlu bankacı çetesinin medyayı ve eğitim sistemini kontrol etmesine ve böylece, demokrasi ve materyalizmin yüzeysel rahatlığıyla saptırılmış, parçalanmış ve düşünme yeteneğinden yoksun bir insanlığı beyin yıkamasına olanak sağlamıştır; aynı zamanda, bizi kendi demografik yok oluşumuza doğru götüren kültürel çürümeyi organize eden bu merkez bankası sistemini sürdürmek amacıyla, vahşi ve gereksiz savaşların çılgınlığına dalmış durumdadır.

[314] Bkz. https://www.youtube.com/watch?v=IdM8UN2aG_E burada, Council on Foreign Relations üyesi Nicholas Rockefeller'ın arkadaşı olan merhum Aaron Russo, Gloria Steinem'in *Ms. Magazine* dergisinin CIA tarafından finanse edildiğini de ortaya koymaktadır.

# EK

Başkan Abraham Lincoln'ün

Albay E. D. Taylor'a

Chicago

Illinois

Aralık 1864

Albay E. O. Taylor,

Uzun zamandır greenbacklerin (yeşil banknotların) kökenlerini kamuoyuna açıklamaya ve bunların Dick Taylor'ın eseri olduğunu tüm dünyaya ilan etmeye karar vermiştim. Geçirdiğimiz zorlu zamanlarda bana her zaman dostça davrandınız ve omuzlarım geniş ve iradeli olsa da, o kadar zayıf düşmüştüm ve o kadar olumsuz koşullarla çevriliydim ki kime başvuracağımı bilemiyordum. Sonra, çaresiz bir durumda kendime şöyle dedim: "Albay Taylor'ı çağıralım; o ne yapılacağını bilir." Sanırım 1862 yılının Ocak ayında, 16'sı civarında böyle karar verdim. Bana geldiniz ve size sordum: "Ne yapabiliriz?" " Siz de bana şöyle dediniz: "Neden en kaliteli banka kağıdına basılmış, faizsiz hazine bonoları çıkarmayalım? Askeri harcamaları karşılamak için yeterli miktarda basıp, bunları yasal para birimi yapalım. Chase bunun riskli bir girişim olduğunu düşünüyordu, ama sonunda bunu başardık ve bu Cumhuriyet'in halkına olabilecek en büyük nimeti verdik – kendi borçlarını ödemek için kendi kağıt paralarını. Bunu size borçluyuz, halkın bilmesi gereken mevcut yeşil banknotun babası, ve bunu duyurmaktan büyük bir zevk alıyorum. Avukat olmaktan başka bir şey olamayacak kadar tembel olduğumu söylediğinizde size kaç kez güldüm.

Saygılarımla,

A. Lincoln.

Bu el yazısı mektup, 10 Şubat 1888 tarihinde 50 ABD Kongresi tarafından doğrulanmış ve belgelenmiştir.

**Federal Rezerv** Banknotu – Amerikan Federal Rezerv özel bankası tarafından basılan plütokratik para birimi.

**ABD banknotu** – 1862'den 1994'e kadar dolaşımda olan, hükümet tarafından basılan gerçek para. 4 Haziran 1963'te Başkan John F. Kennedy, Hazine'ye 4 milyar dolarlık 2 ve 5 dolarlık banknot basması talimatını veren 11110 sayılı Yürütme Kararnamesini yayınladı; bu banknotlardan bir örneği yukarıda gösterilmiştir. Hazine kasalarındaki gümüş metal ile desteklenen bu banknotlar, borç ve faiz olmaksızın basıldı; ve seigniorage gelirleri özel Federal Rezerv'e değil, ABD hükümetine aktarıldı. Bu ihraç, Kennedy'nin Federal Rezerv'in gücünü azaltmaya yönelik uzun vadeli planının bir parçasıydı. 22 Kasım 1963'te Kennedy, Teksas'ın Dallas kentinde, Rothschild tarafından kiralandığı iddia edilen suikastçılar tarafından öldürüldü.

## MATTHEW JOHNSON'IN ELEŞTİRİSİ

Amerikan üniversitelerindeki öğrencilere açıklaması en zor konulardan biri, kapitalizm ile komünizmin göründüğünden daha fazla ortak noktaya sahip olduğudur. Aslında nasıl açıklanırsa açıklansın, ikisinin "zıt" olduğu şeklindeki eski söylem her zaman galip gelir. Daha da kötüsü, öğrencilere ve şaşkın ebeveynlerine, Amerikan bankacılık sistemi ve sanayi holdinglerinin Sovyet Kızıl Devrimi'ni finanse ettiğini ve Sovyet sanayi aygıtını tamamen inşa ettiğini açıklamak da, umutsuz olduğu kadar sinir bozucu bir iştir.

Tüm bunları basitçe tanımlamak gerekirse, modern bankacılar için ekonominin tamamının tek bir yerden devlet tarafından kontrol edilmesi, onların gözünde bir cennet gibidir. Tek bir plan, tek bir bankacılık sistemi ve tek bir sosyal sistem vardır; bu da, bankaların sadece parayı aktarmakla yetindiği, gerekli faizleri ise ekonominin kendisi değil, devletin ödemesini beklediği anlamına gelir. Başka bir deyişle, planlı ekonomi, bankalar için en cazip olanıdır. Özel bankalar ile devlet ekonomisi arasındaki bağlantıları kurmaya gerek yoktur. Bir bankacının Parti için çalışması, Goldman-Sachs için çalışması kadar basittir.

Kapitalizm ve sosyalizm materyalizme dayanır. Üretim ve fayda iyilik olarak kabul edilir, yöntemlerin verimliliği ise etik düşüncenin *olmazsa olmaz* koşulu olarak görülür. Her iki sistem de teknolojiye yöneliktir, tarihe doğrusal bir bakış açısı savunur ve insan hayatının her yönünü mekanize etmeye çalışır. Geliştikçe, ekonomik sistem ve devlet tek bir makineye dönüşür. Liberterlerin hatası her zaman devletin ve özel sermayenin birbirine zıt olduğuna inanmak olmuştur. Oysa tam tersi doğrudur. Büyük sermaye yoğunlaşması her zaman devletle derin bir şekilde bağlantılıdır ve pazara erişimi önemli ölçüde sınırlı tutmak için devleti hem koruyucu hem de düzenleyici olarak kullanır. 'ın 2010-2012 yıllarında Adalet Bakanlığı'na karşı Microsoft davasında kazandığı zafer, özel sermaye ile devlet arasındaki güç dengesizliğini ortaya koymaktadır. Bu, bankacılık sistemini inceleyen bir çalışma için uzak bir konu gibi görünebilir. Tipik bir politik ekonomi profesörü için de öyle. Ancak, Goodson gibi uzun yıllar Güney Afrika Merkez Bankası yönetim kurulu üyeliği yapmış kişiler için, akademik bakış açısı tek başına ele alındığında saçma görünür. Goodson hiç de izole değildi ve dünya çapındaki devasa bankacılık holdinglerinin ekonomik hayatı sıkı bir şekilde kontrol altına almasına tanık oldu. O, bu sürecin ayrıcalıklı bir tanığıydı.

Bu kitap bir ekonomi teknikleri çalışması değildir. Neyse ki bu, tarihsel bir çalışmadır. Goodson, çoğu ekonomistin yapamadığı şeyi fark eder: Bir ekonomik olguyu anlamak için, onun on yıllarca süren tarihsel gelişimin bir sonucu olarak ele alınması gerektiği gerçeğini. Bütünün her bir yönü, genel vizyonu sürekli olarak güçlendirir ve tarih yeni zorluklar, yeni projeler ve yeni kurbanlar ortaya çıkardıkça, bütünün kendisi de bir organizma gibi sürekli evrim geçirir.

Başka bir deyişle, bankaların gizli hayatı, sadece Georgia kıyılarındaki bir adada bir araya gelen bir grup insanın iradesinin sonucu değildir. Onlar, ilk Mezopotamya medeniyetlerine kadar uzanan ve Roma'da doruğa ulaşan tarihsel bir akımın aktörleriydiler. Bu yapının, içinde yer aldığı medeniyet ne olursa olsun her zaman aynı değerlere dayandığı gerçeği o kadar etkileyicidir ki, derinlemesine bir analizi hak etmektedir. Ancak, böyle bir dürüstlüğün siyasi sonuçları göz önüne alındığında, Goodson istifa etmek zorunda kalmıştır; zira kurumsal dünyadan çok az sayıda üye onun çalışmalarından bahsetmeye, bırakın onlara katılmayı, zahmet bile etmeyecektir.

Bu çalışmadan açıkça ortaya çıkan tarihsel bir sabit vardır: monarşi ile cumhuriyetçilik arasındaki temel ayrımın (genel olarak) ekonomik nitelikte olduğu. Cumhuriyetler normalde oligarşiler dir, ya da en azından bunların tohumlarını barındırırlar. Monarşiler, kendi soylularıyla sürekli savaş halinde oldukları için, oligarşi suçlamalarını sıklıkla reddederler. İster Çin'in ya da Beyaz Rusya'nın ulusal sosyalist partisi olsun, ister St. Petersburg Kraliyet Bankası ya da Augustinus döneminin merkezi diktatörlüğü olsun, her türlü güçlü devletçilik, bankacılık tekeliyle savaşmıştır. Hiçbir otoriter lider, her şeye gücü yeten bir ekonomik aracının rekabetini kabul etmemiştir. Elbette her iki tarafta da bazı istisnalar vardır, ancak tarih, geleneksel otoriteye dayanan güçlü devletlerin para ve tefeciliğin kimyasını reddettiğini açıkça göstermektedir.

## ROMA

Cicero'nun zamanında Roma, senato oligarşisinden hızla uzaklaşarak, Sulla ve haleflerinin askeri imparatorluğuna doğru ilerliyordu. İç savaşların tozu dindiğinde, bunun hemen görülen etkisi, para basımını ve tefeciliği kontrol altına almaktı. Jül Sezar, faiz ödemelerini ayda %1 ile sınırlamaya çalıştı ve tarihte nadiren görülen bir popülist hamle ile bileşik faiz birikimini yasakladı. Dahası, biriken faiz hiçbir zaman asıl anaparanın üzerine çıkamazdı.

Bizans'ta, Doğu Roma İmparatorluğu'nda, faizler resmi olarak %5 ile sınırlandırılmıştı, kabul et ya da etme, ancak bu durum ancak sert eliyle yöneten imparatorların hükümdarlığı altında sürdürülebilirdi. Örneğin, II. Basil tüm faizi reddetti ve varlıklı mülk sahiplerini yoksul köylülere yardım etmeye zorladı. Onun iktidarı, her ne kadar halkın desteğine sahip olsa da, genellikle Konstantinopolis'e kukla imparatorlar yerleştiren aristokratların tepkisiyle karşılaşırdı. Bununla birlikte, böyle bir sistem altında Doğu Roma, canlı ve halkın desteğini alan bir ekonomiye sahipti. Para birimi, Çin gibi uzak bölgelerde bile genel bir standart olarak kullanılıyordu. Köylüler özgür toprak sahipleriydi ve feodalizm yoktu. Enflasyon da yoktu ve ticaretin gelişmesi her zaman sermayeyi destekliyordu. Bu nedenle Venedik, Dubrovnik ve Sicilya'daki Norman istilacılar gibi oligarşik devletler, Roma'nın düşmanlarını finanse etmekten hiç vazgeçmediler.

1204'ten sonra, Norman haçlılar Konstantinopolis'i ele geçirdiğinde, Venedikli oligarşilerin hakimiyeti ortaya çıktı. Mali özerkliklerini düzenli Venedik para akışına teslim ettikten sonra,[14] ve 15 yüzyıl imparatorları Bizans'ı ölüme mahkum ettiler. Tüm ekonomik bağımsızlığını yitiren ve Doğu'nun muazzam servetinin İtalya'ya ödenen faizlerde eridiğini gören Bizans, nihayet 1453'te İtalya tarafından finanse edilen bir Türk istilası altında çöktü. Venedik, Türkiye'nin koşulsuz müttefiki haline geldi.

Burada ekonomik bir gizem yoktur. Tefeciliğin sıkı bir şekilde kontrol edildiği yerlerde, servetin bankacılık merkezlerine sürekli kaçışı ve birikmesi söz konusu değildir. Bu mali kan kaybı, değerin olması gereken yerde, yani küçük girişimciler ve küçük toprak sahiplerinin elinde kaldığı anlamına gelir. Faizlerin matematiksel olarak artmaması durumunda, bugünkü emeğin sadece bir kısmı, parasal istikrarı, gerekli tedariki ve devleti kullanmaktan ziyade devlete hizmet etmek zorunda kalan bir soyluluk sınıfını sürdürmek için yeterliydi. Modern tefecilik sisteminde, bileşik faizler sürekli olarak tüm ekonomik katma değeri emip komplonun kasalarına yığdığı için merkezileşme kaçınılmazdır.

## İNGİLTERE

İngiltere de bu durumdan hiç farklı değildi. Norman istilasından önce, Anglosakson İngiltere, Viking saldırılarının ardından bile finansal bir altın çağ yaşıyordu. Yine, küçük sermaye sahipleri normdu, kent ticareti fiyatları düşük tutuyordu ve likit sermaye eksikliği her türlü merkezileşmeyi engelliyordu. Böyle bir sistemde feodalizm var olamazdı. Tefecilik, Büyük Offa döneminde Mercia'da yasaklanmıştı ve Alfred' 'ın Danimarkalılara karşı Wessex'te iktidarı merkezileştirme konusundaki çılgın girişimi, onu bankacıların "hizmetlerini" reddetmeye de yöneltmişti. Bununla birlikte, İtalyan bankaları, Fatih William'ın Anglosaksonların kalesine karşı planladığı saldırı ve İngiltere'deki İskandinav etkisinin ortadan kaldırılmasıyla çok ilgileniyorlardı. Onun peşinde, Yahudi köle tüccarları, Venedikliler ve Romalı bankacılardan oluşan küçük bir ordu vardı. Norman hegemonyası altında tefecilik bir süreliğine izin verildi. Eski İngiliz aristokrasisi katledildi ve Fatih William, İtalya ile yakın bağları olan yeni bir soylular sınıfını ülkeye getirdi. Böylece feodalizm, İngiliz topraklarında ilk kez ortaya çıktı. Birkaç yüzyıl sonra, İrlanda da Norman ilerlemesinin faydalarını görecekti.

Kral Stephen döneminde bu ilerleme, ipotekli araziler için

ortalama %33, sermaye için ise %300 faiz uygulayan bir bankacılık sisteminin kurulmasına yol açtı. İki nesil içinde, İngiliz topraklarının %66'sından fazlası Yahudi ve İtalyan bankacıların eline geçti. Bu durum, Plantagenet İmparatorluğu'nun giderek daha fazla Fransız toprağını ele geçirme ihtiyacını açıklayabilir.

Norman İngiltere'sinin kaderi, faizleri ve birikimini sıkı bir şekilde sınırlayarak Bizanslıları (1066'dan sonra birçok Anglosakson'un hizmet ettiği) taklit eden I. Edward'ın (1307) hükümdarlığına kadar böyle devam etti. Bankacıları ülkeden kovarak, bir refah dönemi başlattı; ancak bu dönem ne yazık ki veba salgınıyla kısa sürdü. Bizans'ın donanmasını kullanma karşılığında egemenliğini Venedik'e devrettiği tam o anda, İngiltere'nin İtalya ve Roma'ya karşı ters yönde hareket etmesi tesadüf değildir.

I. Edward'ın hükümdarlığından Büyük Veba'ya kadar İngiltere refah içindeydi. Çalışma yılı 14 haftadan oluşuyordu ve bu süre temel ihtiyaçları karşılamak için yeterliydi. Batı ve Doğu Avrupa'daki kilise takvimi, Pazar günleri ve Paskalya sonrası dönem hariç, yılda 100 ila 140 gün tatil gerektiriyordu. Elbette kapitalizm, kiliseye karşı acımasız bir savaş yürütmek ve takvimden kutsal günleri ortadan kaldırmak için Protestan onayı aramak zorundaydı. Küçük mülk sahiplerinin egemenliği, Edward the Confessor'dan bu yana ilk kez geri dönmüştü. Ne yazık ki, bu sonuncusu değildi. Luther'in etkisi azaldıktan sonra Reform, para konusunda farklı fikirler benimsemişti.

VII. Henry, Güller Savaşı'ndan sonra İngiltere'yi istikrara kavuşturduğunda, bankaların yükseliş zamanı geri gelmişti. Reform ve VIII. Henry'nin ahlaksızlığı, bunun için gerekli mazereti sağladı. Reform, eski soyluların birbirlerini katlettikten sonra, Stuartlar'ın iktidarı merkezileştirmeye başlamak için yaptıkları bir girişimdi. Manastır arazileri sekülerleştirildi, bir emlak piyasası gelişti ve uzak ticaretin finansmanı bir öncelik haline geldi. VIII. Henry, güçlü bir geleneksel devletin son nefesini verdi. VIII. Henry'den VI. Edward'a, oradan da Elizabeth'e kadar, monarşinin ihtişamını paravan olarak gerektiren yeni bir oligarşi iktidarı ele geçirdi.

Rolüne güvenini kazandıktan sonra çok geçmeden, varlığını meşrulaştırmak için Orange'lı William'ın yardımına ihtiyaç duydu.

İspanya, İslam'ı nihayet geri püskürttükten sonra, Müslüman halifeliğin geleneksel müttefikleri olan Sefarad Yahudilerinden kurtulmaya çalıştı. İspanyol milliyetçiliği, hem kilise hem de devletle özdeşti; her ikisi için de arınma ve yenilenmenin bir aracıydı. Amsterdam'a taşınan Sefaradlar, bankacılık merkezlerini yeniden kurdular ve dört sütun üzerine dayanan bir etki "üssü" oluşturdular: Baltık tahıl ticareti, Amsterdam ve Konstantinopolis bankaları, Türk pazarı ve en önemlisi Polonya. Bu, moderniteye doğru bir akımı temsil ediyordu, çünkü Batı'da tahıl fiyatları hızla yükseldi ve Doğu'yu giderek daha fazla tahıl ihraç etmeye zorladı.

Elizabeth'in hükümdarlığı döneminde ve kesinlikle İngiliz Devrimi sırasında ve sonrasında İspanya düşmandı. Katolik İrlanda, İngiltere'nin Gael'leri yağmalamasına karşı İspanya'dan yardım istedi; bu, Cromwell'in soykırım derecesinde bir sertlikle cezalandıracağı bir şeydi. İspanya'nın Yeni Dünya'dan gümüş ithalatı, bankaların egemenliğini tehdit ediyordu. Bankacılık rejimi, İspanyollara karşı Hollanda'n 'sini finanse ederken, dünya basını da İspanyol ordularının Kuzey Avrupa'daki varlığını kınamak için aşırı retorikten çekinmiyordu. Bankacılık elitinin İngiliz düşmanları da olası bir yardım için İspanya'ya bakıyordu.

1645'te I. Charles yenilgiye uğradıktan ve 1653'te Cromwell İngiltere ve İrlanda'da askeri diktatörlüğünü kurduktan sonra, bankacılık rejimi artık düşmanlarını yok etmiş ve konumunu sağlamlaştırmıştı. 30 yıl sonra William of Orange'ın Winchester'ı barışçıl bir şekilde işgal etmesi, bankacıların artık İngiltere'yi Fransa ve İspanya'ya karşı kullanmak için emrinde olduğu anlamına geliyordu. Jakobitlerin, iktidarı bu kadar şiddetle ele geçirmiş olan bankacılık elitine saldırmak için bu kadar zaman ve çaba harcamış olmaları kimseyi şaşırtmayacaktır. Ne I. James ne de II. James "ilahi hak"a inanıyordu, diktatörlük kurmak da istemiyorlardı. Sadece Cromwell bu şerefi arıyordu. Yine de James'ler mümkün olan her türlü suçla itham edildi. James, Whig'lerin daha sonra iddia edeceği gibi bir "İspanyol teokrasisi" değil, dini hoşgörüyü savunuyordu. Whig Partisi tefecilik sistemini savunuyordu ve bu nedenle, Fransa, İspanya ve nihayetinde Rusya ile en şiddetli şekilde savaşmak isteyen siyasi hareket her zaman Whig Partisi oldu.

Artık kapitalizmin ve imparatorluğun bir aracı haline gelen Parlamento, İspanya'dan intikam almak için en ufak bir bahane arıyordu. "Demokrasi" ve "halkın iradesi", tüccarların ve tacirlerin çıkarlarıyla özdeş görülüyordu. İngiltere bir oligarşiye dönüşmüştü. James'in dini tarafsızlık arzusu ne olursa olsun, Katolik liderlerin Londra'da hüküm sürmesi sonsuza kadar yasaklanmalıydı. William'ın Fransa ile savaşı, Amsterdam'daki tüm bankacılık kuruluşları tarafından finanse edildi; bu durum, çocuk sahibi olamayacak bir Stuart ile evlilik ayarlamaya çalıştığında, Orange'lı William'ın kendisi tarafından açıkça kabul edildi.

## UKRAYNA VE POLONYA

Cromwell'in hükümdarlığı ile İrlandalı direnişçiler ve İngiliz Jakobitlere yönelik yavaş yavaş işlenen soykırımın, Yahudi "ticaret bölgesi"nin diğer "kutbunda" karşı hareketin gelişmesiyle aynı zamanda gerçekleşmesi kesinlikle bir tesadüf değildir. Batı'daki nüfus artışı ve devletlerin giderek merkezileşmesi, tahıl talebinin artmasına yol açtı. Bu, diğer şeylerin yanı sıra, soyluların köylüler üzerindeki serfliğini yoğunlaştırması ve üretimin daha büyük bir kısmını ihracata ayırması gerektiği anlamına geliyordu.

Polonyalı soylular, Yahudilere kara ticareti, kent yaşamı, kira piyasası ve alkol üzerinde tekel hakkı vermişti. Ukrayna tarihinin resmi kaynaklarının hepsi bunu kabul etmek zorunda kalmaktadır. Güçsüz Polonya monarşisi, başka yerlerde olduğu gibi, şehirlerle kurulan bir ittifak yoluyla iktidarı geri kazanmaya çalıştı. Bunu bir tehdit olarak gören Polonyalı soylular, yüzyıllar önce İtalya'nın düşüşünden sonra yeni bir vatan arayan Hazar Yahudilerini kabul ederek buna karşı koydu. Onlar sadece vatan bulmakla kalmadılar, aynı zamanda resmi güçleri ve başarıları o kadar büyük bir düzeye ulaştı ki,

17·yüzyılın "mesihçi" bir dönem olduğu yönündeki hahamların iddiaları çok yaygındı. Aslında bu, kurtarıcının zamanının yaklaştığını müjdeleyen bir davul sesiydi. Bunun yerine, Kazak Hetmanı Bogdan Khmelnytsky'nin isyanına maruz kaldılar. Khmelnytsky'nin isyanı, Cromwell'inkinin tam tersiydi. Kazaklar, uzun süredir var olan bir oligarşiye karşı savaşırken, Cromwell ise bir oligarşi kurmaya çalışıyordu.

1648'de Khmelnytsky'nin yükselişi, Ukrayna milliyetçiliğini sonsuza dek belirleyen tek olaydı. Hiçbir şey eskisi gibi değildi. Polonya çöküşün eşiğine geldi. Yahudiler canlarını kurtarmak için kaçmak zorunda kaldılar. Kırım Tatarları, Türkiye'nin egemenliğinden kurtulmayı başardılar. Roma panik içindeydi, çünkü uzun süredir tefecilikle ilişkilendirilen kiliseleri, bir asır önce Ortodoks kiliselerinin kalıntıları üzerine inşa edildiklerini hatırlayan Kazaklar tarafından yakılmıştı. Reform'un etkisiyle hâlâ sendeleyen Roma, artık doğuda da ortadan kaldırılma tehlikesiyle karşı karşıyaydı. Kudüs Patriği Paisios, Hetman Khemlnytsky'yi "Tüm Rusya'nın Hükümdarı" olarak taçlandırdı. Rusya, Viyana, Prusya ve Paris artık güçlerini merkezileştirebiliyor ve Roma'ya meydan okuyabiliyordu. Rusya, Roma'ya karşı özel bir kin besliyordu, çünkü 1256'da kuzey Rusya'ya karşı bir haçlı seferi ilan eden, Moğol genişlemesini finanse eden ve Polonya'nın Ukrayna'ya saldırısını "kutsal savaş" olarak nitelendiren papalıktı. Paris ve Viyana Katolik kalmaya devam etse de, bu ulusal bir Katoliklikti; burada başpiskoposları Roma değil, kraliyet seçmeye başlamıştı. Bu durum uzun sürmeyecekti.

Roma, Kırımlılara Ortodoks Slavları terk etmelerini önerdi. 1657'de Herman Khmelnytsky'nin ölümü, Kazak ordusu içinde hetmanlar ile Dnieper'in iki yakası arasında bir bölünmeye yol açtı. Hetman Ivan Vyhovsky ve Pavlo Teteria, Polonya ile ittifak kurmaya çalışırken, doğudaki Briukhovetsky ise Moskova'ya yöneldi ve Doroshenko, çaresizlik içinde Türklerin yanına gitti. 1708'de Hetman Ivan Mazepa İsveçlilerin yanına gitti. Bunun ardından bir felaket yaşandı ve Ukraynalı tarihçiler arasında bu dönem "yıkım" olarak anılır.

Rusya Dniepr'e yaklaşırken, Viyana Doğu Avrupa'nın (Balkanlar dahil) büyük bir kısmının Ruslaşmasından endişe duydu ve buna karşı harekete geçti. Biraz nefes alan Polonya eski istikrarını yeniden kazandı ve soylular ülkeye geri döndü. Bir asır sonra, Haidaimak Kazak isyanı düşünülemez bir sonuca yol açtı: Polonya ile Rusya arasında imzalanan "ebedi dostluk" antlaşması (yani 1667 Andrusovo Ateşkesi), Ukrayna'yı iki ayrı imparatorluğa böldü. Haidaimak isyanı, Moskova ve Krakow'un ortak çabalarıyla bastırıldı ve her şey 1648'den önceki haline geri döndü.

Tıpkı İngiltere'de olduğu gibi, Kazak hükümdarlığı altında toplum, tefeciliğe karşı tam bir ilgisizlik sergileyen yerel bir demokrasi tarafından yönetilen ilçelere bölünmüştü. Tipik sonuçlar ortaya çıktı: geleneksel Slav toplulukları yeniden ortaya çıktı ve bunun sonucunda siyasi ve ekonomik istikrar sağlandı. St. Petersburg tarafından finanse edilen Kazak aristokrasisinin yavaş yavaş zayıflaması, bir oligarşinin kurulmasına yol açtı ve bu da 18 yüzyılın ortalarında II. Catherine'in Hetmanlık'a sonsuza dek son vermesini kolaylaştırdı.

## AMERİKA BİRLEŞİK DEVLETLERİ

ABD'nin merkezi olmayan kolonileri genellikle refah içindeydi. Bol miktarda toprak, mükemmel limanlar ve güçlü bir öncü ruhu, neredeyse sıfırdan gelişmiş bir dünya yarattı. Benjamin Franklin, tüm bu olgularla ilgili olarak kendisine sorulduğunda şu ünlü sözü sarf etti:

> "Çok basit. Kolonilerde kendi paramızı basıyoruz. Buna koloni senedi deniyor. Üreticilerin ürünlerini tüketicilere ulaştırmasını kolaylaştırmak için, sanayi ve ticaretin talebine oranla basıyoruz. Bu şekilde, kendi kağıt paramızı kendimiz yaratarak, kimseye faiz ödemek zorunda kalmadan satın alma gücünü kontrol ediyoruz." (Benjamin Franklin, Londra, 1763)

Nefret edilen Alexander Hamilton hariç, Amerika'nın kurucuları, diğer hemen hemen tüm konularda ayrışmış olsalar da, bankalar konusunda tek bir görüşteydiler. Bu, nefret edilen bir alandı. Doların değeri 1917'ye kadar sabit kaldı. Ancak, İç Savaş'tan bu yana yaşanan balon ve kriz döngüleri, federal gücün muazzam artışı, Birinci Dünya Savaşı ve Amerikan imparatorluğunun oluşumu, ABD'de Federal Rezerv'in özel komplosunun kurulmasına zemin hazırladı. (Bu durumda "federal" terimi, "Federal Express" ile benzer şekilde anlaşılmalıdır).

Gerçek şu ki, Anti-Federalistlerin korkuları haklıydı: Washington'daki ABD hükümeti son derece güçlü, kibirli ve Amerikan halkından tamamen kopuk hale gelmişti. Hükümet, uzun süredir bir oligarşi embriyosunun etkisi altındaydı ve bu oligarşi kısa sürede Fed, Rockefeller İmparatorluğu, Carnegie kültü ve İspanyol-Amerikan Savaşı ile Birinci Dünya Savaşı'nın son aylarında test edilen savaş hali şeklinde somutlaştı.

Goodson'ın çok iyi anlattığı gibi, 1914'ten 1920'ye kadar fiyatlar %125 arttı. Dolar, altı yıl içinde değerinin neredeyse %60'ını kaybetti. Aynı dönemde federal hazine bonolarının değeri %20 düştü; bu da eski bonoları daha pahalı hale getirdi. Yine de bankalar, daha ucuz olan yeni bonoların geri ödenmesini talep ettiler; bu da elbette paranın ödenmesi gerektiği anlamına geliyordu.

Demiryolları ve diğer ulaşım araçlarının fiyatlarının fırlamasıyla ek bir istikrarsızlık ortaya çıktı. Bir zamanlar Amerikan refahının belkemiğini oluşturan küçük çiftlikler, yavaş yavaş ekonomik olarak sürdürülemez hale geldi ve sonunda tamamen ortadan kayboldu. Bu da pratikte, kırsal kesimden şehirlere büyük bir servet transferi anlamına geliyordu. Tarımsal üretim %50 oranında çöktü. Kırsal Amerika'ya karşı savaş ilan edilmişti ve henüz sona ermemişti. Açık, kısa sürede tarım endüstrisi tarafından kapatıldı; bu, küçük yapılar yerine daha güvenli varlıklar olarak görülen büyük holdingleri finanse etmeyi amaçlayan kredilerin merkezileştirilmesi sayesinde mümkün oldu.

1927'de Fed faiz oranlarını düşürdü ve böylece para arzını artırdı. Ancak bu, "çılgın yıllar" dönemiydi; ciddi bir muhalefetten yoksun, kendine güvenen bir varlık olarak açık bir oligarşinin başlangıcıydı. Bu, paranın gerçek üretimden ayrı, başlı başına bir değer olarak görüldüğü anlamına geliyordu. Para borsaya akıyordu, talebi on katına çıkarıyor ve fiyatları şişiriyordu. Kâr marjları borç yoluyla artırıldı ve fiyat-gelir oranı 50:1'e yükseldi; yani hisse senedi fiyatları, ilgili sermayenin üretim kapasitesinin çok üzerindeydi. Başka bir deyişle, hisse senedi fiyatları, ilgili şirketlerin mali sağlığı, sermaye veya işgücünün üretkenliği ya da ortaya çıkan katma değerle hiçbir ilgisi yoktu.

Böylece, 1927'de Amerikan borsası bir aldatmacaydı. Fiyatlar spekülatif yatırımları, kolay parayı ve böyle sahte bir büyümenin sonsuza kadar süreceği yönündeki algıyı yansıtıyordu; bu algı, psikiyatrik bir gizem olarak kalmaya devam ediyor. Firmaların finansal sürdürülebilirliği hiçbir öneme sahip değildi. 1929'da Fed faiz oranlarını %6'ya çıkardı. Sinyal açıktı: Borsanın genel değeri %83 düştü. 10.000 banka iflas etti ve borçlardan oluşan balonlar üzerinde çalışan brokerlar iflas etti.

## RUSYA

Rusya'nın refahı ve ekonomik büyümesi, 1861'de II. Alexander'ın serfleri özgürleştirmesiyle başladı. Devletin doğrudan kontrolü altındaki serfler, Çar I. Nikolay tarafından çoktan özgür bırakılmıştı. Sıkça görüldüğü gibi, en otokratik hükümdarlar, elitlerin üstünden geçip köylülerin lehine yasalar çıkarmaya cesaret eden tek kişilerdi. Birkaç yıl önceki Avusturyalı serflerin özgürleştirilmesinden ve Lincoln'ün Güneyli köleleri özgürleştirmesinden farklı olarak, Rus serfler özgürlükleriyle birlikte toprak da aldılar. Devlet soylulara tazminat ödedi ve zamanla köylüler de devlete geri ödeme yapabildi. Ödemeler çok düşüktü ve Çar II. Nikolay 1905'te hepsini iptal etti. Bu, soyluluğun tabutuna çakılan bir çivi daha oldu.

Rus serfleri hiçbir zaman köle olmamıştı. 17 yüzyıldaki

Polonya ve İsveç istilalarına bir tepki olarak ortaya çıkan serflik, yalnızca güney Rusya'nın kara toprak bölgelerindeki köylüleri etkilemişti. Kuzeyde ve Sibirya'da hiçbir zaman var olmamıştı. Orta Rusya'da ise, yalnızca hizmet karşılığı veya tüketim malları karşılığında belirli görevleri yerine getirmekle yükümlü olan serfleri etkilemişti. Ancak 1840'tan itibaren köylülerin çoğu kira ödüyordu, bu da artık serf olmadıkları anlamına geliyordu. Rusya'da serflik, bir köylü için hayatta kalmak için gerekli toprağa sahip olmanın garantisi ve aynı zamanda istikrarlı bir gelir garantisi anlamına geliyordu, çünkü onlar doğrudan devlete hizmet ediyorlardı; özellikle de askeri personel sağlama gibi bir (hizmet) yoluyla. Herkes herkesin hizmetinde olduğu için sistem dengeliydi. Çar Paul ve annesi II. Catherine döneminde soylular devletin hizmetinden muaf tutuldu ve böylece siyasi olarak güçsüz hale geldi.

Köylüler, tüm görevlerin seçim yoluyla belirlendiği belediyeler içinde özerk bir yönetimden yararlanıyordu. *Volost,* yani ilçe yönetimi de, tüm sosyal sınıfların eşit temsil edildiği bir sistemle seçiliyordu. *Volost* ve belediye düzeyindeki yargı sistemi, tam anlamıyla bir köylü demokrasisinin işleyişine dayanıyordu. Belediye hakimleri yalnızca köylülerden oluşuyordu ve *volost* mahkemelerinde iki soyluyla iki köylü temsilcisi yer alıyordu. Genel olarak, Rus soylularının mali durumu köylülerinkinden daha kötüydü; borç batağında boğulmuşlardı ve uzun süredir devlet hizmetinden muaf tutuluyorlardı. Onların, maddi imkânlarının ötesinde Batı lüks malları satın almaktan başka yapacak bir şeyleri yoktu. Köylü belediyeleri federal yasaları iptal etme hakkına sahipti ve genellikle tamamen kendi kendilerine yetiyorlardı. Rusya'nın bir şeyden muzdarip olduğu varsa, o da aşırı demokrasiydi!

1861'de *volost, zemstvo* ile değiştirildi; bu, bir alt meclis (köylülerden oluşan) ve bir üst meclis (çoğunlukla yoksul soylulardan oluşan) içeren güçlü bir ilçe sistemiydi. *Zemstvo,* eğitim, kamu altyapısı, dini yaşam, vergi tahsilatı ve polislikten sorumluydu. Köylü yaşamının yerel demokrasiye dayanmayan hiçbir alanı yoktu. Genellikle yoksul bir soyludan oluşan bir "toprak kaptanı", köylüler ve soylular arasındaki anlaşmazlıklarda arabuluculuk yapmak üzere seçilirdi ve bazen köylüler, belediyeye veya *zemstvo* yetkililerine karşı bir şikâyetleri olduğunda kaptana başvururlardı. Siyasi açıdan bakıldığında, 1850'den itibaren soylular siyasi olarak güçsüz hale gelmişti.

Böylece, serflerin özgürleştirilmesi, özgür basının kurulması, *zemstvo* ve sayısız eğitim reformu, devrimci sürece son verdi; bu süreç, neredeyse tamamen Büyük Britanya tarafından finanse edilen bir idi. Bunu tahammül edilemez bulan isimsiz bir güç, 1881'de II. Alexander'ı suikasta kurban etti. Oğlu III. Alexander, babasının başlattığı reform programını sürdürdü ve sert ve kararlı bir adam olarak, 1894'teki ölümüne kadar devrimci hareketi ezip geçirdi.

Çar III. Alexander, 1880'lerin başında, yatırımları tarımsal koşulların iyileştirilmesine yönlendirmek amacıyla köylülere faizsiz kredi veren Köylü Arazi Bankası'nı kurdu. Çar Alexander ve maliye bakanı Nikolai Bunge, Avrupa tarihinin en kapsamlı iş kanununu tasarlayıp yürürlüğe koydu. Oğlu II. Nikolay, I. Dünya Savaşı patlak verene kadar bu kanunu sürekli olarak tamamladı.

> "Ruslar iş hukuku konusunda öncüydü. Çocuk işçiliği, 1867'de İngiltere'de kaldırılmadan 100 yıl önce Rusya'da kaldırıldı. Rusya, fabrikalarda ve madenlerde çalışma saatlerini sınırlayan yasalar çıkaran ilk sanayileşmiş ülke oldu. Sovyetler Birliği'nde yasaklanan grevler, Çar döneminde izinliydi ancak pek yaygın değildi. Sendikal haklar 1906'da tanındı; bu arada bir iş müfettişliği, fabrikalardaki çalışma koşullarını sıkı bir şekilde denetliyordu. 1912'de sosyal güvenlik sistemi getirildi. İş mevzuatı o kadar gelişmiş ve insancıldı ki, ABD Başkanı William Taft, "Rusya İmparatoru, herhangi bir demokratik ülkeden daha mükemmele yakın bir işçi mevzuatı yürürlüğe koydu" dedi. Rus İmparatorluğu'nda yaşayan farklı ırklardan halklar, modern dünyada eşi benzeri olmayan bir statü ve fırsat eşitliğinden yararlanıyordu. İmparatorluk Majesteleri Çar II. Nikolay (1894-1917) ve devlet bankası, insanlık

tarihinde eşi benzeri olmayan bir işçi cenneti yarattı." (Goodson)

Burada hiçbir gizem yoktur. Aynı derecede otokratik olan Alman imparatoru da benzer yasalar çıkardı. Her iki durumda da tarım ve sanayi sektörlerindeki ekonomik büyüme ortalama %15 idi. Nüfus patladı ve Rusya'da köylülere, ABD'nin yaklaşık iki katı büyüklüğündeki bu geniş boş alanı kolonileştirmeleri için güney Sibirya'da (donmuş kuzey kesiminde değil) ücretsiz toprak ve yeni aletler verildi. 1905'te, Rusya'nın ekilebilir arazilerinin %90'ı köylülerin elindeydi. Başka hiçbir sanayileşmiş toplum bu önlemlerle rekabet edemiyordu. Köylüler soyluların topraklarını kitlesel olarak satın alıyordu, çünkü Rusya aynı zamanda tamamen kendi kendine yeten bir ülkeydi. İç pazarı, üretiminin neredeyse %99'unu karşılıyordu ve yurt dışından gelen hiçbir mal ve hizmete ihtiyaç duymuyordu. Batı'dan aldığı tek şey devrimdi...

Daha güneyde, Gürcistan Müslüman komşularına karşı bir kalkan olarak Rusya'nın korumasını talep etti. Tibet'in[13] Dalai Lama'sı Thubten Gyamtso, Britanya afyonunun içinde boğulmaktan Budist monarşisini kurtarmak için Çar II. Nikolay'dan ülkesini Rusya'nın koruması altına almasını istedi. Birçok Rus, Tibetli soyluların ve Dalai Lama'nın kendisinin vasisi olarak görev yaptı. Rusya, Çin ve İngiliz emperyalizmine karşı savaşan herkesin kurtarıcısı olarak görülüyordu.

Çar II. Nikolay, Çin'in batıdaki Budist nüfusu ve Tibetlileri boyunduruğu altında tuttuğu için Mançurya'ya savaş açmaya meyilliydi. Ayrıca, birkaç milyon Müslüman da Çin Mançurya'sının boyunduruğu altındaydı. Rusya, Çinli bilgeler tarafından uzun zamandır kehanet edilen "Beyaz Kurtarıcı" olarak anılıyordu. O dönemde Rus İmparatorluğu'nun bir parçası olan bugünkü Azerbaycan'ın Bakü kentinde petrolün keşfi, İngilizlerin gözünde durumu daha da kötüleştirdi. Rothschild hanedanı Rusya'ya savaş ilan etmiş, Rus devrimcileri finanse etmiş ve daha da önemlisi, Rusya karşıtı bir ittifakı desteklemişti.

Rothschild ittifakı, büyük ölçüde Rusya'nın başarısına karşı bir misilleme olarak kuruldu. Bu ittifak, Türkiye'ye, Rusya'nın güneyindeki Türk kabilelerine, İran'a ve daha da endişe verici bir şekilde Japonya'ya sağlanan finansmana dayanıyordu. Rothschildlar, Türklerin Balkanlar'ı işgal etmesini onayladı; çünkü Türkiye olmasaydı, Sırbistan ve Bulgaristan gibi Rus yanlısı devletler bu boşluğu dolduracaktı. İngiliz basını, Türkleri "Ortodoks batıl inançlarından" kurtuldukları ve Rusları "dişleri" Balkanlar'dan uzak tutulması gereken "Moğollar" olarak gördükleri için tebrik etti.

Rusya, Mançurya devleti düştükten sonra Çin'i birleştirmeyi hedefleyerek Bulgaristan ve Sırbistan'ı finanse etmeye yardımcı oldu. Tibet üzerindeki dolaylı himayesi ve okuryazar ve kentleşmiş Gürcistan devletinin eklenmesiyle, bankacıların cenneti ile işçilerin cenneti arasında istikrarsız bir güç dengesi oluşmaya başladı. Ne yazık ki, Japonya Çin'den daha iyi bir bahisti. Rusya, 1879-1880 İngiliz-Afgan Savaşı'nda İngiltere'ye karşı Afganistan'ı destekledi, ancak bu, Kraliyet Donanması'nın himayesindeki Japonya'nın yeniden silahlanması kadar etkili olmadı.

Rusya Birinci Dünya Savaşı'na katılmasaydı, sonuç ne olurdu? Gerçekçi bir senaryo şöyle olurdu: Hızla artan Rus nüfusu, tüm Sibirya'yı ve Orta Asya'nın bir kısmını yeniden nüfuslandırırdı. Rusya, muhtemelen Almanya'nın onayıyla Balkanlar'ı ve Konstantinopolis'i ele geçirirdi. Bu, Rusya'nın Orta Doğu'nun büyük bir kısmını işgal etmesine ya da en azından Ortodoks Yunanlılar ve Arapların koruyucusu olmasına olanak tanırdı. Almanya, Viyana yerine Rusya ile ittifak kurmanın yararını anlamış olacaktı. Rus ve Alman çıkarları, ideolojik ve siyasi sistemleri birbirine çok benziyordu. Rusya'nın eski düşmanı İngiltere ile ittifakı, Rusya için siyasi açıdan pek bir anlam ifade etmiyordu, ancak 1910-1913 yıllarından itibaren Londra'nın önceliği Alman yayılmasını kontrol etmekti. Almanya, Avusturya-Macaristan ile olan ittifakının, Viyana'nın dahil olduğu en ufak bir çatışmaya bile katılmaya zorlayacağını fark etti. Bu, Alman çıkarlarına hizmet etmeyecekti. Savaş sırasında Avusturya'nın zayıf askeri performansı ve ekonomisindeki istikrarsızlık,

Almanya'nı askeri güçlerini iki cepheye bölmeye zorladı.

Rusya'nın artan yeni petrol kaynakları, muazzam doğal kaynak rezervi, iç pazarı ve endüstriyel sermayesi, Çin'de ve kesinlikle tüm Güneydoğu Asya'da bir himaye bölgesini finanse etmeyi mümkün kılacaktı. Çin kontrolü altındaki Orta Asya'nın büyük bir kısmı da, işgal edilmeseydi, Rus koruması altına girmiş olacaktı. İngiliz sömürgeciliğiyle karşılaştırıldığında, Rus yayılımı hiçbir zaman sömürü değil, savunma amaçlıydı.

Bu pazar, bu ekonomik büyüme ve bu sürekli nüfus artışı, dünyanın geri kalan diğer güçlerini Rusya'ya çekmiş olacaktı. Askeri açıdan, Rusya ele geçirilemez olarak kabul edilirdi. Batıdan ziyade Doğu'ya yönelmiş olan Rusya, Avrupa'daki güç dengesi için bir tehdit oluşturmazdı. Almanya ile bir ittifak, Avrupa'nın kaderini kraliyetçi, geleneksel ve Hıristiyan bir güç olarak belirlemiş olacaktı. Viyana çaresiz kalır ve böylece Almanya ile olan anlaşmazlıklarını çözmeye başlardı, çünkü imparatorluğun Almanları ona yakınlaşmaya çalışırken Slav halkı Rusya'ya yöneliyordu. Öfkeli ve yayılmacı bir Macaristan asla ortaya çıkamazdı, çünkü o da aynı derecede öfkeli azınlıklarıyla sürekli savaş halinde olurdu.

Ortodoks Kilisesi, Alman (monarşist) Lüteranizm ve büyümekte olan eski Katolik hareketinde gönüllü bir müttefik bulmuş olacaktı. Rusya ve Yunanistan, öngörüldüğü gibi Roma Kilisesi ile bu ayrılığa katılmış olsaydı, eski Katolik Kilisesi önemli ölçüde büyümüş olacaktı. Anglikan muhafazakarlar ve bazı Lüteriyenler arasında Ortodoks geleneğine karşı zaten artan bir ilgi vardı.

Batı Kanada'nın büyük bir kısmı, Alaska halkı sayesinde Rus kontrolü altına girecekti; Alaska halkının Aleut Adaları sakinleriyle olan olumlu etkileşimleri, Rusya'yı emperyalist değil, hoş karşılanan bir varlık haline getirmişti. Rus şirketleri zaten Hawaii'n 'sinde faaliyet gösteriyordu ve monarşiyi koruyacaktı. ABD, Hawaii kraliyet hanedanının devrilmesini finanse etmişti. Rusya'nın Asya'nın büyük bir kısmında sahip olduğu iyi imaj göz önüne alındığında, Hawaii kraliyet hanedanının (ve diğer Pasifik devletlerinin) uzak ama güçlü bir koruyucunun faydalarını da dikkate almayacağına inanmak için hiçbir neden yoktur.

Rus emperyalizmi, Britanya İmparatorluğu'nunkisi gibi kâr peşinde değildi. Savunmacı bir nitelikteydi. Yerli halklar genellikle iyi muamele görüyordu ve Ermeniler ile Asya'daki Müslümanlar gibi, Ortodoksluğa geçmeye ya da Rusça konuşmaya asla zorlanmadılar. Çar'a ve Kuran'a bağlılık yemini ediyorlardı. Polonya, dünyanın en liberal anayasalarından birine sahipti ve Rusya'nın bir başka kolonisi olan Finlandiya, dış politika dışında tamamen bağımsız kalıyordu. Dolayısıyla, Rus imparatorluk yönetiminin herhangi bir kızgınlığa neden olabileceğini veya kelimenin tam anlamıyla bir "hakimiyet" olarak görülebileceğini iddia etmek için hiçbir neden yoktur.

Bugün bu, hayal bile edilemeyecek bir fantezi gibi görünüyor. Ancak Birinci Dünya Savaşı'nın katliamından önce bir süreliğine, bu durum St. Petersburg ve Londra'da uygulanabilir bir gerçeklik olarak görülüyordu. Goodson, bunun nasıl mümkün olabileceğine dair bir fikir veriyor:

> "12 Haziran 1860'ta, ticari gelirleri canlandırmak ve para sistemini güçlendirmek amacıyla Rus İmparatorluğu Devlet Bankası kuruldu. 1894 yılına kadar, bu banka sadece Maliye Bakanlığı'nın doğrudan kontrolü altındaki bir yardımcı kurumdu. O yıl, bankacılar bankası haline getirildi ve hükümetin ekonomi politikasının bir aracı oldu. Ülkenin madeni paralarını ve banknotlarını basıyor, para arzını düzenliyor ve ticari bankalar ağı aracılığıyla sanayi ve ticarete düşük faizli krediler sağlıyordu." (Goodson, II. Alexander hakkında)

Pax Russica'nın muhalifleri de boş durmuyordu. St. Petersburg, tüm sorunlarına rağmen, bankacılık rejimi tarafından parçalanamayacak bir çekirdek oluşturuyordu. Rusya, muazzam gelişimini, nüfus artışını ve sanayileşmesini sürdürürse, tefecilik ortadan kalkacaktı. Rus devleti, özel sermayeden çok daha fazla, yerel fonlardan yatırımları planlıyor ve yönetiyordu. Fransızlar, Rus sanayisinde tek önemli yabancı varlıktı. Bunun yerini Rus-Alman işbirliği projeleri alsaydı, tefecilik ciddi bir tehdit altında kalacaktı. Önlemler alınması gerekiyordu. Okuyucuya bunların ne olabileceğine dair bir ipucu vermek için Goodson, Kongre üyesi L. T. McFadden'ın 1932'de Temsilciler Meclisi'nde yaptığı konuşmayı aktarıyor:

> "Onlar ['Avrupalı' bankacılar], hoşnutsuzluk ve isyanı yaymak amacıyla Troçki'nin New York'taki kitlesel mitinglerini finanse ettiler. Troçki'nin Rus İmparatorluğu'nun yıkımına katılabilmesi için New York'tan Rusya'ya seyahat masraflarını karşıladılar. Rus Devrimi'ni kışkırttılar ve tetiklediler; İsveç'teki bir banka şubesinde Troçki'nin emrine muazzam meblağlar tahsis ettiler; böylece onun aracılığıyla Rus aileleri tamamen parçalanacak ve Rus çocukları doğal koruyucularından ayrılacaktı. O günden beri Amerikan ailelerini parçalama ve Amerikan çocuklarını dağıtma girişimlerine başladılar."

McFadden susturuldu. Tıpkı Bay Goodson gibi. Yazar, bu kitap yüzünden bir üniversite görevini kaybetti. Tefecilikten daha hassas bir konu yoktur, çünkü hiçbir güç bileşik faizin gücüne denk olamaz. Sol, bankaların bir uzantısıdır ve "sağ"ın çoğu da neoconların uzantısıdır. Monarşi bu çıkarlar tarafından devrildi ve kaynaklara göre dünya GSYİH'sinin %80'ini kontrol eden bir küresel oligarşi ile değiştirildi. Elbette tüm bunlar özgürlük, ilerleme ve demokrasi adına yapılıyor.

Bu uzun denemeyi, tefecilik kavramı ve Batı bankacılık sektörünün solcu devletçilik ile son derece uyumlu olduğu gerçeğiyle başladık. Konuyu ele aldık ve bu şeytani ittifakın neden ve nasıl oluştuğunu açıkladık. Bu ittifak hâlâ güncel ve neredeyse hiç muhalefet görmüyor. Yine de, servet ve emeğin giderek tekelleşmesine karşı, her ne kadar belirsiz de olsa, tepkiler var.

Goodson, kitabını olumsuz bir notla bitirmiyor. Analizini, Kuzey Dakota'daki duruma dair kısa bir özetle sonlandırıyor. Sanki okuyucunun, tefecilik ve kısmi rezerv sisteminin yıkıcı eğilimlerine dair ek kanıtlara ihtiyacı varmış gibi. Kuzey Dakota, eyalet gelirlerinin yatırıldığı bir devlet bankası kurmuştur. Bu banka, çiftçilere ve küçük işletmelere çok düşük faiz oranlarıyla kredi vermektedir. Tüm kârlar eyalete aktarılır. Vatandaşlara uygulanan bileşik faiz uygulaması olmasaydı, Kuzey Dakota 2007'deki emlak krizinden etkilenmezdi. Eyaletin GSYİH'si 1997'den bu yana neredeyse %100 artarken, aynı dönemde hane halkı geliri %140 arttı.

Medya, Kuzey Dakota'nın başarısının münhasıran küçük petrol endüstrisine bağlı olduğu fikrini savunurken, bu tür bir gelişme, Kuzey Dakota'dan çok daha fazla hidrokarbon kaynağına sahip olan Alaska'da kesinlikle gerçekleşmemiştir. Nijerya petrole boğuluyor, ancak yine de yoksul bir ülke olmaya devam ediyor. Somali ve Çad da tıpkı Endonezya ve Myanmar gibi petrol nehirlerine sahip, ancak tüm bu devletler de aynı derecede yoksul. Görünüşe göre, petrol sadece Kuzey Dakota ve Beverly Hills'in zenginlerine fayda sağlıyor.[315]

Goodson'ın kitabının en büyük gücü, aslında kitabın isabetli olmasıdır. Yazar bir tezi savunur: Bir ekonominin finans dünyasını bir devlet bankası yönettiği yerlerde, o ekonomi refah içinde olur. 1930'ların Almanya'sı, 20.ve Japonya'ya ilişkin analizi, tüm bu ülkeleri devlet kontrolündeki bankalar, düşük faiz oranları, devlet yatırımları ve liberter serbest ticarete karşı genel bir i altında ele almaktadır. Bu sistem, bu ülkelerin üç haneli büyüme oranları, sıfıra yakın işsizlik ve enflasyon oranları elde etmesini sağlamıştır. Günümüzde Çin, Tayvan ve Beyaz Rusya bunun en iyi örnekleridir.

Beyaz Rusya, tıpkı Ukrayna ve Rusya gibi, IMF ve Harvard Üniversitesi'nin bu mafya sistemine özelleştirme anlaşmaları yapmasında yardım etmesiyle çökmeye başladı; bu anlaşmalar sonunda cumhurbaşkanlarından biri olan Aleksandr Lukaşenko'yu özelleştirmeleri durdurmaya, iktidarı merkezileştirmeye ve finans sektörünü kamulaştırmaya zorladı. Günümüz Ukrayna'sı sanayisinin %70'ini kaybetmiş ve eğitimli nüfusunun %80'i yoksulluk sınırının altına düşerken, Beyaz Rusya'nın işsizlik oranı %1'dir ve sanayisi

[315] Çev. notu: Atlantik ötesindeki ünlü bir televizyon dizisine atıfta bulunulmaktadır.

2000 yılından bu yana yıllık %10 büyüme kaydetmektedir. Aynı durum iki Çin için de geçerli: George Soros 1997'deki iki para krizini tetiklediğinde, etkilenmeyen tek iki ekonomi, devlet kontrolündeki bankalara sahip olanlar, yani Tayvan ve Çin'di. Güney Kore ve Japonya gibi eski güçler ile Tayland, IMF'nin resmi piyonları haline gelmiştir. Ömür boyu iş garantisi sistemleri kaldırılmış ve yaşam standartları çökmüştür.

Kendi ülkelerini kasıp kavuran savaştan önce, Libya ve Suriye de yıllık çift haneli büyüme gösteriyordu, halk tarafından sevilen başkanlara sahipti ve her iki ülke de gelişmiş dünya statüsüne ulaşmaya yakındı. Her iki ülke de devlet kontrolündeki bankalara ve devlet tarafından yönlendirilen üretken yatırımlara sahipti. Devlet, stratejik yatırımların bir ortağıydı, bunların bir uzantısı değildi. Saddam Hüseyin'in Irak'ı da ABD ona savaş ilan edene kadar tam olarak aynı şeyi yapıyordu.

Myanmar devlet bankası, Batı'da finans eğitimi almış Tümgeneral Hla Tun'un yönetimindeki Maliye Bakanlığı'nın kontrolü altındadır. Yardımcısı ise Albay Hle Swe'dir. Myanmarlılar, para birimlerinin yabancı güçler tarafından manipüle edilmesine hiçbir şans tanımamaktadır. petrol ve maden bakımından zengin olan Myanmar toprakları, Myanmar'ın Çin ile olan bağları ve nüfusunun yüksek eğitim seviyesi, ülkeyi Batı'nın spekülasyonları ve siyasi saldırıları için giderek daha fazla bir hedef haline getirmektedir. İç savaşa, Batı yaptırımlarına ve ayrılıkçı hareketlere rağmen, ülke yine de 10 üniversite ve onlarca baraj inşa etmeyi başardı, okuryazarlık oranını %80'e çıkardı ve 1999'dan beri köylülerin kendi topraklarına sahip olmalarını sağladı. Okur bunda belirli bir ekonomik model gördüyse, kesinlikle haklıdır.

Goodson'ın çalışmaları kusursuz değildir. Ancak hataları önemsizdir. Gavrilo Princip'in Yahudi olduğunu ve Arşidük Ferdinand'ı öldürmesinin Birinci Dünya Savaşı'nı tetiklediğini iddia eder. Princip'in Yahudi olduğundan şüphelenilmiyordu, özellikle de Batı Bosna'nın en ücra köşesindeki, tamamen kırsal ve ulaşılması zor bir yer olan yoksul Obljaj köyünden geldiği için. O, Bosnalı-Sırp kökenli yoksul çiftçilerin çocuğuydu. Annesinin kızlık soyadı, son derece Ortodoks bir soyadı olan Misic'ti. Ne babasının ne de annesinin soyadı Yahudi soyadları değildi ve babasının postane hizmetindeki mütevazı işi, "elitist bankacılık" çevrelerine ait olduğunu hiç de göstermiyordu. Princip, "Genç Bosna" hareketinin bir parçasıydı; bu hareket, "Kara El" askeri topluluğuyla, diğer adıyla "Birlik ya da Ölüm" ile gevşek bir bağlantısı vardı. Bu, paramiliter üyelerden oluşan milliyetçi bir örgüttü ve o dönemde Sırbistan'da yaşayan az sayıdaki Yahudi ile hiçbir bağı yoktu. Geniş ailesi, Yahudilerin çok az bulunduğu Karadağ kökenli Jovicevic soyadını taşıyordu.

Ferdinand'ın suikastı Birinci Dünya Savaşı'nı tetiklemedi. Suikastın ardından Sırbistan, Viyana'nın taleplerini kabul etmişti ve Almanya da Sırbistan'ın barışı koruma arzusundan etkilenmiş görünüyordu. Sırbistan, Balkan Savaşları'ndan tamamen bitkin düşmüştü ve artık savaşmak istemiyordu. Üstelik hedef seçimi de hiç mantıklı değildi; Ferdinand, kraliyet ailesinin en Sırp yanlısı üyesi olarak görüldüğü için güney Slavlar arasında az çok popülerdi. Öte yandan Avusturya, Bosna'daki işgaline karşı yerel isyan ve Sırbistan'ı kıyı şeridinden mahrum bırakıp Karadağ'dan ayrı tutmaya yarayan "Arnavutluk devleti"nin yapay olarak kurulmasından bu yana bir *savaş sebebi* arıyordu.

Büyük Dük'ün ziyaretinin koşulları tuhaftı. Ferdinand, milliyetçi havanın dorukta olduğu Sırp ulusal bayramı *Vidovdan'da* Sırbistan ve Bosna'yı ziyaret ediyordu. Bu aynı zamanda son derece savaşçı askeri manevraların da başlangıcıydı. Ferdinand, düşman topraklarında yapılacak bir kraliyet ziyaretine uygun bir güvenlik düzenlemesinden yoksundu. Ferdinand'ın konvoyunun güzergâhı, kendi Avusturyalı personeli tarafından, Princip ve diğerlerinin onu beklediği yere, açıklanamayan bir şekilde saptırıldı. Yine de, Almanya'nın büyük üzüntüsüne, Avusturya'nın ültimatomuna Sırp cevabı alınmadan önce bile Viyana savaş ilan etmişti.

Bu iki hata çok az bir etkiye sahiptir, ancak yaygındır ve anlaşılabilir olup vurgulanması gerekiyordu. Bu, kitabının muazzam erişilebilirliğini ve yararını hiçbir şekilde azaltmaz;

kitap geniş bir kitleye ulaşmayı hak etmektedir. Tüm bu nedenlerden dolayı, Bay Goodson'ın çalışmasını tüm kalbimle onaylıyorum.

Matthew Johnson PhD
Fayetteville, Pensilvanya

## TOM SUNİC'İN ELEŞTİRİSİ

Avrupa halkının bilincinde para her zaman kirli, suçlu, Avrupalı insana yakışmayan, sadece uzak ve gizemli bir yabancı halk tarafından takdir edilen bir şeyle ilişkilendirilmiştir. Antik çağdan postmodern döneme kadar, paranın laneti ve lanetli altın hakkında tonlarca kitap yazılmıştır. Kral Krösus'u ya da Kral Midas'ın lanetini hatırlamak ya da hikayesi Ren Nehri'nde saklı altın ve bu altının yol açtığı acı etrafında dönen ortaçağ Nibelungen destanındaki yaygın katliamı düşünmek gerekir.

Goodson'ın kitabında hatırlattığı gibi, sanal para takıntısı ve tefecilik uygulamaları ile altının rolü, günümüzde ölümcül niteliğini hiç kaybetmemiştir. Aslında, bu altın hırsının yol açtığı birçok modern finansal işlem ve dünyadaki pek çok dolandırıcılık amaçlı ekonomik uygulama, daha da ölümcül hale gelmiştir; bu kez sadece Batı medeniyetinin değil, tüm insanlığın varlığını tehdit etmektedir.

Öncelikle, Goodson'ın komplo teorilerinin bir taraftarı olmadığı, ne de Yahudileri karalayan entelektüellerden biri olduğu açıkça belirtilmelidir; bu entelektüellerin yazıları, paranın kurgusal doğası ve onun çok daha az kurgusal yaratıcıları hakkında bilgi edinmek isteyen okuyucuya gerçek bir aydınlatma sağlamaktan çok, genellikle daha fazla zarar vermektedir. Tüm bu nedenlerle Goodson, bu kitapta analiz edilen konu hakkında tartışmasız referanslara sahip olduğunu söyleyebilir. SARB (Güney Afrika Merkez Bankası) Yönetim Kurulu üyesiydi ve bankacılık alanında uzun bir deneyime sahipti; ya da daha açık bir ifadeyle, içeriden bilgiye sahip kişiler arasındaki finansal işlemlerin ayrıcalıklı bir gözlemcisiydi. Sözde en iyi demokratik dünyamızda, şeffaflık ve yargı özgürlüğüyle övünen bir dünyada, vatandaşların çoğunun, ABD'deki Federal Rezerv ve dünya çapındaki diğer birçok merkez bankasının hissedarları olan ların kimler olduğu hakkında en ufak bir fikri olmaması nasıl mümkün olabilir? Goodson, Amerikan Merkez Bankası'nın ABD'deki devletle veya demokrasi anlayışıyla hiçbir ilgisi olmadığını, aksine tamamen isimsiz bir şirketin, yani her şeye gücü yeten finansçılardan oluşan bir suç örgütünün hizmetinde olduğunu gerçeklerle ortaya koyuyor. 2008'de ABD'de sözde emlak balonunun patlamasından bu yana, Goldman Sachs ya da J. P. Morgan gibi tek bir büyük banka bile sahte para basmaktan ya da gerçek dışı krediler vermekten sorumlu tutulmamış olması kesinlikle bir tesadüf değildir. Hepsinin bu konudan ellerini yıkadıkları söylenebilir.

Goodson'ın kitabından, Antik Roma, Cromwell dönemi İngiltere'si veya Weimar Almanya'sının siyasi ve sosyal koşullarına dair olağanüstü bir bilgi birikimi sevilmektedir. Dolayısıyla bu eser, basitçe sıradan bir antisemitik propaganda metni olarak reddedilemez. Goodson'ın farklı tarihsel dönemleri ele alırken sergilediği tarafsız üslubu, bu kitabı sadece bilimsel bir eser haline getirmekle kalmıyor, aynı zamanda para mistikliği hakkında daha fazla bilgi edinmek isteyen bir acemi için de ferahlatıcı bir okuma deneyimi sunuyor.

Tefecilik, her zaman sosyal ayaklanmaların ve savaşların merkezinde yer almış gibi görünüyor. Antik Roma, bunun sonuçlarını pek çok kez yaşadı ve bu da sonunda onun çöküşüne yol açtı. Goodson, devlet adamı Sezar'ın ekonomik ve sosyal reformlarını, ilk sosyal güvenlik sistemini kurmasını, zor durumdaki birçok Romalı vatandaş için kiraların kaldırılmasını ve nihayetinde mevcut bir krediye faiz uygulanmasının yasaklanmasını anlatıyor. Roma İmparatorluğu kısa bir refah dönemi yaşadı. Ancak birçok aristokrat, Sezar'ın yoksullara karşı gösterdiği cömertliği tahammül edemedi ve onu öldürmeye karar verdi. Çoğu Yahudi kökenli yabancılardan oluşan tefeciler, kendilerine hizmet eden Yahudi olmayan uşaklarıyla birlikte, Batı medeniyetinin bu yozlaşmasına ve çöküşüne yol açan itici güç olmuş gibi görünüyor.

Ortaçağ İngiltere'sinde, asıl amacı ilk Yahudi tefecilerin boyunduruğunu kırmak ve tefeciliği ortadan kaldırmak olan ünlü Büyük Şart'ın yazılması ve kabul edilmesi sürecinde de benzer bir ekonomik büyüme ve gerileme modeli gözlemlenebilir. Nitekim, birkaç on yıl sonra, 1290'da, bu belgenin yürürlüğe girmesinin ardından Yahudiler

İngiltere'den sürüldü. Dikkatli bir okuyucu, neden bu kadar çok klasik yazarın yanı sıra okuma yazma bilmeyen sıradan vatandaşların da tüm dönemler boyunca tüm sosyo-ekonomik kötülüklerden Yahudileri sorumlu tuttuğunu ve Yahudilerin neden bu kadar sık vahşi zulümlerin kurbanı olduğunu merak edebilir. Yazar, Yahudilere yönelik nefret söylemi veya karalamaya yönelmekten uzak durarak, tarihsel olarak trajik kaderlerine katkıda bulunan bir ayrıntı olan, para ödünç verme faaliyetine katılan Yahudilerin orantısız yüzdesini doğru bir şekilde belgelemektedir.

Yazar, yeni teolojik ve siyasi akımların gücünü, özellikle de 16·ve 17·yüzyıllarda Avrupa'da ortaya çıkan Kalvinizm ve yeni bir zihniyetin doğuşunu, ayrıca Amerikalı kanaat önderleri ve politikacıları da hiç göz ardı etmemektedir. Calvin'in kadercilik üzerine öğretileri ve tüccarlara atfettiği sosyal rolün önemi, Avrupa'daki ve yeni keşfedilen Amerika'daki siyasi yaşam üzerinde muazzam bir etki yarattı. Tüccar ve tefeci, bir bakıma siyaset ve finans alanındaki yeni modeller haline geldi; davranışları taklit edilmesi gereken ve Yahudi olmayanlar tarafından bir süperego olarak kullanılması gereken kişilerdi. Yahudi olmayanların, orijinal Kalvinizm ve Püritenlik aracılığıyla Yahudileri taklit etmesi, önce kapitalist Amerika'da, daha sonra, özellikle İkinci Dünya Savaşı'ndan sonra, Avrupa kıtasında hızla yayıldı. Goodson, fanatik bir İngiliz Kalvinist devrimci olan Oliver Cromwell'in kendisini sıradan bir Şabat goy'u değil, "seçilmiş kişi" olarak gördüğünü gösteriyor. Kral I. Charles'ın idamından kısa bir süre sonra Cromwell, Yahudileri sıcak bir şekilde karşılamak için İngiltere'nin kapılarını yeniden açtı.

Yazar, ortaçağ İngiltere'sinde sıradan insanların yaşam düzeyine de ilginç bir ışık tutuyor; bu ülke, birçok açıdan yaşam kalitesi açısından modern toplumlarımızdan çok daha üstündü. 14. ve 15. yüzyıllarda, sıradan halk yılda 14 haftadan az çalışıyordu. Yaşam kalitesini ve mutluluğu elektrik prizlerinin sayısı ve banka hesabımızdaki rakamlara göre değerlendirecek olursak, mutluluğun gerçek anlamını asla kavrayamayız. Ancak birçok durumda, İngiltere ve Avrupa kıtasının sözde karanlık çağı, bizim günümüzdeki karanlık çağımızdan çok daha parlak görünmektedir. O dönemin mimarisinin çoğu, halkın neşesinin doğrudan bir ifadesiydi; o dönemde manevi yüceliğin arayışı, para biriktirmenin yeni bir seküler din haline geldiği modern sistemin geçici mutluluğundan çok daha fazla talep görüyordu.

Sonra kötü haberler geldi. 1694'te, Avrupa'daki ve daha sonra ABD'deki tüm diğer merkez bankalarının kurulduğu model olan İngiltere Merkez Bankası kuruldu. Kısa süre sonra, modern tarihçilerin "modernite" olarak adlandırdığı şey başladı; bu, gerçekte halkların köleleştirilmesi anlamına geliyordu. İngiliz finansçılar, ilk Amerikan kolonilerinin kendi paralarını basmalarını ve İngiltere Merkez Bankası'na karşı düşmanca tavır sergilemelerini hoş karşılamadılar. İngiltere'nin Amerikan para birimini ortadan kaldırma girişimi de Amerikan Devrimi'nin başlıca nedenlerinden biriydi. Büyük ölçüde, Amerika'nın 19. yüzyılda yaşadığı refah, tam da bir merkez bankasının olmamasına bağlıydı. Yazarın da hatırlattığı gibi, Andrew Jackson'ın başkanlık kampanyasının "ANDREW JACKSON'A OY VERİN, BANKA İSTEMİYORUZ!" sloganıyla yürütüldüğünü asla unutmamalıyız. " ABD ve tüm dünya için uğursuz bir yıl, 1913'te Federal Rezerv Bankası'nın kurulduğu yıldı; bu, dolaylı olarak Batı dünyasını takip eden iki dünya savaşına, ardından da dünya çapında yüzlerce başka yerel savaşa sürükledi.

Durum, Amerikan vatandaşları için de daha parlak değil. 1919'dan beri bir süper gücün kıskanılan vatandaşları olsalar da, 2014'te kamu borcu 2,6 milyar dolardan 17,5 trilyon dolara çıktı. Kimse bunu açıkça söylemek istemiyor, ancak çoğu Amerikalı ve Batılı vatandaş kredi ile yaşamıyor, aksine mücadele ediyor ve ayakta kalmaya çalışıyor, aylık taksitlerle kendi ölümlerini ödüyorlar. Büyük çöküşün ve beyaz ırkın sonunun zamanı şüphesiz yaklaşıyor.

Yazar, Avrupa'nın diğer bölgelerinde de benzer ve farklı şekillerde uygulanan fiat para birimlerini ve bankacılık uygulamalarını, ayrıca büyük ölçüde New York'taki Yahudi bankacılar tarafından finanse edilen Bolşevik Rusya'nın ortaya çıkışını anlatıyor. Bu kitabın değeri, bankacılık ortamını sadece manik-manik bir bakış açısıyla ele almaması, aksine her zaman ikisi arasındaki nüansları aramasıdır. Goodson'ın, Weimar Almanyası'nda tefecilik ve bileşik faizin en sert eleştirmenlerinden biri olan Alman ekonomist Gottfried Feder'den de bahsetmesi övgüye değerdir. "Feder" ile ilgili sorun, bu ünlü ekonomistin bir süre Nasyonal Sosyalizm ile bağlantılı olmasıdır; bu durum, Goodson'ın kitabının en tarafsız okuyucuları arasında bile bazılarının dişlerini gıcırdatmasına ve kaşlarını çatmasına neden olabilir. Günümüzde, politik doğruculuğun hakim olduğu ve akademik sansürün yaygın olduğu ortamımızda, bir Nasyonal Sosyalist akademisyenin sözlerinden nasıl olumlu bir sonuç çıkarabiliriz? Nasyonal Sosyalizm bugün resmi olarak mutlak kötülüğün sembolü olarak tasvir edildiğinden, spor, ekoloji ve hatta ekonomi gibi apolitik alanlarda bile, nispeten iyi olarak kabul edilebilecek hiçbir şey içermemelidir. Feder, araştırmalarını, Birinci Dünya Savaşı'nın galip tarafının Weimar Almanya'sına dayattığı savaş tazminatlarının incelenmesine dayandırdı. O, bileşik faiz ödemesinin vatandaşları yoksullaştıracağı ve kitlesel işsizliğe yol açacağı sonucuna varmıştı. Feder'in çıkardığı dersler günümüze mükemmel bir şekilde uymaktadır, özellikle de tüm Batı ülkelerinin devasa kamu borçları sorununu çözmek için olası çözümler düşünmek isteniyorsa.

Daha az karamsar bir notla yazar, bankası sayesinde ABD'nin en dinamik eyaleti ve en düşük işsizlik oranına sahip eyalet haline gelen Kuzey Dakota eyaletinin inanılmaz başarısından bahsediyor. Kuzey Dakota'nın yaklaşan fırtınayı nasıl atlatacağı ise henüz bilinmiyor. Resmi akademi çevreleri ve medya, yaklaşan finansal kaosun sorununun kökünden bahsetmekten kaçındığı sürece, ABD ve onun Avrupalı uyduları bir felaketten diğerine atlayıp duracaktır.

Dr. Tomislav Sunic
Zagreb, Hırvatistan

# KAYNAKÇA[316]

D.J. Amos, *The Story of the Commonwealth Bank,* Veritas Publishing Company Pty Ltd, Bullsbrook, Batı Avustralya, 1986.

A.N. Andreadēs, *History of the Bank of England,* P.S. King & Son Ltd, Londra, 1935.

H.C. Armstrong, *Grey Steel J.C. Smuts A Study in Arrogance,* Arthur Barkers Ltd, Londra, 1937.

D. Astle, *The Babylonian Woe,* Omnia Veritas Ltd, 2015.

D. Astle, *The Tallies, A Tangled Tale and The Beginning and the Ending,* Özel Baskı, Toronto, 1997.

P.T. Bauer, *Eşitlik, Üçüncü Dünya ve Ekonomik Yanılsama,* Harvard University Press, Cambridge, Massachusetts, 1981.

I. Benson, *Siyonist Faktör,* The Noontide Press, Costa Mesa, Kaliforniya, 1992.

K. Bolton, *Bankacılık Dolandırıcılığı - Para Yaratma ve Devlet,* Black House Publishing Ltd, Londra, 2013.

W.D. Bowman, *The Story of the Bank of England,* Herbert Jenkins Ltd, Londra, 1937.

E. H. Brown, *Borç Ağı, Para Sistemimiz Hakkındaki Şok Edici Gerçek ve Bundan Nasıl Kurtulabiliriz,* Third Millenium Press, Baton Rouge, Louisiana, 2008.

G. Buchanan, *My Mission to Russia and other Diplomatic Memories,* Cassell and Company Limited, Londra, 1923.

H.S. Chamberlain, *The Foundations of the Nineteenth Century,* The Bodley Head, Londra 1912, Cilt II.

K. Chazan, *The Jews of Medieval Western Christendom 1000-1500,* Cambridge University, New York, 2008.

[316] Editörün notu: Burada alıntılanan kaynakların çoğu İngilizce eserlerdir; Fransızca versiyonu bulunanlar ise, gerektiğinde yıldız işareti ile belirtilmiştir.

A.Cherep-Spiridovich, *Gizli Dünya Hükümeti veya "Gizli El"*, The Ant-Bolshevist Publishing Association, New York, 1926.

O.P. Chitwood, *John Tyler Eski Güney'in Şampiyonu*, Russell & Russell, 1964.

W.S. Churchill, *Adım Adım, 1936-1939*, Odhams Press, Londra.

W.S. Churchill, *İkinci Dünya Savaşı, Yaklaşan Fırtına, Cilt I*, Cassell & Co. Ltd, Londra, 1948.

G.M. Coogan, *Para Yaratıcıları, Parayı Kim Yaratır? Kim Yaratmalı?*, Omni Publications, Hawthorne, Kaliforniya, 1963.

I.M. Cumpston, *Lord Bruce of Melbourne*, Longman Cheshire, Melbourne, 1989.

W. Cunningham, *Erken ve Orta Çağda İngiliz Sanayi ve Ticaretinin Büyümesi*, Cambridge University Press, 3. baskı, 1896.

*L. Degrelle, *Hitler né à Versailles*, Hitler Yüzyılı, Avrupa Sanatı ve Tarihi, Cilt I (1987).

A.J de Grund, *Fascist Italy and Nazi Germany: The 'Fascist Style of Rule'*, Routledge, Londra, 2004.

F. W. de Klerk, *Die laaste trek – 'n nuwe begin Die Outobiografie*, Human & Rousseau, Cape Town, 1998.

A. Del Mar, *Amerika'da Paranın Tarihi: İlk Zamanlardan Anayasanın Kabulüne Kadar*, Omni Publications, Hawthorne, Kaliforniya, 1936.

A. Del Mar, *Para ve Medeniyet: Ya da Karanlık Çağlardan Beri Çeşitli Devletlerin Para Yasaları ve Sistemlerinin Tarihi ve Medeniyet Üzerindeki Etkileri*, Omni Publications, Hawthorne, Kaliforniya, 1975.

E. de Maré, *Bir Yaşam ya da Borç Meselesi*, Humane World Community, Inc., Onalaska, Washington, 1991.

R.E. Elletson, *Parasal Parapometrikler: Üçüncü Reich Üzerine Bir Vaka Çalışması*, Christian International Publications, Wilson, Wyoming, 1982.

S. Fay, *Yaşlı Bir Kadının Portresi*, Penguin, Londra, 1987.

G. Feder, *NSDAP Programı, Ulusal Sosyalist Alman İşçi Partisi ve Genel Kavramları*, çev. E.T.S. Dugdale, Fritz Eher Verlag, Münih, 1932.

N. Ferguson, *Rothschild Hanedanı, Paranın Peygamberleri 1798-1848*, Cilt 1 ve Cilt 2, Penguin Books, Londra, 1999.

G. Ferrero, *Roma İmparatorluğunun Yükselişi ve Çöküşü*, Cilt VI, William Heinemann Ltd, Londra, 1908.

A.N. Field, *The Truth About The Slump – What The News Never Tells*, Özel basım, Nelson, Yeni Zelanda, 1935.

A.N. Field, *All These Things*, Omni Publications, Hawthorne, Kaliforniya, 1936.

*N.G. Finkelstein, *Holokost Endüstrisi: Yahudilerin Acılarının Sömürülmesi Üzerine Düşünceler*, La Fabrique 2001.

I.N. Fisher, *Stamp Scrip*, Adelphi Publishers, New York, 1933.

J.K. Galbraith, *The Age of Uncertainty*, Houghton Mifflin, Boston, 1977.

T.H. Goddard, *Avrupa ve Amerika Birleşik Devletleri Bankacılık Kurumlarının Tarihi*, H.C. Sleight, New York, 1831.

R. Gollam, *Avustralya Commonwealth Bankası: Kökenleri ve Erken Tarihi*, Avustralya Ulusal Üniversitesi Yayınları, Canberra, 1968.

O. ve J. Grubiak, *The Guernsey Experiment*, Distributionist Books, Londra, 1992.

A. Hitler, *Mon Combat-Mein Kampf*, Omnia Veritas Ltd.

*Hitler'in Sohbetleri*, derleyen M. Bormann, Ostera Publications, 2012.

*Hoek Verslag* van Prof. Piet Hoek aan Dr H.F. Verwoerd, 1965.

D.L. Hoggan, *Zorla Savaş: Barışçıl Revizyonun Başarısızlığı*, Tarihsel İnceleme Enstitüsü, Costa Mesa, Kaliforniya, 1989.

E. Holloway, *Guernsey Bankacıları Nasıl Yendi*, Ekonomik Reform Kulübü ve Enstitüsü, Londra, 1958.

R.K. Hoskins, *Savaş Döngüleri – Barış Döngüleri*, The Virginian Publishing Company, Lynchburg, Virginia, 1985.

*Inconvenient History*, Cilt V, 2013, HBB Press, San Ysidro, Kaliforniya, 2013.

F.J. Irsigler, *Yedinci Günde Enflasyonu Yarattılar*, Wynberg, Cape, Güney Afrika, 1980.

D. Irving, *Churchill's War, The Struggle for Power*, Veritas Publishing Company Pty Ltd, Bullsbrook, Batı Avustralya, 1987.

D. Irving, *The War Path: Hitler's Germany 1933-1939*, Macmillan, Londra, 1978.

D. Irving, *Nuremberg The Last Battle*, Focal Point Publishers, Londra, 1996.

*Money and Banking in Japan*, the Bank of Japan Economic Research Department, çeviren S. Nishimura, düzenleyen L.S. Presnell, Macmillan, Londra, 1973.

E.M. Josephson, *The "Federal" Reserve Conspiracy & Rockefellers*, Chedney Press, New York, 1968.

H.S. Kenan, *The Federal Reserve Bank*, The Noontide Press, Los Angeles, 1968.

A. Kitson, *Sahte Bir Standart*, Omni Yayınları, Hawthorne, Kaliforniya, 1972.

G. Knupffer, *Dünya Gücü, Devrim ve Karşı Devrim Mücadelesi*, The Plain-Speaker Publishing Company, Londra, 1971.

J.M. Landowsky, *Red Symphony*, çev. G. Knupffer, www.archive.org/details/RedSymphony

**La Symphonie Rouge*, Omnia Veritas Ltd, 2015. www.omnia-veritas.com

*The Letters of T.E. Lawrence, D. Garnett tarafından düzenlenmiş*, Jonathan Cape, Londra, 1938.

C.A. Lindbergh, *The Economic Pinch (Lindbergh on the Federal Reserve)*, The Noontide Press, Costa Mesa, California, 1989.

F. Leuchter, *The Leuchter Report: The end of a myth, An engineering report on the alleged gas chambers at Auschwitz Birkenau and Majdanek, Poland*, David Clark, 1988.

D. Marsh, *The Bundesbank: The Bank That Rules Europe*, William Heinemann Ltd, Londra, 1992.

*'Kongre Üyesi Louis T.* McFadden*'ın Konuşmaları'*, Omni Publications, Hawthorne, Kaliforniya, 1970.

S. McIntyre, *Avustralya'nın Kısa Tarihi*, Cambridge University Press, Melbourne, 2009.

N. Mühlen, *Hitler'in Sihirbazı: Schacht, Dr. Hjalmar Schacht'ın Hayatı ve Kredileri*, çev. E.W. Dicks, George Routledge & Sons Ltd, Londra, 1938.

*E. Mullins, *Les Secrets de la Réserve Fédérale*, Le Retour aux Sources, 2010.

C.S. & R.L. Norburn, *A New Monetary System Mankind's Greatest Step*, Omni Publications, Hawthorne, California, 1972.

*J. Perkins, *Bir Finans Suikastçısının İtirafları*, Alterre, 2005.

E.N. Peterson, *Hjalmar Schacht: for and against Hitler: A political economic study of Germany, 1923-1945*, The Christopher Publishing House, Boston, 1954.

*"Ezra Pound Speaking" Radio Speeches of World War II*, Edited by L.W. Doob, Greenwood Press, Westport, Connecticut, 1978.

P.J. Pretorius, *Volksverraad, Die Geskiedenis agter die Geskiedenis*, Merkez Bankacılığının Tarihi, Libanon-Uitgewers, Mosselbaai, Western Cape, Güney Afrika, 1996.

**Siyon Bilgelerinin Protokolleri*, Deterna, 2010.

*Muammer Kaddafi, *Yeşil Kitap*, Hadès Éditions, Rouen, 2015. www.hadeseditions.com

C. Quigley, *Tragedy and Hope A History of the World in Our Time*, The Macmillan Company, New York, 1966.

A.H.M. Ramsay, *The Nameless War*, Omnia Veritas Ltd. 2014.

R.V. Remini, *Andrew Jackson*, Twyne Publishers Inc., New York, 1966.

J. Robison, *Avrupa'nın Tüm Dinlerine ve Hükümetlerine Karşı, Masonlar, İlluminati ve Okuma Derneklerinin Gizli Toplantılarında Yürütülen Komplonun Kanıtları, Güvenilir Kaynaklardan Derlenmiştir*, Western Islands, Belmont, Massachusetts, 1967.

J.E.T Rogers, *İngiltere Merkez Bankası'nın İlk Dokuz Yılı*, Clarendon Press, Oxford, 1887.

A. Rosenberg, *Yirminci Yüzyılın Efsanesi*, The Noontide Press, Torrance, Kaliforniya, 1982.

G. Rudolf, *Holokost'u İncelemek: "Gerçek" ve "Hafıza"ya Yönelik Artan Eleştiri* (Holokost El Kitapları Serisi 1), Theses & Dissertations Press, 2. Gözden Geçirilmiş Baskı, 2003.

J. Ryan-Collins, T. Greenham, R. Werner, A. Jackson, *Para Nereden Gelir, Birleşik Krallık Para ve Bankacılık Sistemine Rehber*, New Foundation, Londra, 2012.

R.S. Sayers, *The Bank of England 1891-1944*, Cambridge University Press, 1976.

R.E. Search, *Lincoln Money Martyred*, Omni Publications, Palmdale, California, 1989.

W.G. Simpson, *Batılı İnsan Hangi Yöne Gidiyor?*, Yeoman Press, Cooperstown, New York, 1978.

F. Soddy, *Zenginlik, Sanal Zenginlik ve Borç*, G. Allen & Unwin, Londra, 1933.

*O. Spengler, *Batı'nın Çöküşü*, Gallimard, Paris, 1948.

H. Strakosch, *Güney Afrika Para Birimi ve Döviz Sorunu*, Johannesburg, Central News Agency Limited, 1920.

J.G. Stuart, *Para Bombası*, William Maclellan (Embryo) Limited, Glasgow, 1984.

*A.C. Sutton, *Wall Street ve Bolşevik Devrimi*, Le Retour aux Sources, 2010.

I.Tarbell, *Napolyon'un Kısa Hayatı*, S. S. McClure Limited, New York, 1895.

A.J.P. Taylor, *İkinci Dünya Savaşı'nın Kökenleri*, Hamish Hamilton, Londra, 1961.

H.A. Thomas, *Depolanmış Emek: Yeni Bir Para Teorisi*, 1991.

G.M. Trevelyan, *İngiliz Sosyal Tarihi, Chaucer'dan Kraliçe Victoria'ya Altı Yüzyılın Bir Özeti*, Longmans Green and Co., Londra, 1948.

*Gizli Belgeler – Almanlara Saklananlar*, Fz-Verlag, Münih, 1993.

L. Villari, *Mussolini Döneminde İtalyan Dış Politikası*, Holborn Publishing Ltd, Londra, 1959.

M. Walsh, *Tarihin Tanığı*, Historical Review Press, Uckfield, Sussex, 1996.

T.E. Watson, *Roma Tarihinden Esintiler*, The Barnes Review, Washington, DC, 2011.

N.H. Webster, *Fransız Devrimi*, The Noontide Press, Costa Mesa,

Kaliforniya, 1982.

J. Weitz, *Hitler'in Bankeri Hjalmar Horace Greely Schacht*, Little, Brown and Company, Londra, 1999.

R.G. Werner, *Yen Prensleri*, M.E. Sharpe, New York, 2003.

R. McNair Wilson, *Monarşi mi Para Gücü mü,* Eyre & Spottiswoode, Londra, 1934.

*F.P. Yockey, *Imperium*, Omnia Veritas Ltd.

# İÇİNDEKİLER

# DİĞER BAŞLIKLAR

OMNIA VERITAS.
OMNIA VERITAS LTD SUNAR:
KOMPLONUN ÖTESI
GÖRÜNMEYEN DÜNYA HÜKÜMETİNİ
ORTAYA ÇIKARMAK
Tüm büyük tarihi olaylar, kendilerini tam bir gizlilikle çevreleyen kişiler tarafından gizlice planlanır...
Yazan: John Coleman
JOHN COLEMAN
KOMPLONUN ÖTESI
İyi organize olmuş gruplar, vatandaşlara karşı her zaman avantajlıdır

OMNIA VERITAS
OMNIA VERITAS LTD SUNAR:
MASONLUK
A'dan Z'ye
yazan: John Coleman
JOHN COLEMAN
MASONLUK A'DAN ZV'YE
21. yüzyılda, Masonluk artık bir "gizli dernek"ten çok bir "sırların topluluğu" haline gelmiştir.
Bu kitap, duvarcılığın ne olduğunu anlatıyor

OMNIA VERITAS.
OMNIA VERITAS LTD SUNAR:
PETROL SAVAŞLARI
ABD'NIN PETROL SAVAŞLARININ TARIHI
JOHN COLEMAN
PETROL SAVAŞLARI
YAZAN: JOHN COLEMAN
Petrol endüstrisinin öyküsü bizi "diplomasinin" iniş çıkışlarına götürüyor..
Tüm ulusların imrendiği kaynağı tekelleştirme mücadelesi

OMNIA VERITAS
OMNIA VERITAS LTD SUNAR:
ROMA KULÜBÜ
YENİ DÜNYA DÜZENİ'NİN DÜŞÜNCE KURULUŞU
YAZAN: JOHN COLEMAN
20. yüzyıldaki pek çok trajik ve sarsıcı olay kendiliğinden gerçekleşmedi, aksine sağlam temellere dayanan bir şablona göre planlandı...
JOHN COLEMAN
ROMA KULÜBÜ
Bu büyük etkinliklerin planlayıcıları ve yaratıcıları kimlerdi?

OMNIA VERITAS
OMNIA VERITAS LTD SUNAR:
ROTHSCHILD HANEDANI
JOHN COLEMAN
ROTHSCHILD HANEDANI
yazan: John Coleman
Tarihsel olaylar genellikle "gizli bir el" tarafından tetiklenir...

OMNIA VERITAS
OMNIA VERITAS LTD SUNAR:
DÜNYA DÜZENİ'NİN
SOSYALIST
DIKTATÖRLÜĞÜ
JOHN COLEMAN
SOSYALİST DÜNYA DÜZENİ'NİN DIKTATÖRLÜĞÜ
Bunca yıl boyunca, bizler Moskova'daki komünizmin kötülüklerine odaklanmışken, Washington'daki sosyalistler Amerika'yı soymakla meşguldü!
YAZAN: JOHN COLEMAN
"Washington'daki düşman, Moskova'daki düşmandan daha çok korkulacak bir şeydir."

www.ingramcontent.com/pod-product-compliance
Lightning Source LLC
LaVergne TN
LVHW010918061026
849535LV00007B/2126
* 9 7 8 1 8 0 5 4 0 4 8 6 6 *